AF412331

DE Die vorliegende Publikation erscheint anlässlich von zwei im Herbst 2015 in Köln und im Frühjahr 2016 in Aarau stattfindenden Ausstellungen des Künstlerduos João Maria Gusmão & Pedro Paiva.

Die Präsentationen in Deutschland und in der Schweiz sind inhaltlich jeweils eigenständig angelegt, weisen jedoch gewisse Überschneidungen und Parallelen auf. Die Schau im Aargauer Kunsthaus umfasst je etwa vierzig Filmarbeiten und Skulpturen sowie fast dreißig fotografische Werke. Sie ist mit über einhundert Exponaten die bisher umfangreichste Präsentation von João Maria Gusmão & Pedro Paivas Schaffen. «The Sleeping Eskimo» ermöglicht einen detaillierten Einblick in das vielschichtige Schaffen der portugiesischen Künstler. Ohne die tatkräftige Unterstützung von vielen Seiten, wäre dieses ambitionierte Projekt nicht zustande gekommen. Von Anfang an war die Galerie Sies + Höke, Düsseldorf, insbesondere Johanne Tonger-Erk und Alexander Sies, ein konstruktiver Partner, dem wir – gemeinsam mit den Galerien Fortes Vilaça, São Paulo, Graça Brandão, Lissabon und Zero, Mailand – herzlich für ihr Commitment danken. Substantielle finanzielle Unterstützung erhielt das Kunsthaus vom Swisslos-Fonds des Kantons Aargau, dem Aargauischen Kunstverein sowie von Angelika und Josef Meier. Bernasconi Boden-Decke-Wände, Aarburg und der Zysset Messebau AG, Olten danken wir für das großzügige Sponsoring. Die Vorbereitung und Umsetzung der Ausstellung waren für das Team des Aargauer Kunsthauses eine spannende aber auch herausfordernde Aufgabe. Alle haben sich mit viel Enthusiasmus engagiert und damit Ausstellung und Katalog zum Erfolg verholfen. Ein besonderer Dank gilt Katrin Weilenmann, die als Assistenzkuratorin die Fäden in den Händen gehalten und sich mit großer Ausdauer und kuratorischem Know-How eingebracht hat. Ohne ihr vorausschauendes und kreatives Engagement hätten wir das Projekt nie realisieren können. Vielen Dank auch an Yasmin Afschar, die in der Schlussphase die matchentscheidende Unterstützung gegeben hat. Wichtig war auch die professionelle restauratorische Begleitung, die Marcus Jacob, unterstützt von Martin Gasser und Barbara Köninger, geleistet hat. Die umsichtige Betreuung des Ausstellungssekretariats lag in den Händen von Verena Reisinger und Lisa Engi. Filomena Colecchia und Saskia Werdmüller kümmerten sich um die Medien- und Öffentlichkeitsarbeit – analog wie digital –, und Christin Bugarski und Silja Burch leisteten einen wichtigen Beitrag als Leiterinnen des Teams der Kunstvermittlung, das für Jung und Alt attraktive Zugänge zur Ausstellung herausgearbeitet hat. Die zahlreichen Anlässe und Führungen betreut Doris Huber auch für diese Ausstellung, wie immer in bewährter Manier.

Eine große Herausforderung war der komplexe Aufbau dieser umfangreichen Schau, für die das gesamte Erdgeschoss des Aargauer Kunsthauses umgebaut wurde. Andy Giger hat den Aufbau mit Umsicht und konzeptueller Klarheit geleitet. Dabei wurde er unterstützt von Matthias Berger sowie Bili Gossweiler, Tom Heinzer, Pascal Jeker, Brigitte Plüss, Markus Scherer, Anita Schwank, Lukas Steiner und Timo Ullmann. Dem ganzen Aufbauteam gebührt ein riesiger Dank für diese Punktlandung. Technischen Support in Bezug auf die 16 mm-Projektionen erhielten wir von Studio 2M Filmtechniek, Amsterdam. Insbesondere Seab Deuling sei für die hochprofessionelle Zusammenarbeit gedankt wie auch David Pfluger und Dimitri Fischer von Videocompany, welche die vielen Projektoren vor Ort mitbetreuten. Speziell bedanken möchten wir uns auch für den besonderen Einsatz von Mattia Denisse, dem Weggefährten der Künstler, der den Ausstellungsaufbau von A bis Z mitbegleitet und unterstützt hat.

Die Ausstellung «The Missing Hippopotamus» im Kölnischen Kunstverein hatte weniger den Anspruch, einen Überblick über den gesamten Kosmos der Kunstproduktion von Gusmão & Paiva zu geben, als vielmehr einen bislang eher übersehenen Werkbereich in den Fokus zu rücken. So wurde in der zentralen Ausstellungshalle des Kunstvereins mit einundvierzig Bronzen fast das gesamte skulpturale Schaffen der beiden Portugiesen gezeigt, für das eine eigens entworfene Raumarchitektur den Rahmen bildete. Ergänzt wurde diese Präsentation durch eine Auswahl fotografischer Arbeiten, eine neue Camera Obscura sowie ausgewählte Filme, die in den angrenzenden Räumen zu sehen waren, so dass die Parallelen und Verflechtungen zwischen den verschiedenen Aspekten der Praxis des Künstlerduos nachvollzogen werden konnten.

Auch in Köln wäre das aufwändige Unterfangen ohne die Unterstützung verschiedener Partner nicht realisierbar gewesen. Neben den bereits eingangs erwähnten Galerien in Düsseldorf, São Paulo, Lissabon und Mailand, sowie dem unermüdlichen Künstlerkollegen Mattia Denisse, muss an erster Stelle der Kunststiftung NRW und deren Vertreterinnen Dr. Ursula Sinnreich und Dr. Barbara Könches gedankt werden, ohne deren kontinuierliche Förderung die Umsetzung des Projektes nicht möglich gewesen wäre. Ferner gilt der Dank den Kollegen am Kölnischen

Vorwort
Madeleine Schuppli, Moritz Wesseler

Kunstverein, die mit viel Leidenschaft und Engagement in ihren unterschiedlichen Tätigkeitsfeldern zu dem erfolgreichen Gelingen des Projektes beigetragen haben. So koordinierte Marianne Walter, unterstützt von Lina Rehs, die zentralen administrativen Prozesse der Ausstellung, während Patrick C. Haas bei allen kuratorischen Herausforderungen assistierte und Uwe Becker sämtliche technischen Prozesse in der Institution begleitete. Zu guter Letzt gilt der Dank der Tischlerei Matthäus & Busch für die gewissenhafte Ausführung der Ausstellungsarchitektur, Jürgen Galli für die präzise Installation der filmischen Werke sowie Ruslan Daskalov, Klaus Kleine, Fabian Kuntsch, Johanna von Monkiewitsch, Max Pfeffer und Maik Prus, die als Künstlerkollegen den umfangreichen Aufbau tatkräftig unterstützt haben.

Eine Brücke zwischen den Projekten in Aarau und Köln schlagen wir mit der partnerschaftlichen Herausgabe der vorliegenden Publikation, welche einen repräsentativen Überblick über die Arbeit von João Maria Gusmão und Pedro Paiva in Buchform gibt. Bei der Realisierung des Katalogs wurden wir begleitet vom Verlag Walther König, und wir danken insbesondere Franz König, Herbert Abrell und Jan Valk für die erfolgreiche Zusammenarbeit. Den Grafikern Noah Bonsma und Dimitri Reist vom Grafikdesign Büro B & R verdanken wir die inspirierte Gestaltung des Buchs, die auf einer fundierten Auseinandersetzung mit den Inhalten basiert. Die Ausstellungsansichten aus Aarau verantwortet David Aebi, die Aufnahmen aus Köln wurden von Simon Vogel realisiert. Unser großer Dank gilt den Autoren, die mit ihren fundierten Texten substantielle Beiträge zur Rezeption von Gusmão & Paiva leisten, es sind dies João Ribas, Vizedirektor Fundação de Serralves, Porto und Anselm Franke, Kurator Haus der Kulturen der Welt, Berlin. Zudem haben die Künstler selber zwei aufschlussreiche Texte beigesteuert. Dies bringt uns zum abschließenden und wichtigsten Dank – an João Maria Gusmão und Pedro Paiva. Für uns und unsere Musemsteams war es eine sehr gute und intensive Erfahrung der Zusammenarbeit. Die Künstler haben sich mit Leidenschaft, Unermüdlichkeit und Hartnäckigkeit für die Ausstellungen und die Publikation engagiert. Ernsthaftigkeit und konzeptuelle Präzision waren hierbei immer gepaart mit Humor und Herzlichkeit, was den Austausch nicht nur intellektuell anregend sondern auch menschlich äußerst bereichernd machte. So danken wir João Maria und Pedro von ganzem Herzen für die leider jetzt abgeschlossene Zusammenarbeit und deren Früchte – an denen sich viele Kunstfreunde erfreuen werden.

Madeleine Schuppli,
Direktorin Aargauer Kunsthaus, Aarau

Moritz Wesseler,
Direktor Kölnischer Kunstverein, Köln

EN This publication was produced to accompany two exhibitions of the artist duo João Maria Gusmão and Pedro Paiva, which took place in Cologne in autumn 2015 and in Aarau in spring 2016.

The exhibitions in Germany and in Switzerland were designed independently of one another in terms of content, but they display certain overlaps and parallels. The exhibition in the Kunsthaus Aargauer consists of around forty filmic works and sculptures as well as more than thirty photographic pieces. With over one hundred individual items, it is the most extensive exhibition of João Maria Gusmão and Pedro Paiva's work to date. *The Sleeping Eskimo* offers an extensive insight into the Portuguese artists' multilayered oeuvre.

This ambitious project would not have been possible were it not for the active support of our many contributors. We would like to extend our gratitude to the Sies + Höke Galerie in Düsseldorf, and in particular to Johanne Tonger-Erk and Alexander Sies, with whom we were able to work effectively from the start, as well as to the Galeria Fortes Vilaça in São Paulo, Galeria Graça Brandão in Lisbon and Zero in Milan. The Kunsthaus was grateful to receive substantial financial support from the canton of Aargau's Swisslos fund, from the Aargau Art Association and from Angelika and Josef Meier. We would like to thank Bernasconi Boden-Decke-Wände, Aarburg and Zysset Messebau AG, Olten, for their generous sponsorship. For the team here at the Aargauer Kunsthaus, the preparation and realization of the exhibition presented a challenging but exciting project. The hard work and enthusiasm on the part of every member of the team helped to contribute to the success of the exhibition and of the catalogue. Special thanks go to our assistant curator Katrin Weilenmann, who kept track of everything during the entire process and worked tirelessly, contributing her extensive curatorial know-how. Without her proactive and creative commitment, this project would not have been possible. Many thanks also to Yasmin Afschar for her crucial support during the final stages, to Marcus Jacob, Martin Gasser and Barbara Köninger for their professional restoration work, to Verena Reisinger and Lisa Engi for their careful management of the exhibition office, to our (analogue and digital) public relations team Filomena Colecchia and Saskia Werdmüller, and to the heads of the art education team, Christin Bugarski and Silja Burch, who worked to ensure that the exhibition was accessible and attractive to both young and old members of the public.

Doris Huber successfully oversaw the many events and tours held in connection with this exhibition.

The complex structure of this extensive exhibition, for which the entire ground floor of the Aargauer Kunsthaus was rebuilt, posed a particular challenge. Andy Giger managed the building works with care and conceptual clarity. He was assisted by Matthias Berger alongside Bili Gossweiler, Tom Heinzer, Pascal Jeker, Brigitte Plüss, Markus Scherer, Anita Schwank, Lukas Steiner and Timo Ullmann. We are extremely grateful to the entire construction team for their efficient completion of this major task. We received technical support for the 16 mm projections from Studio 2M Filmtechniek, Amsterdam. Particular thanks go to Seab Deuling for his highly professional cooperation, as well as to David Pfluger and Dimitri Fischer from Videocompany, who assisted with the many on-site projectors. We would also like to thank Mattia Denisse, the artists' assistant, who supported the realization of the exhibition from start to finish.

Rather than giving an overview of the world of Gusmão and Paiva's work as a whole, the The exhibition *The Missing Hippopotamus* in the Kölnischer Kunstverein was conceived to draw attention to a somewhat overlooked area of their work. To this end, forty-one bronze sculptures, almost the entire sculptural oeuvre of the two Portuguese artists, were presented in the Kölnischer Kunstverein's central exhibition hall, framed within a specially designed architectural interior. The presentation was supplemented by a selection of photographical works, a new Camera Obscura, and selected films which were screened in the adjoining rooms, allowing for an understanding of the parallels and interrelationships between the various facets of the artists' work.

This complex endeavour would not have been possible without the support of various partners. As well as the aforementioned galleries in Düsseldorf, São Paulo, Lisbon and Milan, and our untiring colleague Mattia Denisse, our first word of thanks must go to the Kunststiftung NRW and their representatives Dr. Ursula Sinnreich and Dr. Barbara Könches, without whose continual support the realization of this project would have been impossible. Furthermore we would like to thank our colleagues from the Kölnischer Kunstverein, whose passion and commitment in their respective fields contributed greatly to the project's success. Marianne Walter, assisted by Lina Rehs, coordinated the exhibition's central administrative processes, whilst Patrick C. Haas assisted with all curatorial challenges and Uwe Becker took care of all technical aspects. Last but not

Acknowledgements
Madeleine Schuppli, Moritz Wesseler

least we would like to thank the carpentry company Matthäus & Busch for their skilful execution of the exhibition architecture, Jürgen Galli for the precise installation of the filmic pieces, as well as artists Ruslan Daskalov, Klaus Kleine, Fabian Kuntsch, Johanna von Monkiewitsch, Max Pfeffer and Maik Prus, whose active support during the extensive process was greatly appreciated.

This collaborative publication aims to build a bridge between the two exhibitions in Aarau and Cologne, offering a representative summary of the work of João Maria Gusmão and Pedro Paiva. This catalogue has been produced in cooperation with Walther König Verlag, and we would like to extend our particular thanks to Franz König and Herbert Abrell for their support. We are grateful to Noah Bonsma and Dimitri Reist from the graphic design firm B&R for their inspired book design, which is founded upon a thorough exploration of its content. David Aebi is to thank for the exhibition photos from Aarau, Simon Vogel for those of Cologne. Warm thanks to our authors, João Ribas, deputy director of Fundação de Serralves, Porto, and Anselm Franke, curator at Haus der Kulturen der Welt, Berlin, whose knowledgeable writings are to be influential in the reception of Gusmão and Paiva. Furthermore, the artists themselves have contributed two informative texts. This brings us to our final and most important note of thanks – to João Maria Gusmão and Pedro Paiva. For us and for our museum team, working with them has been an intensive and truly positive experience. The artists have applied themselves to the exhibitions and to this publication with passion, tirelessness and tenacity. Seriousness and conceptual precision have always been paired with good humour and warmth, making our exchange not only intellectually stimulating but also extremely rewarding on a personal level. We thank João Maria and Pedro wholeheartedly for their cooperation – which we are sad to see come to a close – and for the final result, which will hopefully prove enjoyable for all readers.

Madeleine Schuppli,
Director Aargauer Kunsthaus, Aarau

Moritz Wesseler,
Director Kölnischer Kunstverein, Cologne

 Wenn alles gut geht, funktioniert die Wahl des Ausstellungstitels wie das Setzten des i-Tüpfelchens – eine kleine Geste, die das Ganze auf entscheidende Art vervollständigt. Wie beim Buchstaben, bei dem der Punkt dem vertikalen Strich erst seinen Klang verleiht, so macht der Titel – idealerweise – die Ausstellung zu einer sprechenden Gesamtheit. «The Sleeping Eskimo» tut dies, indem dieser Titel Vieles in sich vereint, was im Werk von João Maria Gusmão & Pedro Paiva wichtig ist und in der Ausstellung im Aargauer Kunsthaus verhandelt wird. Zudem fügt er sich atmosphärisch aufs Schönste in ihr Werk ein.

Unser Ausstellungstitel schafft ein Bild – eine nicht alltägliche Vorstellung eines schlafenden Eskimos –, wobei unklar bleibt, wie wir uns dieses Bild genau ausmalen sollen. Es ist konkret und gleichzeitig sehr offen. Die Vision des Schlafenden hat etwas Poetisches an sich, ruhig und friedlich erscheint die Szenerie des sich ausruhenden Menschen. Der Schlaf an sich ist aber auch mit dem Tod verbunden, den wir ja nicht von ungefähr sprichwörtlich als dessen Bruder bezeichnen. Mit dem Schlaf assoziieren wir darüber hinaus den Traum. Träume werden seit Urzeiten als symbolische Botschaften und Zugänge zur menschlichen Seele verstanden. Der Eskimo, als ein zivilisationsferner, im Schnee und Eis lebender Mensch, evoziert aber auch Empfindungen von Distanz. Faszination und Befremden stellen sich ein, wenn wir uns die Lebensumstände dieses Menschen vorzustellen versuchen, die in einem so großen Gegensatz zu unseren eigenen zu stehen scheinen. Und so wirft dieser Titel Fragen auf, gegensätzliche Empfindungen machen sich breit und Vorstellungswelten entfalten ihre Kraft.

Damit sind wir schon inmitten dem künstlerischen Universum von Gusmão & Paiva, und es eröffnet sich in ihm ein geistiger Raum, der geprägt wird von der Beschäftigung mit Anthropologie, Kultur- und Kunstgeschichte, Philosophie, Literatur, Naturwissenschaften oder Psychoanalyse. Letztere manifestiert sich beispielsweise in der wiederholten Darstellung des Schlafs und traumartiger Bildwelten. Auch die Auseinandersetzung mit dem Fremden, mit anderen Kulturen, deren Riten und Codes, ist ein wichtiger Pfeiler im Werk des Künstlerduos. Ihre filmischen Arbeiten sind fast ausschließlich auf Reisen entstanden – in die früheren portugiesischen Kolonien Brasilien, São Tomé oder Mosambik sowie in jüngster Zeit wiederholt in Japan. Als verbindendes Element werden immer wieder die Grundbedingungen der menschlichen Existenz, die *Conditio humana,* aber auch die Selbstentfremdung des Menschen von seiner Natur verhandelt.

Diese Einschätzung trifft sich mit den Worten von João Maria Gusmão in seinem hier veröffentlichten Text *Ein Monat ohne filmen.* Der Künstler führt darin aus, wie sie versuchen, das zu filmen, was bisher noch nie gesehen wurde – bewegte Bilder, jenseits der Realitätserklärung. Des Weiteren schreibt er, dass sie Bilder filmen wollen, welche die Umstände des menschlichen Seins auf dieser Welt beschreiben und diesen Umständen möglicherweise einen Sinn abringen.[1] Die hier geschilderten Intentionen des Künstlerduos sehen wir in ihrem Werken umgesetzt. Die Arbeiten sind sinnliche Erlebnisse, ästhetische Überwältigungen, hintersinnige Verwirrspiele, anekdotische Verführungen. Wir fühlen uns befremdet und magisch angezogen zugleich.

Neben den Filmen umfasst das Schaffen von Gusmão & Paiva auch ein umfangreiches skulpturales Werk. 2008 entstand mit *The liver* eine an die Leberschau im antiken Orakelwesen anlehnende erste Bronzeplastik. Vor allem in den letzten zwei bis drei Jahren haben sich die Künstler intensiv mit der Skulptur beschäftigt, wobei sie Objekte schaffen, die teils wie «Kürzestfilme» aufzufassen sind. Elemente aus dem zeitbasierten Medium Film übertragen sie in die Skulptur, während ihre 16 mm-Filme wiederum ausgeprägte skulpturale Qualitäten aufweisen. Wie in den bewegten zweidimensionalen Bildern loten sie auch in ihrem dreidimensionalen Arbeiten die Grenzen des Darstellbaren aus, wenn sie etwa einen Blitz in Bronze gießen. Erfrischend ist, wie wenig sich das Künstlerduo um die ungeschriebenen Spielregeln des Mediums schert und uns mit Humor in die Narrationen ihrer Bildfindungen verstricken. Thematisch ergeben sich verschiedene Bezüge zu den filmischen Arbeiten, etwa bei der in mehrere Standbilder unterteilten Bewegung eines Spiegeleis, das in der Bratpfanne gewendet wird. Die Künstler übersetzen flüchtige Dinge wie den Dampf, der dem Kochtopf entweicht, in Bronze. Den Grenzen, die unserem Sehvermögen gesetzt sind, wird hier ein Schnippchen geschlagen. Auch unsere Vorstellung von Realität kommt ins Wanken, wenn wir mit ihren absolut lebensecht umgesetzten Gemüseskulpturen konfrontiert sind.

Das Konzept von «The Sleeping Eskimo» basiert auf einer radikalen Zweiteilung der Ausstellungsfläche in einen dunklen und einen hellen Bereich. Zuerst werden die Besucherinnen und Besucher in eine fast labyrinthisch

The Sleeping Eskimo
Madeleine Schuppli

angelegte finstere Welt geleitet, die nur spärlich durch
auf die Wände projizierte Filmbilder erhellt wird und durch
das sanfte Rattern der 16 mm-Filmprojektoren beschallt.
Die Orientierung geht fast verloren, wenn wir den filmischen
Bildwelten folgen. In den einzelnen Ausstellungsräumen
werden Themenfelder aufgetan, in der die jeweiligen Filme
stets miteinander interagieren. Es sind bewegte Bilder, die
in einem Spannungsverhältnis zueinander stehen – sich gegenseitig beeinflussen, befruchten und befragen. Im zweiten Ausstellungsteil dann finden wir uns im Hellen wieder,
von allen Seiten fällt Tageslicht ein. Das großzügige Setting
schafft Raum für eine umfangreiche Gruppe von Skulpturen,
deren Präsentation sich auch in den begehbaren Innenhof
ausweitet.

Gegen Ende des Rundgangs, treffen wir auf eine Arbeit, die wie die Ausstellung mit «The Sleeping Eskimo»
betitelt ist. Die Fotografie gehört zur 2016 begonnen Gruppe der «Droodles»[2], mit farbigen Filzstiften auf Flipcharts
gekritzelte Bildrätsel. Mit etwas Fantasie können wir tatsächlich die geschlossenen Augen eines bärtigen Mannes
erkennen, gleichzeitig lesen wir die Skizze auch als weib-
liches Schamhaar. Inszenieren die Künstler mit der be-
wussten Überlagerung zweier Motive eine Verwirrung,
oder verschmilzt hier der Kopf des schlafenden Mannes
mit einem Bild aus seinen Träumen?

1   Siehe dazu S. 77–82.
2   Ein Wortspiel aus der Kombination der englischen Ausdrücke
      doodle (Kritzelei) und *riddle* (Rätsel).

EN If all goes according to plan, the choice of exhibition title should function like the dotting of an "i" – a small but essential gesture to complete the task. Just as the vertical line is nothing without the dot, so the exhibition only becomes a meaningful whole when given a title – at least, this is the ideal scenario. Indeed, the title *The Sleeping Eskimo* captures the essential aspects of João Maria Gusmão and Pedro Paiva's work treated in the Aargauer Kunsthaus exhibition. Furthermore, the title atmospherically evokes the most beautiful elements of their work.

Our exhibition title paints a picture – the unusual image of a sleeping eskimo – but it remains unclear how exactly we should envisage this image. It is at once concrete and vague. The image of a sleeping human is a poetic one; a resting individual evokes a quiet, peaceful scene. But we also equate sleep with death, the proverbial brothers. We associate sleep with dreams, too. Since the beginning of time dreams have been understood as symbolic messages and gateways into the human soul. The eskimo, as someone remote from civilization, someone living amongst the snow and the ice, also evokes notions of distance. Fascination and alienation come to the fore when we try to imagine the conditions in which these people live, conditions so different to our own. And so our title poses questions; contradictory notions begin to establish themselves, and the power of imaginary worlds is unleashed.

We have already reached the core of Gusmão and Paiva's artistic universe, a spiritual space in which questions of anthropology, cultural- and art history, philosophy, literature, the sciences and psychoanalysis intermingle. The latter, for example, arises in the recurring allusions to sleep and the visual language of dreams. Even the preoccupation with the foreign, with other cultures, their rituals and codes, is an important pillar in the artists' work. Their filmic works are almost exclusively based on their travels – through the former Portuguese colonies of Brazil, São Tomé and Mozambique as well as, recently, once again through Japan. The common thread to their work is, time after time, the fundamental conditions of human existence, the Conditio humana, but also humankind's self-alienation from nature.

João Maria Gusmão expresses words to this effect in his text *A month without filming*, published here. The artist explains their attempts to film that which has never before been seen – moving images outside of the realm of reality. Further, he writes of their attempt to record images that illuminate the conditions of human existence, creating the potential for meaning.[1] We can see these ideas implemented in the artists' work. Their works function as sensual experiences; they are aesthetically spectacular, cryptically confusing, anecdotally seductive. We feel at once alienated and magically drawn in.

Alongside their films, Gusmão and Paiva's oeuvre includes an extensive body of sculptural work. Their 2008 bronze sculpture *The liver* harks back to the ancient oracular tradition of liver inspection. Over the past two or three years, the artists have turned their attention intensively to sculpture, creating objects which can, to some extent, be understood as very short films. Elements of film, a temporal medium, are transformed into sculpture, whilst the artists' 16 mm films in turn display distinctive sculptural qualities. Like their moving two-dimensional images, their three-dimensional works sound out the limits of the representable – take their bronze cast of a lightning bolt as an example. Refreshingly, the artists pay little attention to the medium's unwritten rules; they use humour to involve us in the narratives of their images. They make various thematic references to their films – the sequence in which a fried egg moves around a frying pan is divided up into several still images. The artists render fleeting things – steam escaping from a pan – in bronze. The limits usually imposed upon our vision are distorted. Even our conception of reality begins to waver when we are confronted with their completely lifelike vegetable sculptures.

The concept of *The Sleeping Eskimo* is based upon a radical division of the exhibition space into a dark and a light area. Visitors are first led into an almost labyrinthine, gloomy world, illuminated only by the film images projected sparsely onto the walls, the only sound the gentle hum of the 16 mm film projectors. One loses almost all notion of space when following the filmic worlds of the images. Different themes are explored in the individual exhibition rooms, where the respective films run in constant interaction: the moving images influence, stimulate and interrogate one another. In the second part of the exhibition we find ourselves once again in the light; daylight hits us from all angles. The spacious setting allows for a large selection of sculptures, also extending into the courtyard, which is accessible to visitors.

In one of the final rooms, we come to the exhibition's eponymous work, *The Sleeping Eskimo*. The photograph belongs to the collection of *Droodles*,[2] picture puzzles

The Sleeping Eskimo
Madeleine Schuppli

scribbled on flipcharts with coloured felt tip pens, begun in 2016. If we use our imagination we can make out the closed eyes of a bearded man, yet we also see the sketch as a depiction of female pubic hair. What is the reason behind this overlapping of motifs? Are the artists consciously trying to confuse the viewer, or is the head of the sleeping man merging with an image from his dreams?

1   See p. 83–87.
2   A wordplay composed of the terms *doodle* and *riddle*.

 Sphären und Kreise bestimmen den ersten Eindruck: In der Filminstallation *Onça geométrica* (2013) tritt der Betrachter gleichsam ein in eine Vielzahl von farbigen Scheiben, die an die Ringe des Saturn erinnern. Es geht planetarisch weiter: In dem Film *3 Suns* (2009) ist wie im Titel festgeschrieben die Sonne gleich dreimal zu sehen; in dem Film *Eye eclispe* (2007) wird eine halbe Sonnenfinsternis auf der Oberfläche einer Eierschale in Szene gesetzt, in *Camera test (washing machine)* (2014–2015) schauen wir hypnotisiert auf die Trommel einer Waschmaschine, in der sich eine Leopardenhaut dreht; die filmische Neuentdeckung des Rades führt in *Wheels* (2011) zu einem Kamera-zentrischen Weltbild. Dazu natürlich die Projektoren und ihre Räder, ein unermüdliches Rattern und Kreisen, ein Konzert der Zeitschleifen, eine Reise in das maschinische Unbewusste mit seinen zahlreichen primordialen Assoziationen, die wir erst zu ahnen beginnen.

Betritt man die Ausstellungen von João Maria Gusmão & Pedro Paiva, ist klar: Hier herrscht ein «Wille zum Kosmos», zur Produktion einer ganz eigenen eigenwilligen Welt, mit ihrem ganz eigenen Bezugsystem, eigenen Formen, Objekten und Bewohnern. Die Schaffung eines Kosmos geht unweigerlich einher mit der Beschwörung eines mythologischen Ursprungs. So werden in der neuen Filmminiatur *Meteoritics 2* (2016) glühende Teeschalen aus dem Brennofen genommen – ein symbolischer Akt der Weltschöpfung im Arsenal moderner mythologischer Vorstellungen. Die Vielzahl der Bilder, aber auch das Zitieren der obsoleten Form des wissenschaftlichen Filmes, beschwören zudem den Aspekt des Enzyklopädischen als Wissenschaftsmythologie, wenn auch mit offensichtlicher Ambivalenz. Es ist überwiegend dunkel in den Ausstellungen von João Maria Gusmão & Pedro Paiva, und die Arbeiten selbst werden in dieser Dunkelheit zu Planeten, manchmal zu fernen Galaxien, aber auch zu Gesten der Inventarisierung, zu Spezimen in einem Ordnungssystem.

Den Begriff «Kosmos» könnte man vielleicht produktiv mit «Sinnuniversum» übersetzen. Von einem Kosmos sprechen wir im alltäglichen Sinne dann, wenn sich irgendwo eine kohärente Sphäre der Semiose und Medialität herausbildet, in der Orientierung und Ordnung fundiert werden. Ein Kosmos ist ein Milieu der Zeichenbildung. Diese Arbeit der Milieubildung findet immer statt in Form einer unablässigen psychischen, mentalen Tätigkeit – so stoisch wie die Räder der Filmprojektionen. Die Zeichenordnung selbst ist ein Phänomen der sozialen Produktion und Konvention, sie materialisiert sich nur in der sozialen Praxis, etwa im Ritual oder der Sprache. Über die Fundamente dieser Zeichenordnung aber herrscht selten Einigkeit, sobald man einmal an ihnen rührt oder dazu in der Konfrontation mit Alterität aufgefordert wird. Hier öffnet sich stattdessen jener Abgrund, jene Bodenlosigkeit, die die Künstler mit ihrer «Abyssologie» ins Feld führen, zur Methode ausbauen, und mit der sie sich kunsthistorisch und philosophisch verankern.

Der Kosmos von João Maria Gusmão & Pedro Paiva aber ist einer, in dem der Prozess der Sinnbildung und Zeichenbildung in der Schwebe gehalten wird. Für alle diejenigen, deren Verlangen nach Sinn mit der Sehnsucht nach Endgültigkeit und Stabilität verbunden bleibt, wird dieser künstlerische Kosmos schnell zu einer abgründigen Erfahrung. Denn die Künstler entziehen mit ihren Arbeiten unseren epistemologischen Gewissheiten das Fundament, so als würde einem der Teppich der ontologischen Stabilität unter den Füssen weggezogen. Denn Sinnzusammenhänge werden hier gerade nicht etabliert und gefestigt, sondern destabilisiert.

Wie in einem Planetensystem umkreisen sich die Motive in den Ausstellungen von Gusmão & Paiva und formen neue Konstellationen. Das Ei aus *Eye eclipse* begegnet uns verwandelt wieder in der Skulptur *Eye model* (2006), das wiederum selbst an ein Model planetarischer Konstellationen erinnert – und als Camera-Obscura-Mechanismus an die Ursprünge des Kinos. Die ganze Ausstellung durchzieht ein Verwirrspiel der Ähnlichkeiten und Korrespondenzen, und über die Titel der Arbeiten wird dieses Spiel ausgeweitet auf die Sprache – der Bildwitz wird zum Wortwitz –, und beide treten gegeneinander an. Die Skulptur *Eye model* verspricht Wissenschaftlichkeit und Objektivierung: Modellierung des Sinnesorgans. Aber in der künstlerischen Aneignung und Verfremdung dieses Versprechens findet ein Transfer statt: Es geht in allen diesen Arbeiten um eine Modellierung – der Modellierung von Bildwerdungsprozessen, vor allem aber von Bewusstsein. Die kinematografische Metapher des Bewusstseins kommt zum Einsatz: überall Reflektionen auf den kinematografischen Apparat, auf den durch den Film geschaffenen Kosmos, auf den Prozess der filmischen Produktion und Reproduktion. Die Welt des Kinos wird zum Modell der Produktion von Welt. Und diese Modellierung umfasst drei Ebenen: die im Kopf des Menschen eingeschlossene mentale Welt, den Kinosaal und das Firmament. Die Assoziation mit Platons Höhlengleichnis ist durchaus intendiert – wie auch beim Film *3 Suns* –, nur das wir eben nicht das

Ein abgründiger Kosmos
Anselm Franke

Schattenspiel an den Wänden sehen, sondern aus der Höhle heraus blicken: Das «Licht der Wahrheit» und die «ewige Idee» wollen sich hier partout nicht verstetigen lassen, sondern multiplizieren sich.

Verstetigung: Der Kunstkritiker Carl Einstein fand dafür in den 1920er Jahren den Begriff der «Tektonik». Die Tektonik steht für die Verdinglichung und Objektivierung, für den Schutzraum, den sich Menschen seit Beginn der städtischen Zivilisationen mit Architektur und zunehmend auch mit scheinbar stabilen Abstraktionen schaffen, um sich vor einer chaotischen, im ständigen Wandel begriffenen Wirklichkeit zu schützen. Tektonik ist dem medialen, mimetisch-animistischen Prozess des Werdens und der permanenten Transformation und Metamorphose entgegengesetzt: Mittels dieser Dichotomie wird Einstein die Werke der Künstler der Moderne einer brillanten und kontroversen Analyse unterziehen.

Der Tektonik, den stabilen Fundamenten zivilisatorisch gesicherten Wissens, entziehen Gusmão & Paiva den Boden. Aber nicht einfach, indem sie sich hemmungslos dem Spiel der magisch-mimetischen Transformationen hingeben – oder der im Kern zum Scheitern verurteilten Repräsentation von spirituellen Erfahrungen oder Bewusstseinsveränderungen, wie man sie etwa aus den Filmen eines Alejandro Jodorowsky kennt, mit dem die Künstler einige Referenzen teilen. Beim Gang durch die Ausstellung *The Sleeping Eskimo* im Aargauer Kunsthaus taucht eine filmische Miniatur immer wieder auf. Es gibt mindesten zwei direkte Gegenstücke zum kosmischen Kreis in der Motivwelt von Gusmão & Paiva: zum einen das Rätsel des Tiers und seiner Umwelt, also des Organismus im Kreis des Milieus und die Unmöglichkeit des direkten Zugriffs auf dessen Alterität – dafür stehen hier die Filme *Cowfish* (2011), *Turtle* (2011), *Cassowary* (2010), *Proboscis* (2013), sowie *Dream of a ray fish* (2011). Zum anderen ist es die abstrakte geometrische Form, die wesentlich auch in den Skulpturen zitiert wird. Dazwischen wird eine Bühne der Ambivalenzen aufgemacht: etwa die die Kreis-Skulptur *Round objects that appear square* (2013). Die filmische Miniatur aber, die sich hier mehrfach wiederholt – als ginge es eben um die tektonisch-stabile Fundierung des Künstler-Kosmos' –, bringt das Tektonisch-Stabile zum Delirieren: *Triangles and squares* (2013) zeigt ein «Ballett mechanique», in dem sich in einer strengen Reihe aufgestellte Quadrate und Dreiecke auf Stangen drehen, sich synchronisierend und wieder auseinanderdriftend, während sie jeweils im Moment ihrer Unsichtbarkeit ihre Identität verändern: Quadrat wird zu Dreieck, das Dreieck steht kopfüber, und zu all dem hinzu kommt ein amüsantes Spiel der sich ständig abwechselnden Primärfarben. Ur-Farben, Ur-Formen: Aber am Ursprung herrscht eben genau keine Stabilität.

Der Kosmos und sein Sinnsystem also wird nicht stabilisiert, sondern zum Tanzen gebracht. Aber zu welchem Ende? Um uns in eine Art Traumwelt der medialen Effekte und Inversionen zu (ent-)führen. Es ist eine Traumwelt, die auf der formalen Ebene der Beschleunigung von *Triangles and squares* gleichzeitig mit unendlicher Verlangsamung begegnet – wie das in ihrer Aneignung von Eadweard Muybridges chronophotografischer Serie *Getting into bed* (1887) der Fall ist. Die Geschichte wird hier invertiert, das Bewegtbild schrittweise bis zum Stillstand verlangsamt. Nach Rudolf Arnheim bringt eine solche

Verlangsamung nicht nur Bekanntes zum Vorschein, sondern unbekannte «eigentümlich gleitende, schwebende, überirdische» Bewegungen. Die Künstler erinnern mit ihrer Arbeit an das Diktum Walter Benjamins, demzufolge das Medium Film die lebensweltliche Einschließung der Moderne, diese «Kerkerwelt», mit dem «Dynamit der Zehntelsekunden» sprengt, «so daß wir nun zwischen ihren weitverstreuten Trümmern gelassen abenteuerliche Reisen unternehmen»[1]. Es ist eine andere Welt und eine andere Natur, die sich dem menschlichen Auge und der Kamera präsentiert, eine permanente Dehnung der Raum-Zeit-Koordinaten und eine Konfrontation mit der Möglichkeit anderer Welten und anderer Lebensformen. Der Kosmos des Films ist der eines Milieus, das sich über «Physiognomik» manifestiert, so wie es wohl am deutlichsten die Räume mit Skulpturen in der Ausstellung von Gusmão & Paiva tun. Und Physiognomie konstituiert nichts weniger als morphologisch-mimetische Magie, die die Grenze und Reziprozität des Verhältnisses von Organismus und seiner Umwelt moduliert. Am Vektor dieses Verhältnisses situieren wir *Bilder*. Bilder sind Membrane, die sowohl tektonische Fixierung als auch metamorphische Transformation operativ werden lassen. Die kognitive und formale Manifestation dieses Vektors findet sich im Verhältnis von Figur zu ihrem Grund – der Grundlage jeglicher Sichtbarkeit. Es sind nicht die Schlafenden im Film *Sleeping in a bullet train* (2015), die uns ins die Traumwelt des künstlerischen Kosmos entführen, sondern die zeitliche Dehnung des Hintergrunds, der «tektonischen» Stadt, die in den Zugfenstern vorbeizieht und dabei unseren Bewusstseinsraum zu dehnen beginnt.

Magie also? Ja, aber jenseits jeden Versprechens «tieferer Wahrheiten». Vielmehr wird die Magie hier mit einer «dialektischen Optik» konfrontiert, die dem okkultistischen Verlangen nach transformativem Sinnüberschuss einerseits und stabiler Wahrheit andererseits präzise begegnet – und zwar mit den minimalistisch eingesetzten Mitteln des Humors, des Slapsticks, des Witzes. Ein Sinnuniversum ist eine soziale Übereinkunft. Wir lachen über Verschiebungen im Sinngefüge, über den «Unsinn». Der Witz ist eine Verletzung des Kreises im symbolischen Kosmos, eine Verletzung der symbolischen Übereinkunft, der Syntax des Sinns. Die Reaktion auf den Witz ist das Lachen: die körperliche-affektive Reaktion, die den in Unordnung geratenen Kosmos gleichsam wieder zurück ins Gefüge «schüttelt». Daher die konservativ-reaktionäre Funktion des Lachens am sprichwörtlichen Stammtisch, der eine Schließung des Milieus nach Innen betreibt; daher aber auch die Möglichkeit, den Kreis zu öffnen und zu modulieren mit jedem chirurgischen Eingriff in die Zeichenbeziehung und die Grammatik des Sinns. Der Witz öffnet die Welt, und dahinter findet sich ein Abgrund. Vor dem Hintergrund dieses Abgrunds entwickelt sich der eigenwillige, abgründige, in der Schwebe gehaltene Humor der Künstler: eine Welt der Missverständnisse, der inadäquaten Abstraktionen und inadäquaten Materialisierungen. Das «Sinnuniversum» wird hier nur scheinbar harmlos systematisch an seine Grenzen getrieben. Es ist eine geheimnisvolle Welt, die uns hier begegnet, aber eine vollständig profane, die sich an der Anforderung messen lässt, die Walter Benjamin Ende der 1920er Jahre für die Surrealisten aufgestellt hat: «Jede ernsthafte Ergründung der okkulten, surrealistischen, phantasmagorischen Gaben

    Ein abgründiger Kosmos

und Phänomene hat eine dialektische Verschränkung zur Voraussetzung, die ein romantischer Kopf sich niemals aneignen wird. Es bringt uns nämlich nicht weiter, die rätselhafte Seite am Rätselhaften pathetisch oder fanatisch zu unterstreichen; vielmehr durchdringen wir das Geheimnis nur in dem Grade, als wir es im Alltäglichen wiederfinden, kraft einer dialektischen Optik, die das Alltägliche als undurchdringlich, das Undurchdringliche als alltäglich erkennt. Die passionierteste Untersuchung telepathischer Phänomene zum Beispiel wird einen über das Lesen (das ein eminent telepathischer Vorgang ist) nicht halb soviel lehren, wie die profane Erleuchtung des Lesens über die telepathischen Phänomene.»[2]

Daher verdreifacht sich die Sonne im Film von Gusmão & Paiva vielleicht: als *kosmisches Gelächter* auf den von Platon behaupteten dreifachen, Minderwertigkeit begründenden Abstand, den das künstlerische (Ab)-Bild vom Ursprung der reinen Idee trennt. In *3 Suns* bringt der Blick aus Platons Höhle in die Sonne der «ewigen Idee» diese «Idee» selbst zum delirieren, weil sich die Sonne als Bild zu reproduzieren beginnt. Der magische Kosmos der Künstler erinnert an jenen Kosmos, den der lateinische Dichter Lukrez beschrieb: ein Kosmos der Bilder und Simulakren, die wie hauchdünne, quasi-materielle Filme die Zeit- und Raumkoordinaten überwinden und uns permanent affizieren, und ein Kosmos, in dem die Körper und Dinge selbst aus solchen film-ähnlichen Bildern gemacht sind. Ein Kosmos also der materiellen Immaterialitäten, wie ihn uns erst wieder die moderne Physik nahebringt. Ein Kosmos nicht der verborgenen, aufzudeckenden Wahrheiten, sondern ein Kosmos der Uneigentlichkeit und Nicht-Identität.

Mimetische Ansteckung, Übertragung und Vervielfältigung: Das ist das Programm. Körperlich-affektive, gestisch-performative Mimesis, die u.a. vom Medium Film in der Moderne zu einer Wiedererweckung aus der Verdrängung des Imperiums der Rationalität und Selbst-Identität gebracht wurde, unterscheidet sich von der Sprache und von den Abstraktionen der Mathematik durch ihre Unmittelbarkeit, ihrer Immanenz im jeweiligen Milieu, aber auch durch ihre Unbestimmtheit. Es gibt in der Welt der mimetischen Signale und rituellen Werdensprozesse eine enorme Unschärfe, die wiederum nur soziale Konvention und Praxis einzudämmen vermag. Wenn diese Konventionen aber nicht greifen, weil die mimetische Übertragung gleichsam in der Schwebe gehalten wird, dann tut sich darunter ein Abgrund auf, der die Fundamente aller Klassifikationssysteme und unsere epistemologischen Gewissheiten in Frage stellt.

Gusmão & Paivas Arbeit setzt sich mit dem Paradox der Verzauberung in der Gegenwart auseinander – jener Verzauberung, der ein «romantischer Kopf» ebenso nachhängt wie heute die Millionen, die Verfilmungen von J.R.R. Tolkien oder ähnliche Blockbuster anziehen. Worin besteht dieses Paradox? Die große Qualität der romantischen Imagination besteht eben gerade darin, dass sie die Kräfte der Imagination mobilisiert. Romantik führt uns immer in einen Wald der Verzauberung. Dort finden immer Begegnungen statt, die transformatorische Kräfte freisetzen: mimetische Schutzmaßnahmen ebenso wie mimetische Verwandlungen. Die Romantik träumt von einer ursprünglichen Dialogizität: der «face-to-face»-Begegnung mit der Welt, wobei jede Begegnung die eigene Identität und den Begriff dessen, was «Sozialität» ist, erneuert. Es ist auch eine Welt der ursprünglichen Medialität, in der die Welt mit einem «spricht», eine Welt, in der die notwendig vergessenen, verschütteten und verdrängten primären «Adressierungen» durch unsere Umwelten wieder zugänglich werden, ähnlich wie dies auch bei Drogenerfahrungen der Fall sein kann. Das große Paradox der Verzauberung besteht darin, dass es heute eben jene Technologien sind, die die romantische Imagination sich materialisieren lassen, die ihr ultimativ ein Ende bereiten. Jeder Szene des «Hobbits» oder aus «Avatar» müssen wir darum jene Maschinenbilder entgegenhalten, die heute automatisiert und operativ Prozesse (räumliche aber auch emotionale Bewegung) durch Erkennungssoftware, Motion Capture-Technologien usw. überwachen und steuern. Die Technologien, mit denen die 3-D-Welten des CGI (Computer Generated Imagery) produziert werden, stehen in der Nachfolge von Muybridge, aber sie bilden mittlerweile einen zunehmend allumfassenden Rahmen der Identitätseinschreibung und Mustererkennung resp. -Erfassung, in dem genau die transformierende Bewegung, die Identitäten destabilisierende Odyssee in den Zauberwald, verunmöglicht wird. Gusmão & Paivas Arbeit ist eine Arbeit am ad absurdum geführten, eingehegten romantischen Exotismus. Der Zauberwald ist hier der Dschungel, Paradigma des Ortes «wilder» mimetischer Ansteckungen im kolonialen Imaginären: der Papagei etwa als Emblem für die wilde Mimesis des Dschungels. Oder der Film *Cassowary*, der den gleichnamigen Vogel im Lissaboner Zoo vor einer gemalten, orientalistischen Landschaftskulisse zeigt. Oder die ins Rituell-Ekstatische kippende Zerlegung eines Steinfisches (beides «exotische» Tiere, deren Gift für Menschen tödlich sein kann: soviel zum Horizont der mimetischen Ansteckung); oder mit Macheten zu polyhedronen Volumen geschnittene Früchte, die vom Tisch ihres Stillleben mitten im Regenwald levitieren. Gravitation wird ausgehebelt, der Kosmos befindet sich in der Auflösung. Die Inversion: In *Darwin's apple, Newton's monkey* (2012) scheint das ausgestopfte Makaken-Äffchen sich angesichts des vorbeifliegenden Apfels, dem epistemischen Objekt, das die Kräfte der Gravitation in Szene setzt, an seinen eigenen «Fall aus dem Paradies» zu erinnern, an die Vertreibung aus dem Dschungel. Die «entzaubernde» zerstörerische Intervention der kolonialen Moderne wird in einem Film wie *Falling trees* (2014) beschworen: Durch Rodung entsteht eine «Lichtung» im Dunkel des Regenwalds. Die Leopardenhaut in der Waschmaschine ist ein trauriges Monument dieser Einhegung von «Wildheit» und der Matrix der kolonialen Imagination.

Mit Zelluloid im Kunstraum zu arbeiten bedeutet, verlorene Welten heraufzubeschwören. Die Welt, die hier heraufbeschworen wird, ist eine Welt vor (oder auch nach) der «Aufklärung» – die Welt der mimetischen Welterfassung, die der Rationalität dann im Zuge der inneren und äußeren Kolonialpolitik reißerisch entgegengestellt werden wird. Es ist auch eine Welt vor der industriellen permanenten elektrischen Illuminierung der Welt: eine Welt, in der das Dunkel der Nacht allgegenwärtig war, und mit ihr die Unmittelbarkeit der Sinne und der symbolischen Arbeit. Es ist eine Welt, in der der kosmische Kreis der Symbolisierung noch mit dem Bild des Lagerfeuers verbunden werden kann, jenseits dessen uns das Reich der Partialobjekte erwartet. Die rhetorische Zuspitzung der Bodenlosigkeit dieser Ausstellung findet sich daher dem Film

          Ein abgründiger Kosmos

Three albinos telling jokes by the fireplace (2013). Die Öko-
nomie des bodenlosen Humors erfordert es, dass wir Zugang zu dem Geheimnis des Mimesis und der kosmischen
Kreise nur für den Preis der Banalität bekommen: daher
scheint es gerecht zu sein, dass wir die «Albinos», die sich
hier auf einer weiteren Regenwald-Lichtung Witze erzäh-
len, nur beim Gestikulieren sehen können, ohne aber ihre
Stimmen zu hören und mitlachen zu können.

1   Walter Benjamin: Das Kunstwerk im Zeitalter seiner technischen
     Reproduzierbarkeit, in: *Schriften*, Bd. I, hrsg. v. Theodor
     W. Adorno, Frankfurt am Main: Suhrkamp, 1955, S. 366–405.
2   Walter Benjamin: Der Sürrealismus – Die letzte Momentaufnahme der
     europäischen Intelligenz, in: Ders.: *Gesammelte Schriften*, Bd. II.1,
     hrsg. v. Rolf Tiedemann u. Hermann Schweppenhäuser, Frankfurt am
     Main: Suhrkamp, 1977, S. 295–310.

EN The first impression is one of circles and spheres: the film installation *Onça geométrica* (2013) seems to immerse the viewer in a series of coloured discs reminiscent of Saturn's rings. The planets recur in the rest of the exhibition: as the title suggests, the Sun makes three appearances in the film *3 Suns* (2009); in the film *Eye eclipse* (2007), a partial solar eclipse is displayed on the surface of an eggshell; in *Camera test (washing machine)* (2014–15) we observe the hypnotic drumming of a washing machine as it spins a leopard skin; the cinematic rediscovery of the wheel in *Wheels* (2011) creates a camera-centric view of the world. And then, of course, come the projectors themselves, their wheels, their never-ending turning and clattering, a concert of time loops, a journey deep into the mechanical subconscious, whose endless primordial associations we can only begin to guess.

One look at the exhibition by João Maria Gusmão and Pedro Paiva reveals the scope of their "will to cosmos", the drive to create their own autonomous world with its own frame of reference, unique shapes, objects, and inhabitants. If you want to create a cosmos, you must of course also evoke its mythological origins. To this end, the new short film *Meteoritics 2* (2016) features glowing pottery tea bowls being removed from a kiln – a symbolic act depicting the creation of a new world, drawing on the tools of modern mythological concepts. The numerous images and also the use of the obsolete genre of scientific films reference the idea of the encyclopaedic as a myth of science is referenced, albeit in a clearly ambivalent fashion. Light levels are mostly low in the exhibitions of João Maria Gusmão and Pedro Paiva, transforming their works in this darkness into planets, or sometimes into distant galaxies. At other times, the works seem like gestures of the desire to create inventories, or specimens in a classification system.

The term "cosmos" could be reasonably translated as "sense universe". In everyday language, we usually speak of a cosmos when we observe a coherent sphere of semiosis and mediality developing, with an internal orientation and order. A cosmos is a milieu where signs can become established. The work involved in establishing such a milieu always takes the form of relentless mental and psychological activity – as stoic as the wheels of film projectors. The formation of signs itself is a phenomenon which stems from social production and conventions, materializing only in social practice, for example within the bounds of a ritual or of language. Nevertheless, any sense of overarching unity governing the signs disappears when they are disrupted or brought into contact with alterity. At this point an abyss opens up, the same bottomlessness that the artists invoke with their "abissology", developing it into a method and using it as an art historical and philosophical framework.

The cosmos of João Maria Gusmão and Pedro Paiva is, however, one in which the process of establishing sense and form is held in suspension. For those whose desire for meaning stems from a yearning for conclusiveness and stability, this artificial cosmos quickly becomes an unfathomable experience. For the artists' work renders our epistemological foundations functionless, pulling the rug out from underneath ontological stability. Far from being established and concretized, contexts of meaning are actually destabilized.

As though in a planetary system, motifs in Gusmão and Paiva's exhibitions orbit each other and form new constellations. The egg in *Eye eclipse* reappears, transformed, in the sculpture *Eye model*, evoking in turn a model of planetary constellations, or – as a camera obscura mechanism – the origins of cinema. The entire exhibition is underpinned by a deliberately confusing mix of similarity and correspondence, also woven into the language of the works' titles, where visual humour is translated into puns. The sculpture *Eye model* promises scientific rigour and objectivity: modelling the sensory organ. Yet the artistic appropriation and alienation of this promise entails a transfer: each one of the works is based on modelling – yes, modelling the image creation process, but, more importantly, modelling consciousness. The cinematographic metaphor of consciousness comes into play: the works are littered with reflections on cinematographic devices, on the cosmos created by film, on the process of film production and reproduction. The world of cinema becomes a model of the production of worlds. And this modelling consists of three levels: the mental world housed in the minds of humans, the cinema, and the heavens. The association with Plato's cave allegory is deliberate – just as in the film *3 Suns* – with the only difference being that our gaze is drawn not by shadows on the walls, but rather outward, out of the cave: here, the "light of truth" and the "eternal idea" staunchly refuse to be stabilized, choosing instead to multiply.

Stabilization: in the 1920s, the art critic Carl Einstein coined the term "tectonics". Tectonics stands for objectification and reification; since the dawn of urban civilization,

An Unfathomable Cosmos
Anselm Franke

humans have turned to architecture – and, increasingly, to seemingly stable abstractions – to construct a protective barrier against a chaotic reality which is in a constant state of change. Tectonics argues against the medial, mimetic/animistic process of growth, permanent transformation and metamorphosis. Einstein employs this dichotomy to submit modern artists' works to an incisive and controversial analysis.

Gusmão and Paiva uproot tectonics, the stable foundations of knowledge held to be true by civilization. But they achieve this not by simply abandoning themselves to the play of magic/mimetic transformations, nor to the representation (by its very nature doomed to fail) of spiritual experiences or changes in consciousness as portrayed in Alejandro Jodorowsky's films, with which the artists share certain references. A film miniature crops up again and again throughout the exhibition *The Sleeping Eskimo* in the Kunsthaus Aargau. There are at least two counterparts to the recurring motif of cosmic orbit in Gusmão and Paiva's world. On the one hand, there is the puzzle of the animal and its environment, of the organism surrounded by its milieu, and the impossibility of direct engagement with the latter's alterity – as shown in the films *Cowfish* (2011), *Turtle* (2011), *Cassowary* (2010), *Proboscis* (2013), and *Dream of a ray fish* (2011). And on the other hand, there is the abstract geometric form which the sculptures also heavily reference. The result is the opening up of a stage of ambivalence, similar to that of the circular sculpture *Round Objects that Appear Square* (2013). Nevertheless, the film miniature that repeatedly appears – as though the focus were on the tectonic/stable foundation of the artistic cosmos – actually completely unravels "tectonic-stability". *Triangles and squares* (2013) presents a "ballet mechanique" in which a strict sequence of squares and triangles rotate on spindles, first in unison, then drifting apart, revealing a change of identity in the moment of invisibility. Squares become triangles, triangles are turned upside down, and the constant alternation of primary colours provides a light-hearted final touch. Elementary colours, elementary shapes: and yet not a trace of stability to be found at the source.

The cosmos and its system of meaning are therefore not stabilized, but made to dance. But to what end? In order to lead or lure us into a kind of dream world of medial effects and inversions. It is a dream world that comes into contact both with the acceleration of *Triangles and Squares*, and with endless deceleration, as is the case in Eadweard Muybridge's chronophotographic series *Getting into Bed* (1887). Here, the story is turned on its head, the moving picture gradually slowed down to a standstill. According to Rudolf Arnheim, this deceleration brings not only known facts to the surface, but also unknown "singularly gliding, floating, supernatural" movements. The artists' work brings to mind Walter Benjamin's adage, who judged the medium of film as lacing the real-world embodiment of the modern age, this "prison-world", with the explosive "dynamite of the tenth of a second, so that now, in the midst of its far-flung ruins and debris, we calmly and adventurously go traveling".[1] The human eye and the camera are privy to a different view of the world – both natural and man-made – a permanent distension of space-time coordinates and a confrontation with the possible existence of other worlds and other forms of life. The cosmos of film belongs to a milieu manifested in terms of "physiognomics", as can most clearly be seen in the rooms full of sculptures in Gusmão and Paiva's exhibition. And physiognomics constitutes nothing less than morphological/mimetic magic, modulating the borders and reciprocity of the organism's relationship to its environment. *Images* are the vector of this relationship. Images are membranes that enable tectonic fixation and metamorphic transformation to operate. The cognitive and formal manifestation of these vectors lies in the relationship between a figure and its basis – the foundation of any kind of visibility. It is not the sleeping people in the film *Sleeping in a bullet train* (2015) who summon us into the dream world of the artistic cosmos, but rather the temporal distortion of the background, of the "tectonic" town, visible through the train window and thus capable of distending the breadth of our own consciousness.

Is it magic then? Yes, but far removed from any promise of "deeper truths". Instead, magic here is brought face to face with a "dialectic optic", confronting head-on the occultist demand both for a transformative surplus of meaning and for a stable sense of truth – and doing so with the simple but effective tools of humour, slapstick, and jokes. A sense universe is a social construct. We laugh at shifts in the sense framework, at "nonsense". A joke is a tear in the fabric of the symbolic cosmos, a wound in the side of the symbolic construct, the syntax of sense. The reaction to a joke is laughter: a physical/affective reaction capable of "shaking" the unravelling cosmos back into a sense of order. Hence the conservative/reactionary function of laughter round the proverbial table, capable of sealing an inward-looking sphere, or, conversely, of opening up the circle and modulating it with each surgical intrusion into the symbolic relation and grammar of meaning. Jokes open up the world, revealing a chasm beyond. It is against this background that the artists' humour develops – maverick, unfathomable, held in suspense – a world of misunderstandings, of inadequate abstractions and inadequate materializations. The "sense universe" is systematically pushed to its limit, and not entirely innocently. We are met with a world full of secrets, yet an utterly profane one, measurable by Walter Benjamin's yardstick for surrealism from the 1920s: "Any serious exploration of occult, surrealistic, phantasmagoric gifts and phenomena presupposes a dialectical intertwinement to which a romantic turn of mind is impervious. For histrionic or fanatical stress on the mysterious side of the mysterious takes us no further; we penetrate the mystery only to the degree that we recognize it in the everyday world, by virtue of a dialectical optic that perceives the everyday as impenetrable, the impenetrable as everyday. The most passionate investigation of telepathic phenomena, for example, will not teach us half as much about reading (which is an eminently telepathic process) as the profane illumination of reading will teach us about telepathic phenomena."[2]

Perhaps this is the reason for the tripled sun in Gusmão and Paiva's film: as *cosmic laughter* in response to what Plato claimed to be a division between the artistic image (copy) and the origin of the pure idea – a triple abyss founded in inferiority. In *3 Suns*, the gaze out of Plato's cave and into the Sun's "eternal idea" leads that very "idea" into a kind of lunacy, as the Sun begins to reproduce images of itself. The artists' magic cosmos recalls the cosmos described by the Roman poet Lucretius: a cosmos of images and simulacra, enthralling us as they overcome coordinates of time and space like paper-thin, quasi-material films, and a cosmos in which bodies and objects are themselves made up of these film-like images. A cosmos, then, of material immaterialities, as modern physics finally allows us to understand it. A cosmos not of hidden truths that must be unearthed, but rather a cosmos of inauthenticity and non-identity.

Mimetic contagion, transmission, and proliferation are the order of the day. Physical/affective, gestural/performative mimesis, reawakened by the modernist medium of film – among other things – from the stupor induced by the empire of rationality and self-identity, differs from language and from mathematic abstraction not only by its very immediacy, its immanence in a given setting, but also by its indeterminacy. The world of mimetic signals and rites of passage is characterized by an enormous lack of clarity, which enables it to resist social convention and practice. When these conventions, however, are not observed because their mimetic translation is held in suspension, a chasm opens up, in turn calling into question the foundations of all classification systems, and that which we hold to be epistomological certainty.

Gusmão and Paiva's work grapples with the paradox of modern-day enchantment – which enthrals a "Romantic mind" just as millions of people today flock to film adaptations of J.R.R. Tolkein's books and to similar blockbusters. What forms this paradox? The greatest quality of the Romantic imagination lies precisely in its ability to capitalize on the power of imagination. Romanticism draws us into a world of enchantment. This world is full of encounters that release transformative forces: mimetic safety measures alongside mimetic metamorphoses. Romanticism dreams of an original dialogicity: meeting the world "face-to-face" and thus repeatedly renewing individual identity and the meaning of "sociality". It is also a world of original mediality, where the world "converses" with you, a world in which we are once again granted access, thanks to the environment, to those primary forms of address that we are normally compelled to forget, bury, and suppress. A similar effect can be induced by drug-taking. This is the great paradox of enchantment: the technologies upon which we rely to bring the Romantic imagination to life are precisely those that ultimately spell out its end. Each scene from *The Hobbit* or *Avatar* has therefore to be held up against those machine-made images which automatically and operatively observe and drive processes (movement both spatial and emotional) thanks to recognition software and motion-capture technology, to name but two. The technology behind the 3D worlds of CGI (computer-generated imagery) may well be Muybridge's successor, but it also stands for an increasingly all-encompassing framework of identity fixation and pattern recognition or detection, which renders impossible that transformative movement, the odyssey into the enchanted forest, upon which identities are destabilized. Gusmão and Paiva's work centres on Romantic exoticism – confined and driven insane. The enchanted forest is a jungle, the paradigmatic site of "wild" mimetic contagion in the colonial fantasy: the parrot emblematic of the wild mimesis of the jungle. Or the film *Cassowary*, which shows a bird of the same name in Lisbon Zoo, against a painted backdrop of an orientalist landscape. Or the decomposition of a stonefish, verging on ecstatic ritual (both are "exotic" animals poisonous to humans: so much for the horizons of mimetic contagion); or the fruits hacked into polyhedron shapes that levitate above their still-life table in the middle of the rainforest. Gravity is wrenched out of position, the cosmos thrown into disarray. The inversion: in *Darwin's Apple, Newton's Monkey* (2012), an apple – the epistomological object which sets the forces of gravity into motion – flies past a stuffed baby macaque monkey; he appears to be reminded of his own expulsion from paradise, which is to say his expulsion from the jungle. The "enchanting" destructive intervention of colonial modernity is testified to in a film like *Falling trees* (2014): felling trees produces a "clearing" in the gloom of the rainforest. The leopard skin in the washing machine is a tragic monument to the capture of something "wild" and to the matrix of the colonial imagination.

Working with celluloid in art means invoking lost worlds. The world conjured up here is a world before (or even after) the "Enlightenment" – the world of mimetic perceptions of the world, sensationally opposed to rationality in the wake of internal and external colonial politics. It is also a world situated before the industrial, constant electric illumination of the world: a world in which the cosmic of night was omnipresent, and with it the unfiltered immediacy of the senses and of symbolic work. It is a world in which the circle of symbolism can still be associated with the image of a campfire, a portal into a realm of partial things. The exhibition's rhetorical emphasis on bottomlessness therefore also makes itself felt in the film *Three albinos telling jokes by the fireplace* (2013). The economy of this bottomless humour allows banality to be the price we pay for access to the secrets of mimesis and cosmic orbits. It therefore seems just to only show the gestures of the albinos telling jokes in another rainforest clearing, without our being able to hear their voices or laugh along with them.

1   Benjamin, Walter, "The Work of Art in the Age of Mechanical Reproduction", translated by Harry Zohn in Hannah Arendt, ed., *Illuminations* (New York: Schocken Books, 1969).
2   Benjamin, Walter, "Surrealism – The Last Snapshot of the European Intelligentsia", in Benjamin, Walter, Michael W. Jennings, Howard Eiland and Gary Smith, *Selected Writings, Volume 2: Part 1: 1927–1930* (Harvard University Press, 2005), 216.

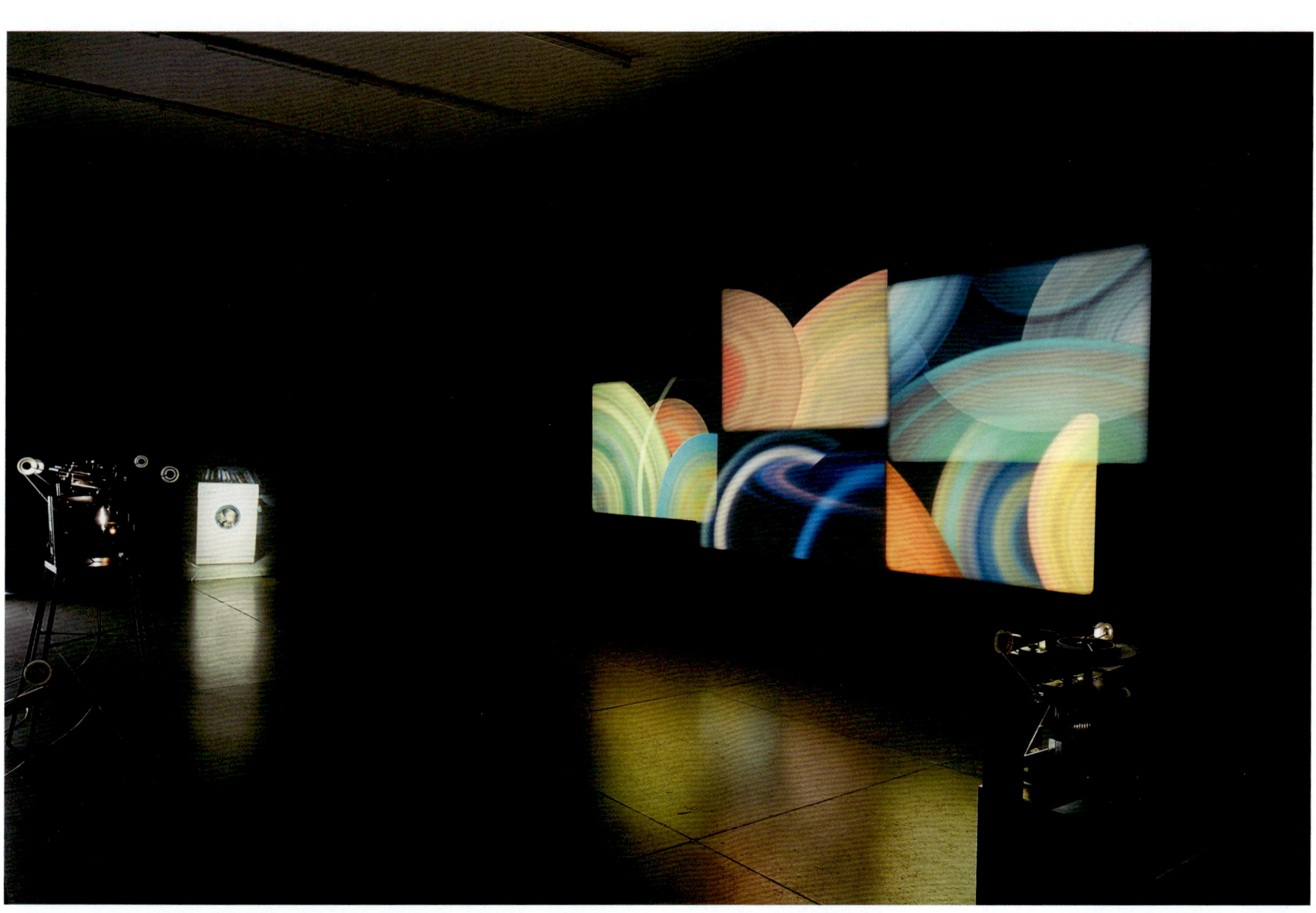

21   Exhibition view Aargauer Kunsthaus

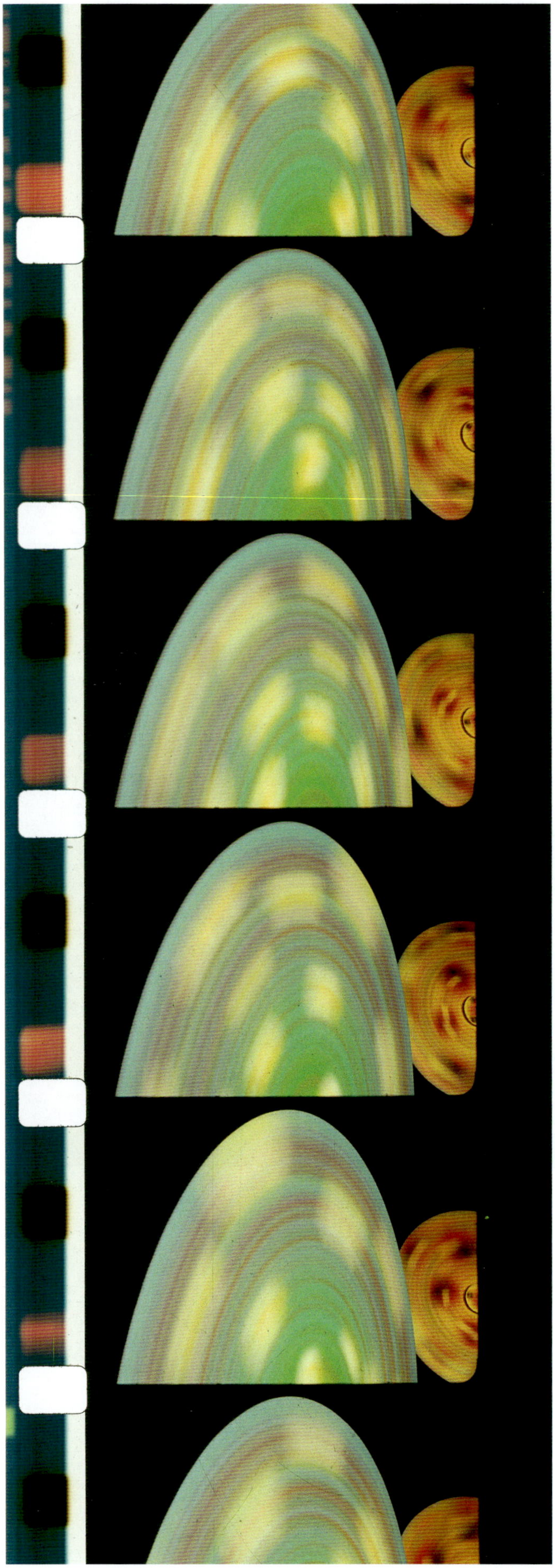

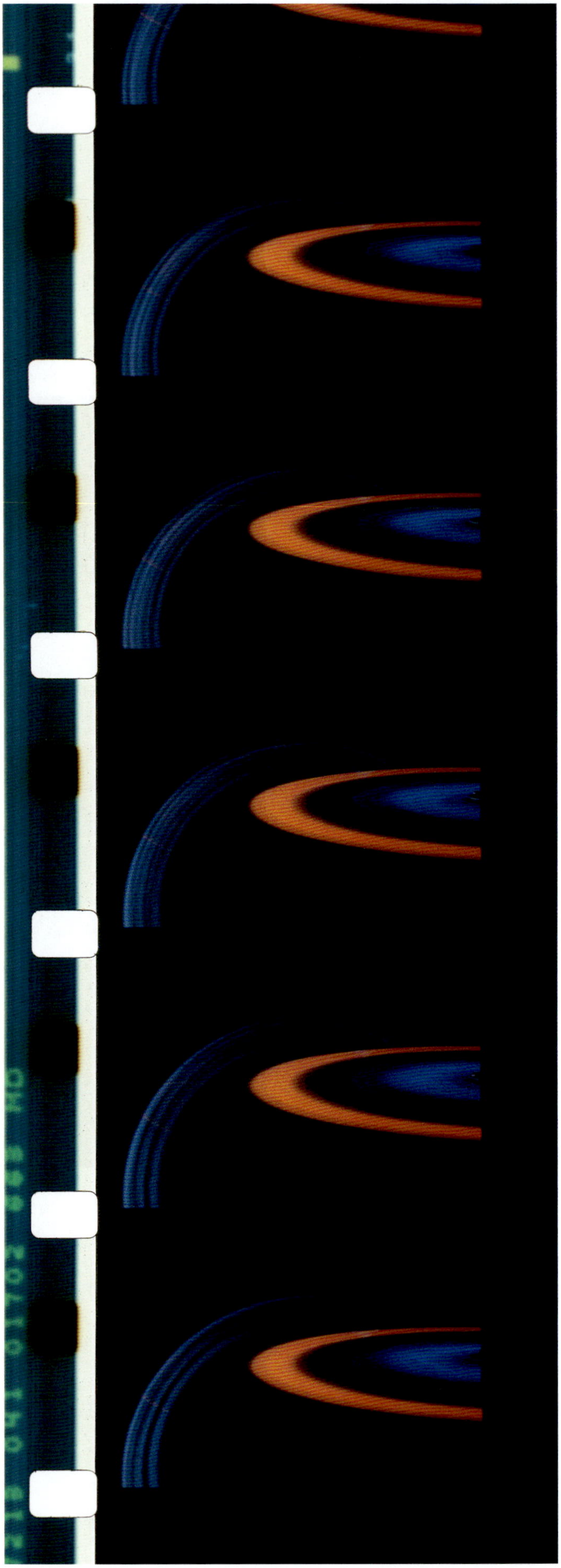

Onça geométrica, 2013

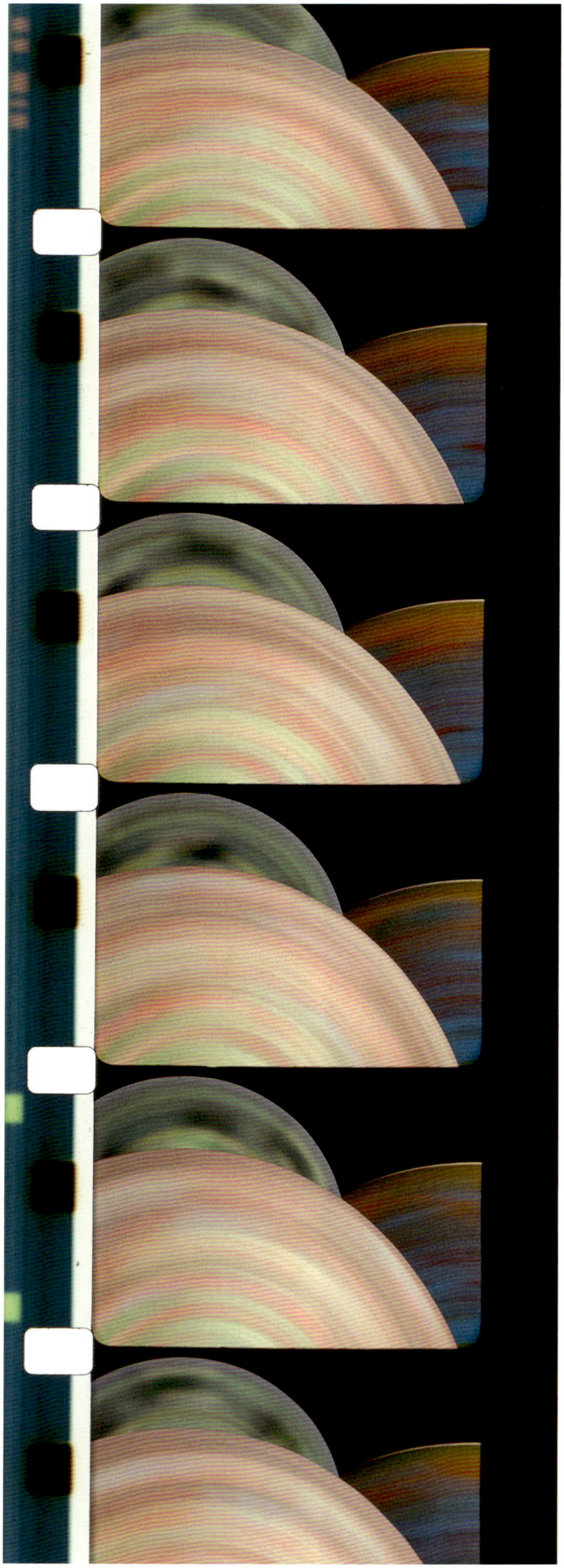

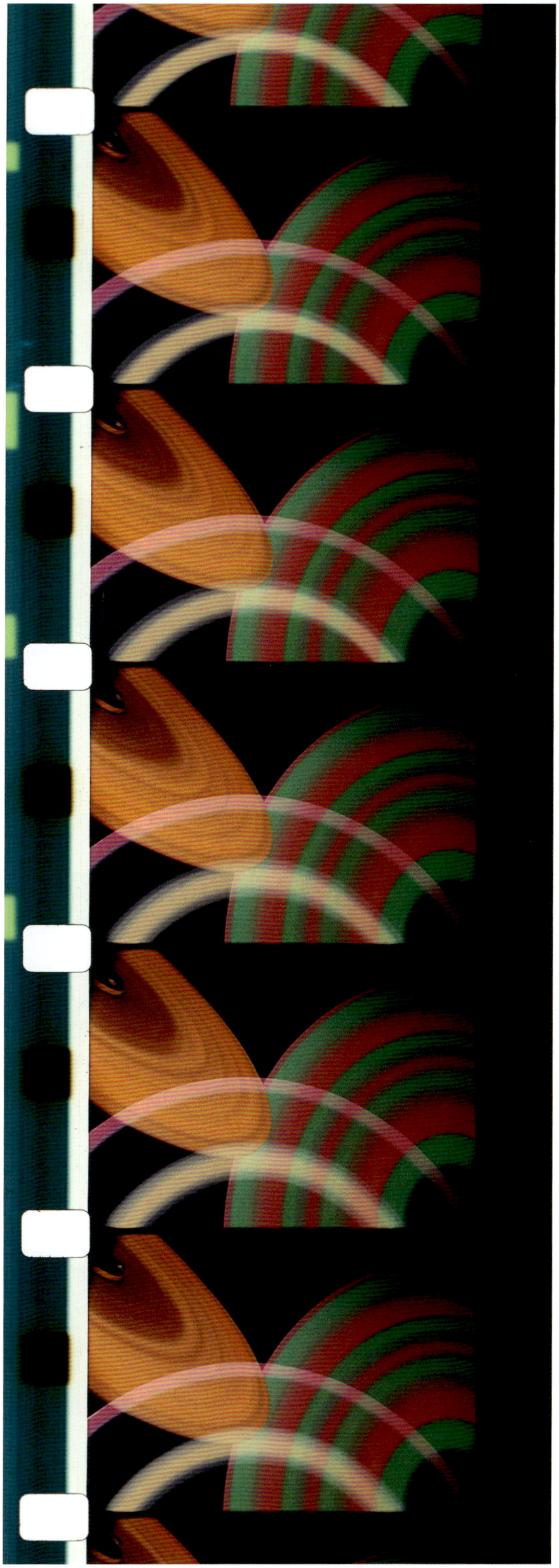

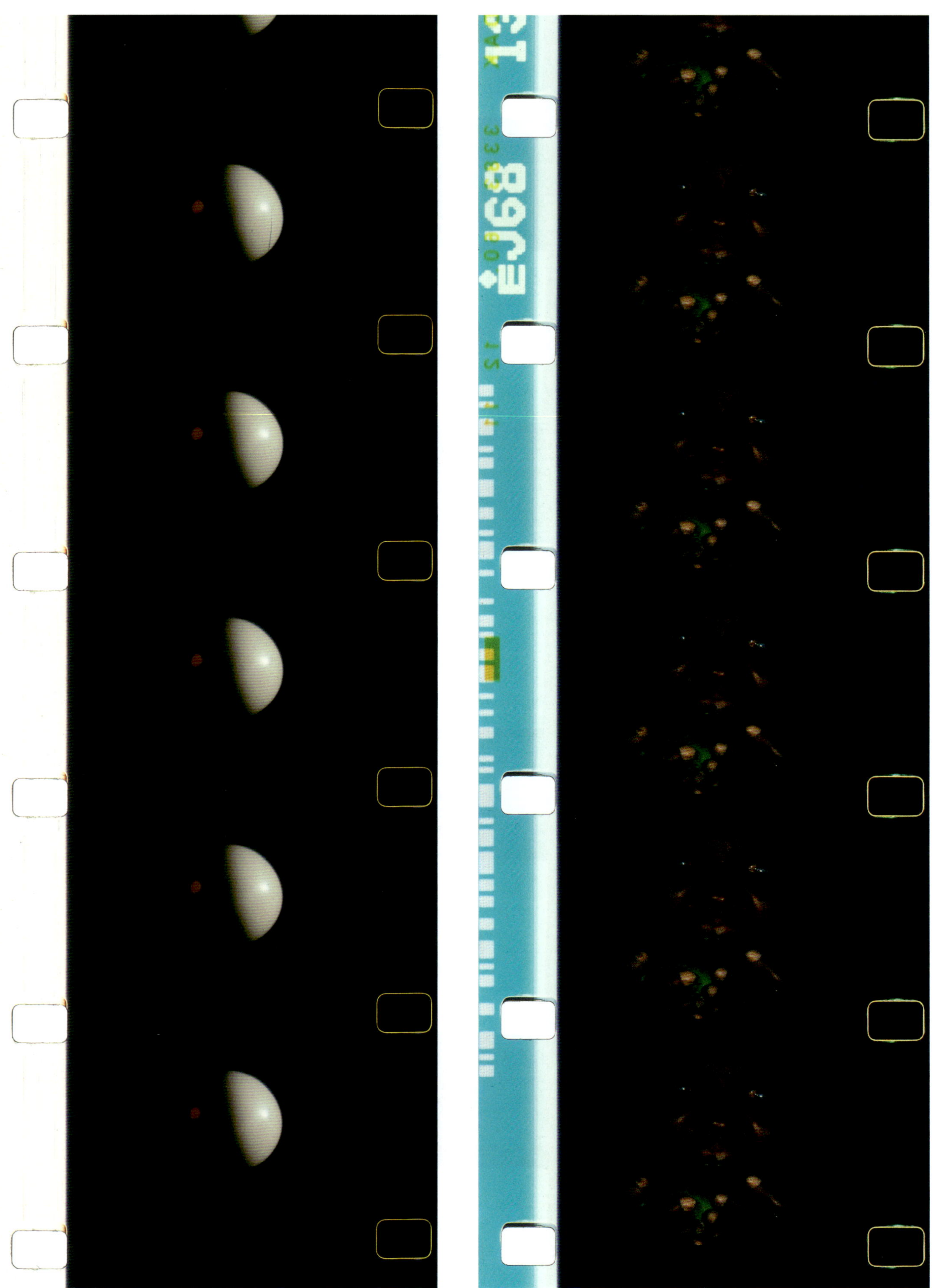

↑ Eye eclipse, 2007
↗ Solar, the blindman eating a papaya, 2011

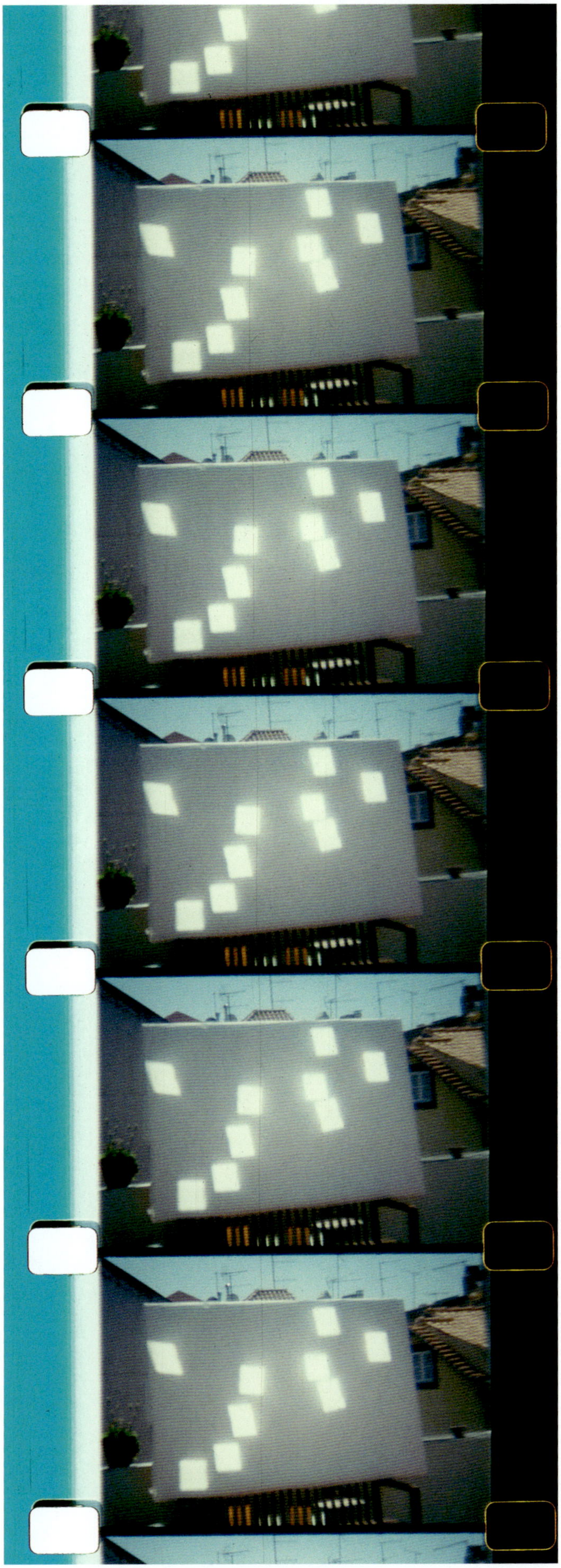

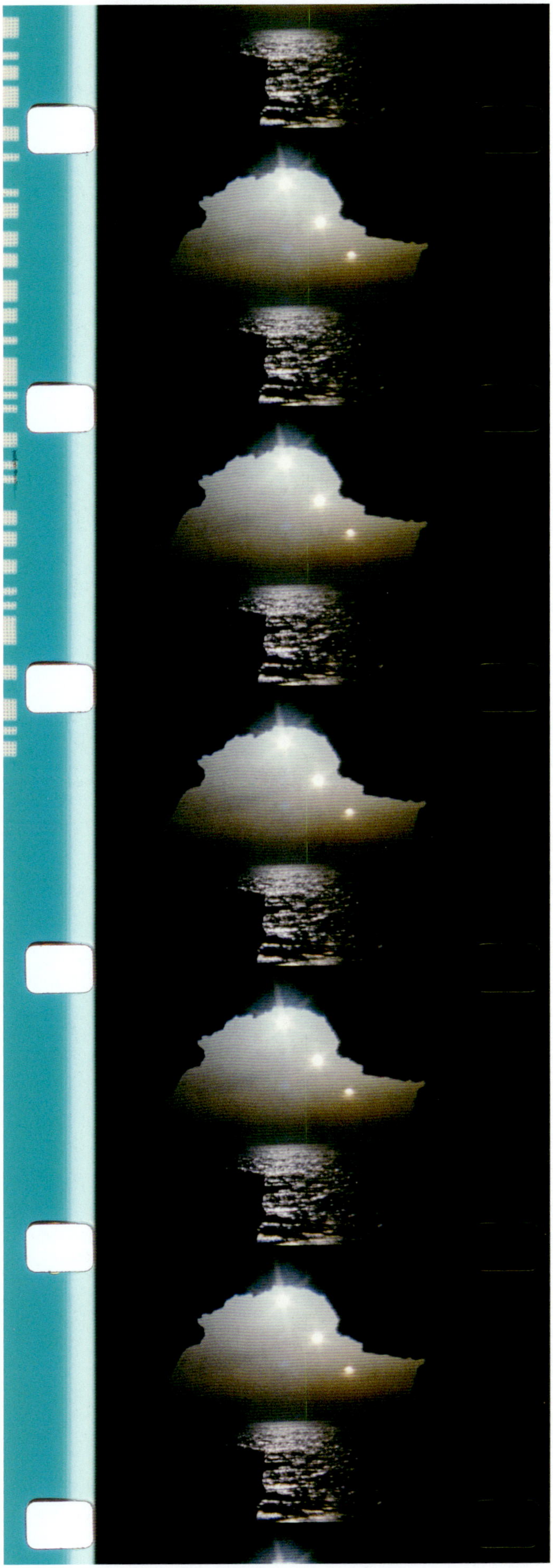

↑ Heat ray, 2010
↗ 3 Suns, 2009

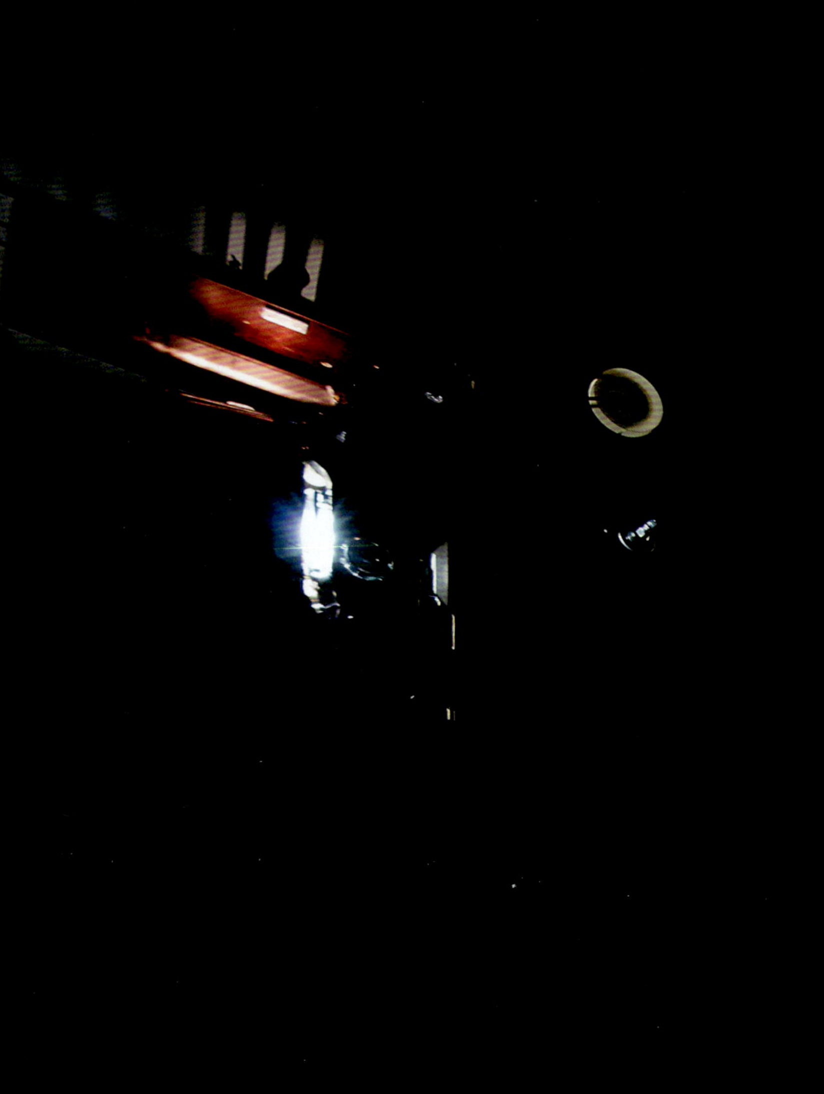
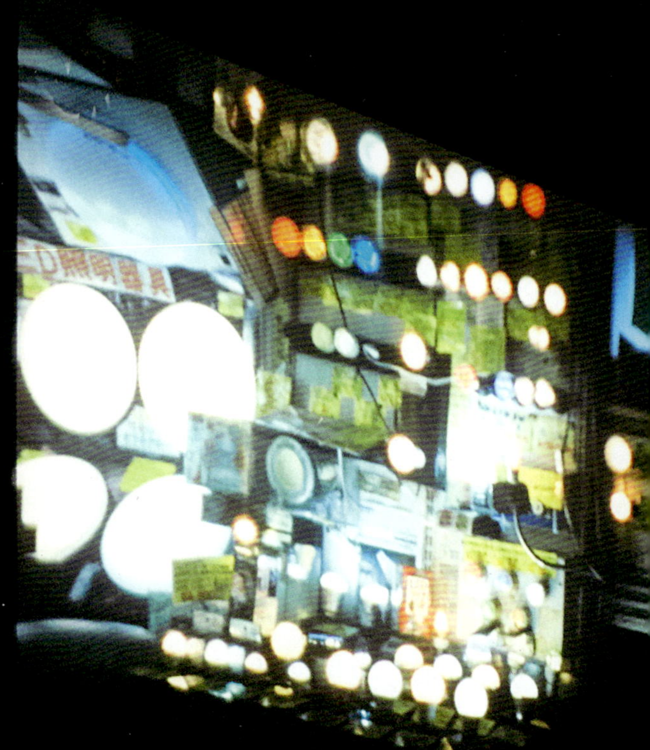

 Exhibition view Aargauer Kunsthaus

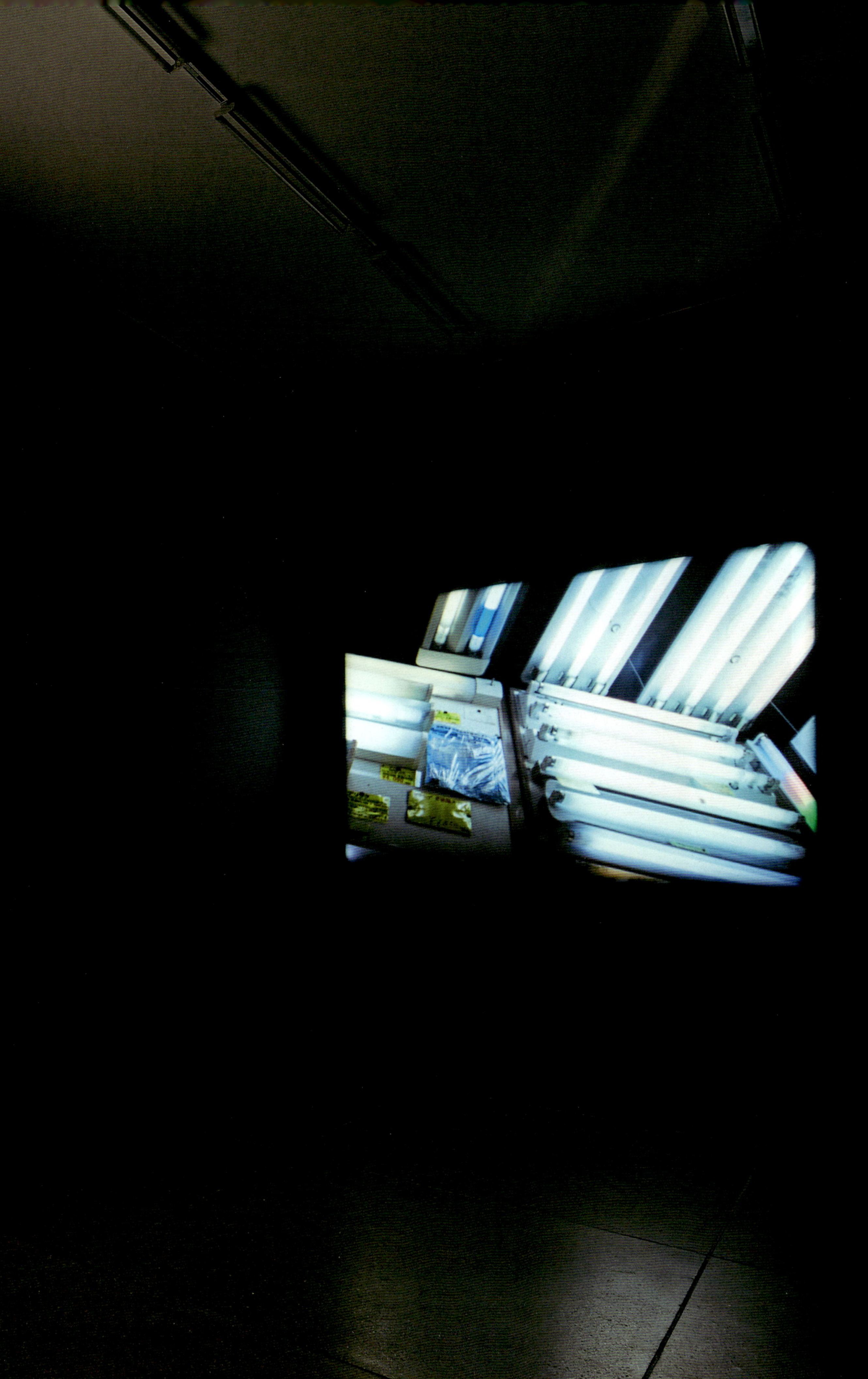

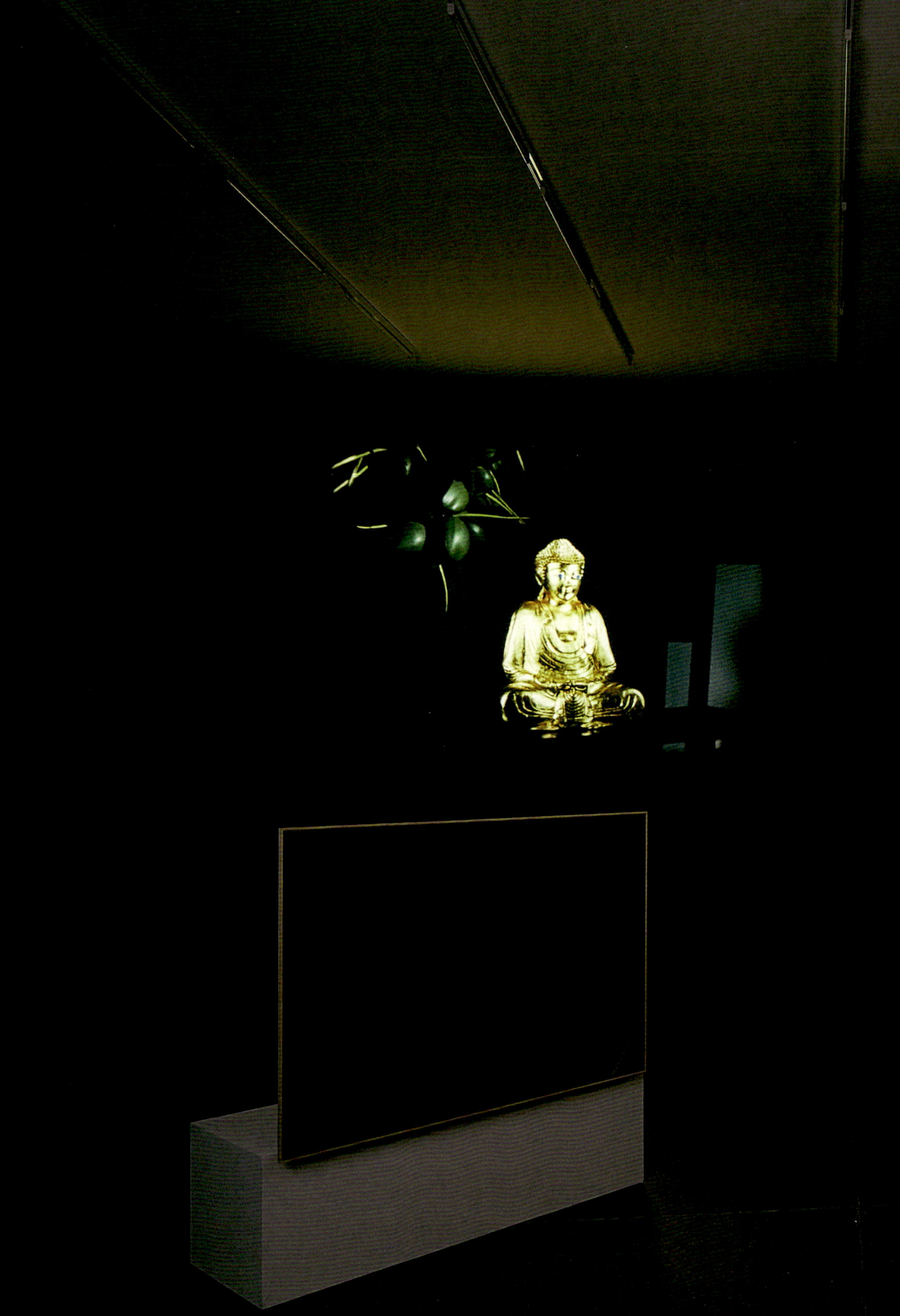

↑ Blinking buddha, 2016
↗ Cassowary, 2010

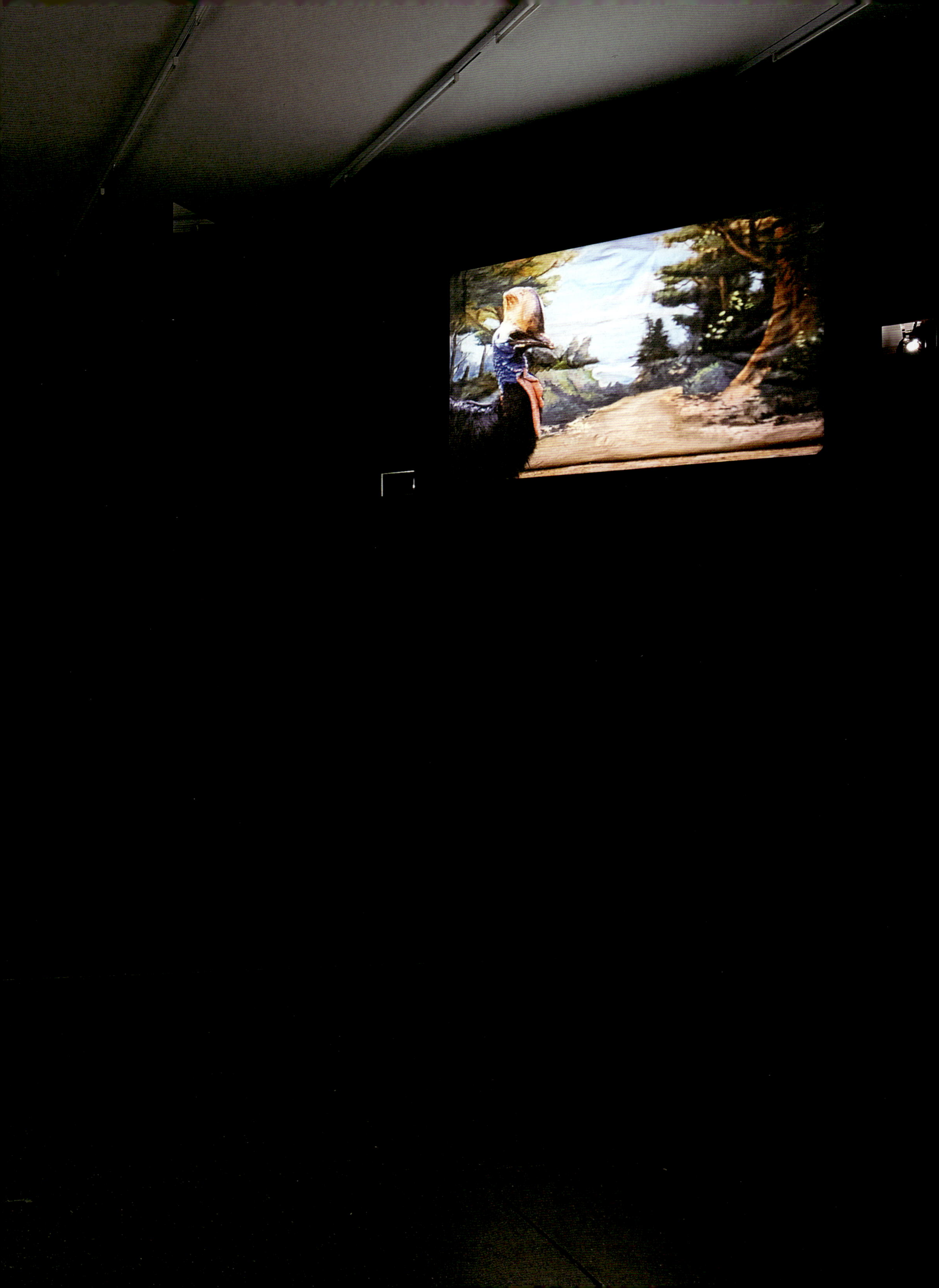

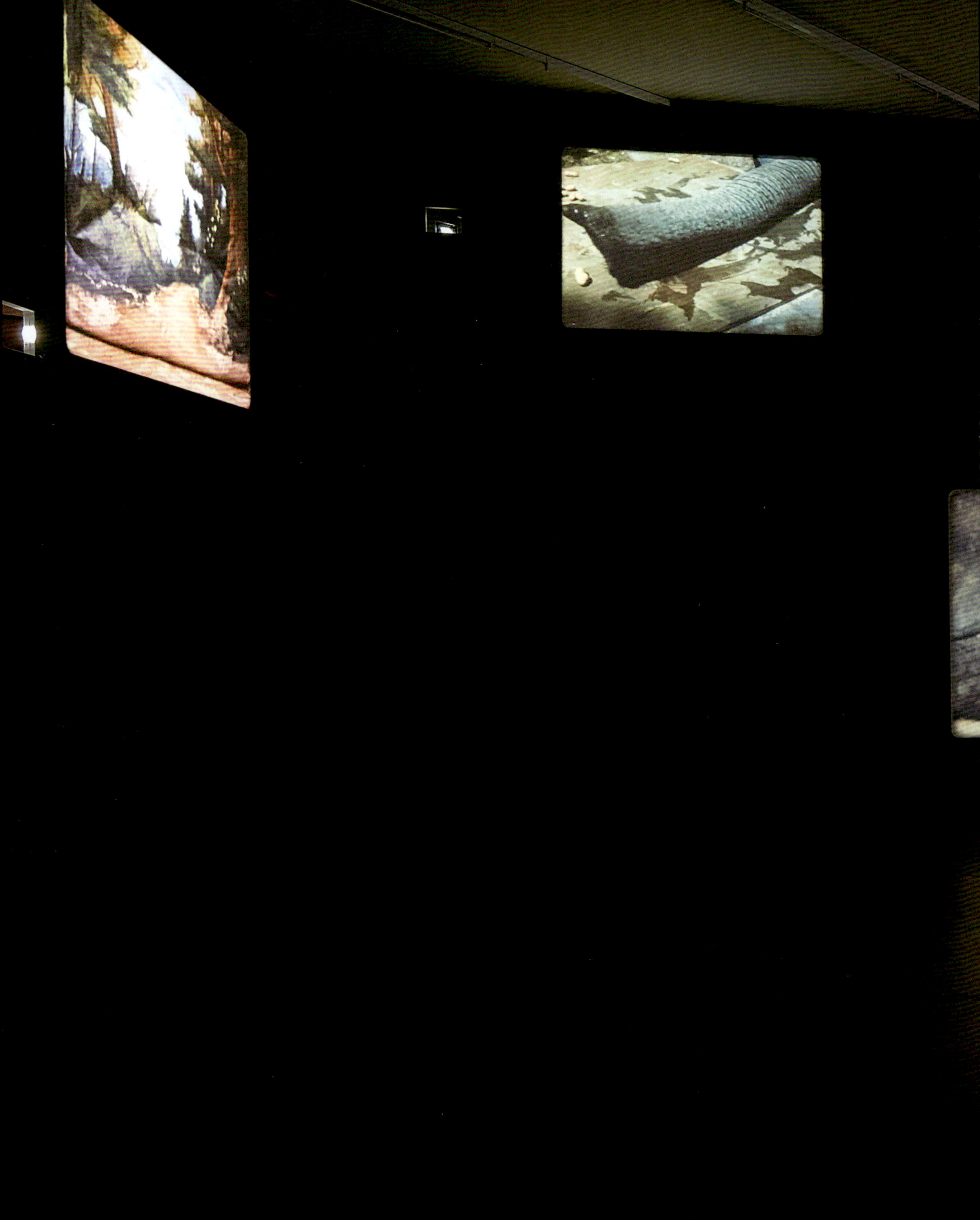

Exhibition view Aargauer Kunsthaus

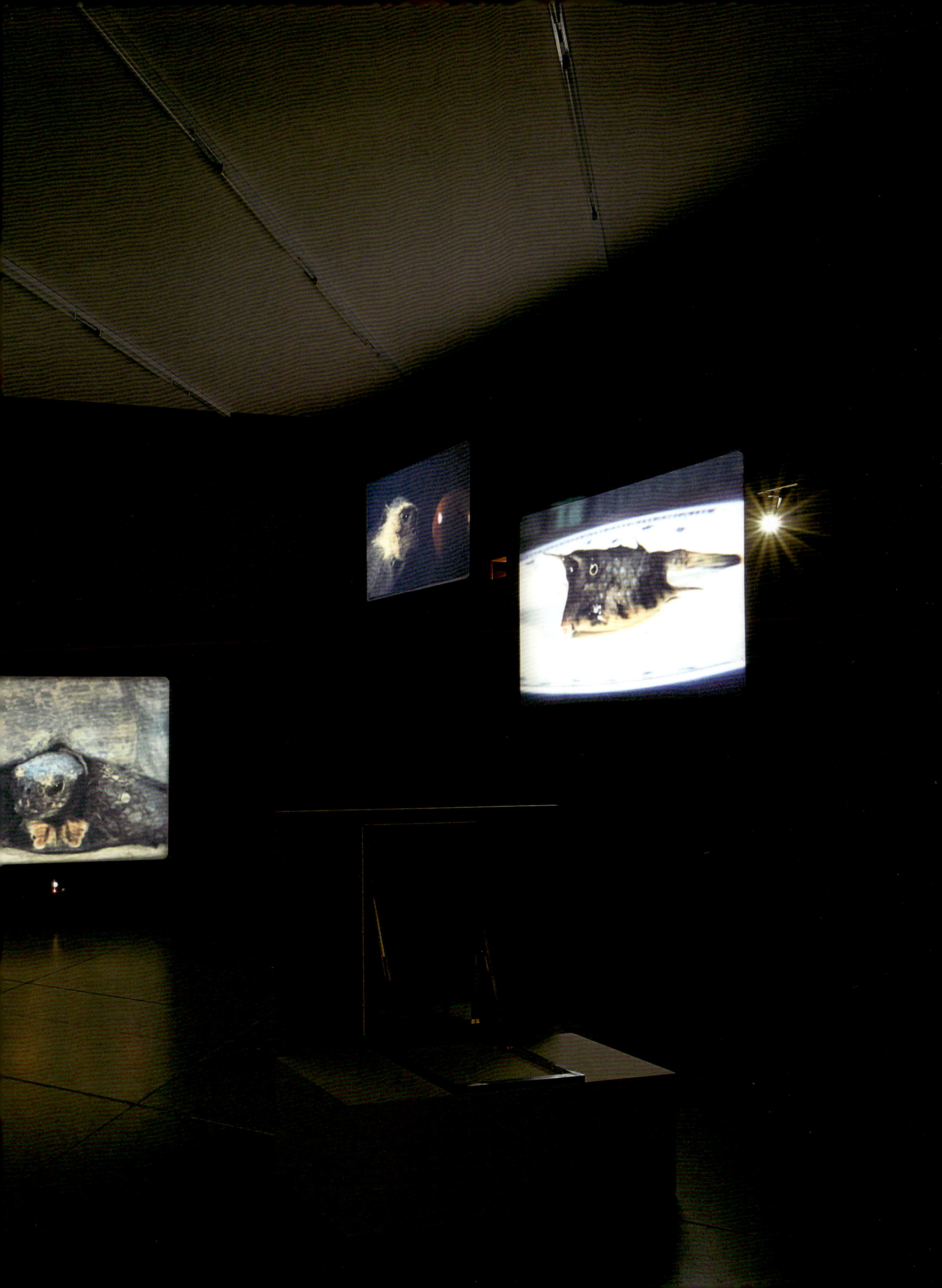

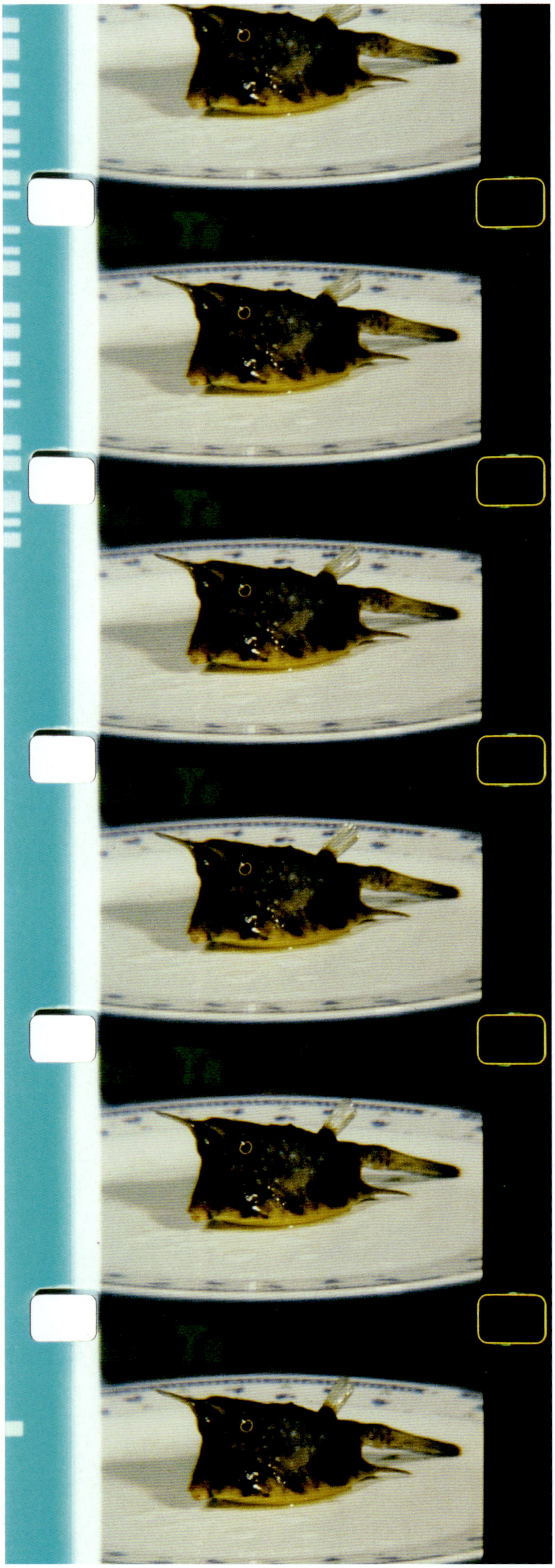

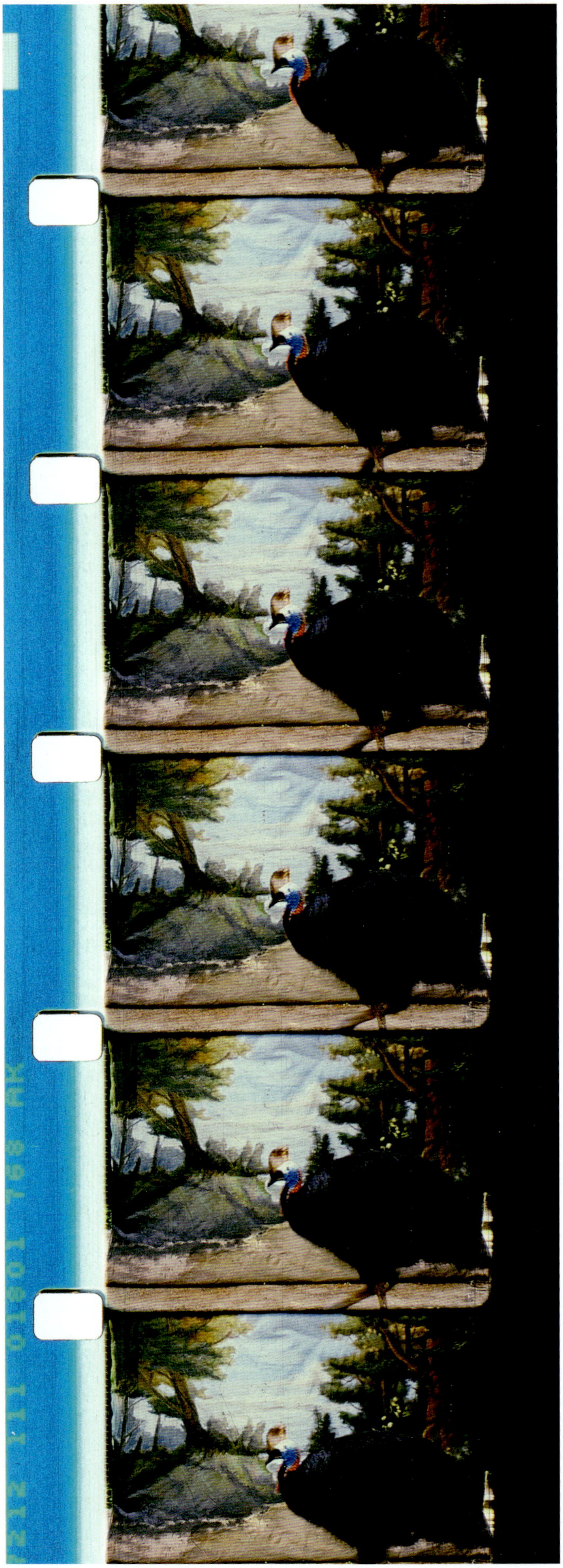

↑ Cowfish, 2011
↗ Cassowary, 2010

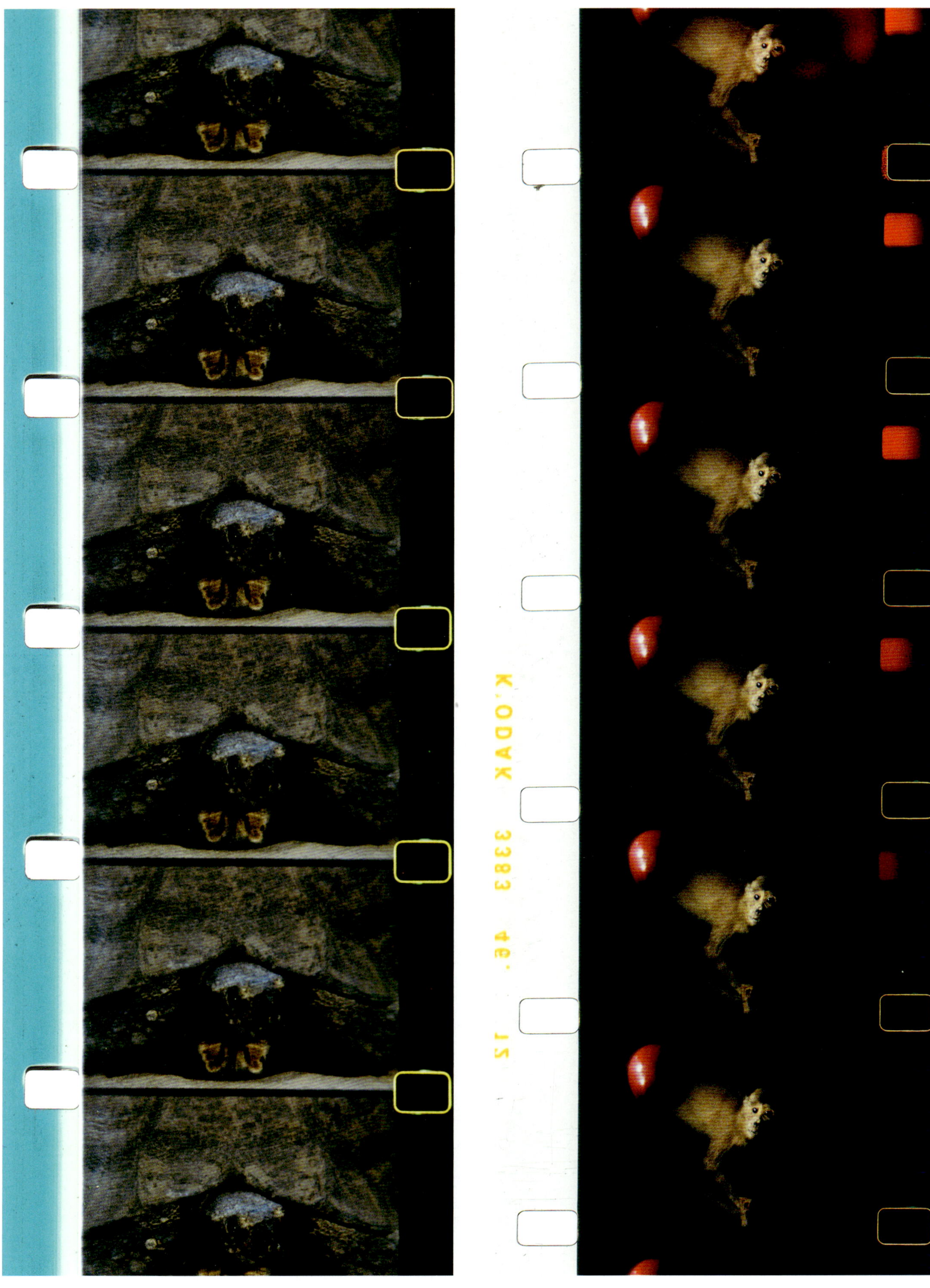

↑ Turtle, 2011
↗ Darwin's apple, Newton's monkey, 2012

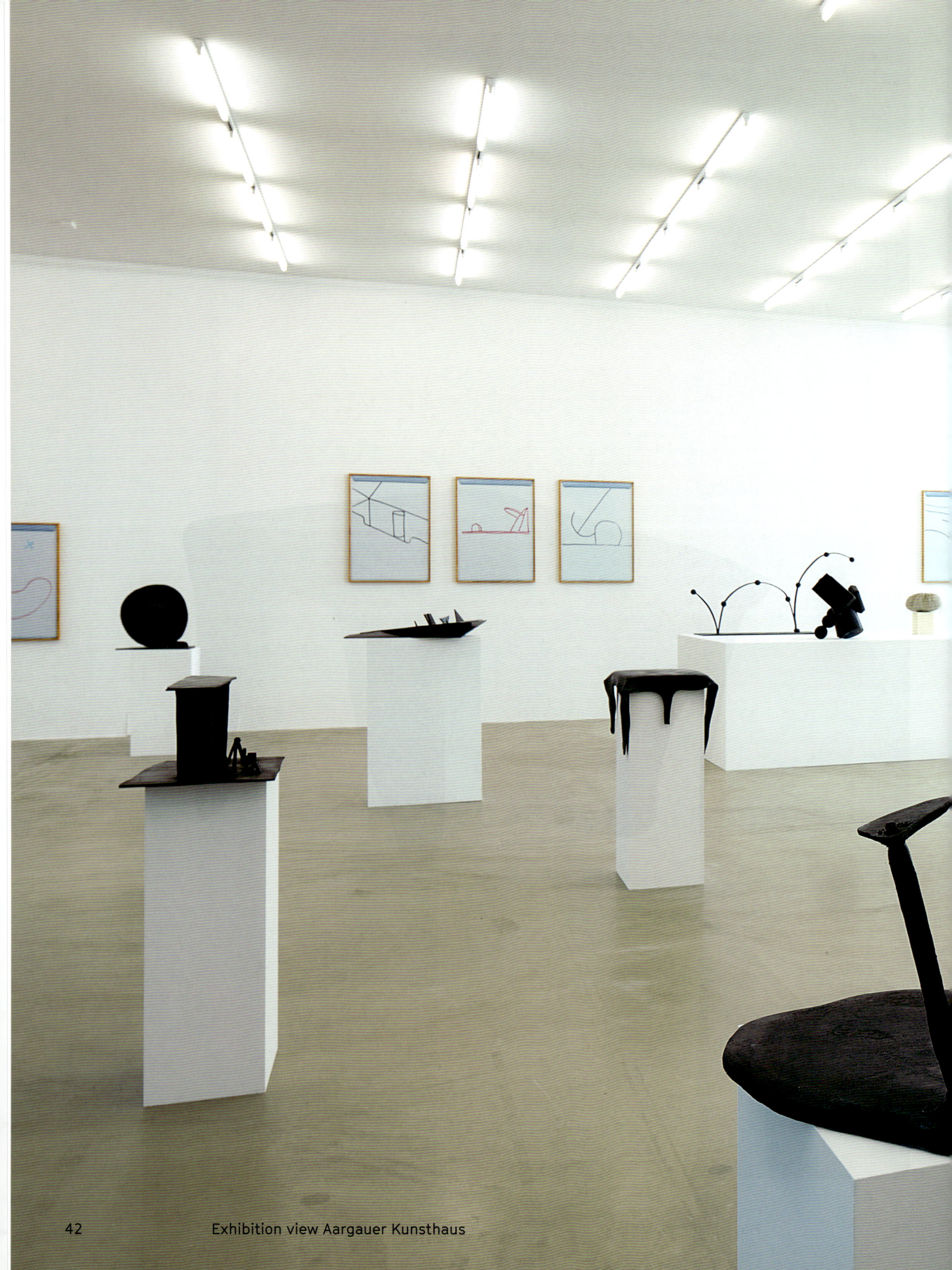

Exhibition view Aargauer Kunsthaus

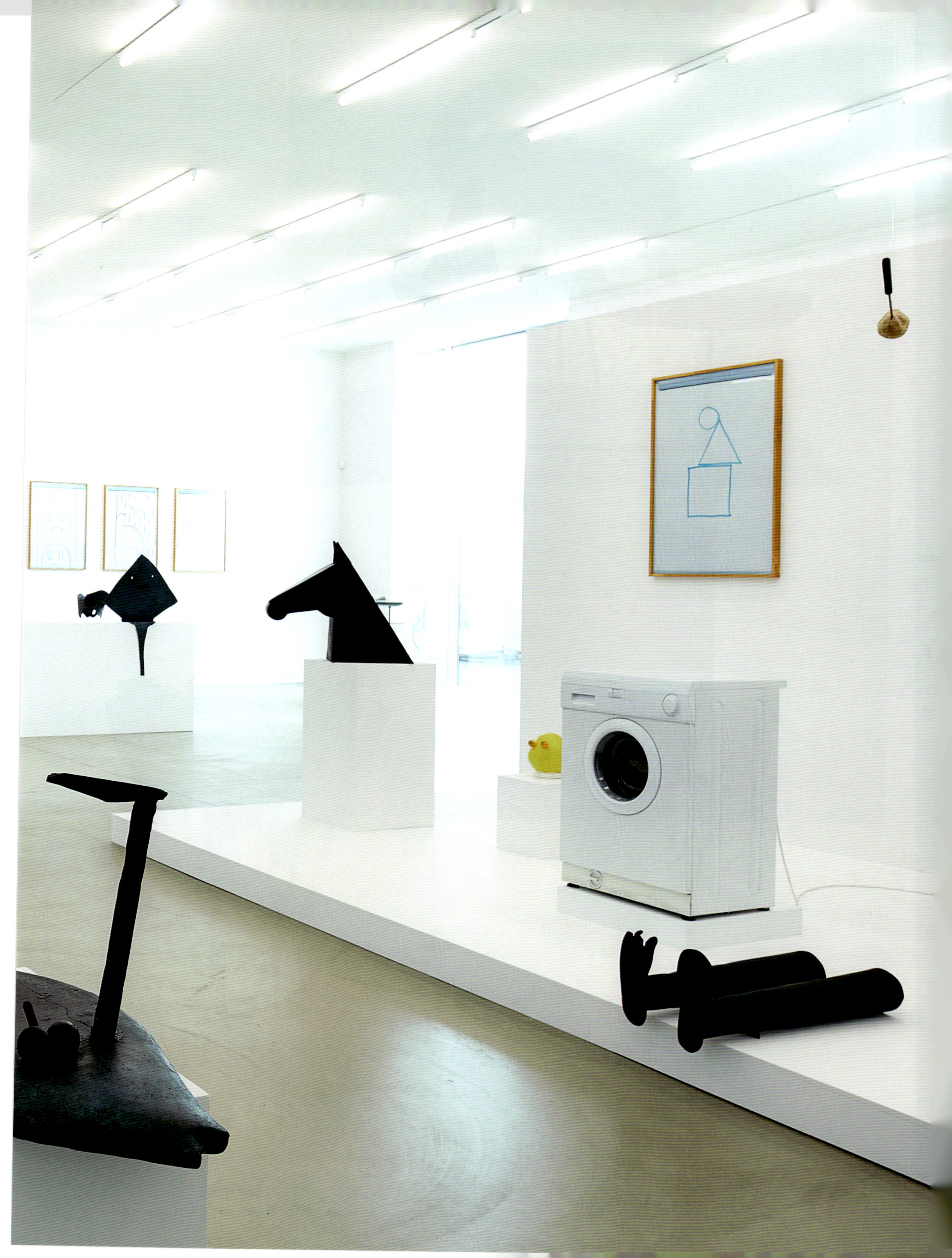

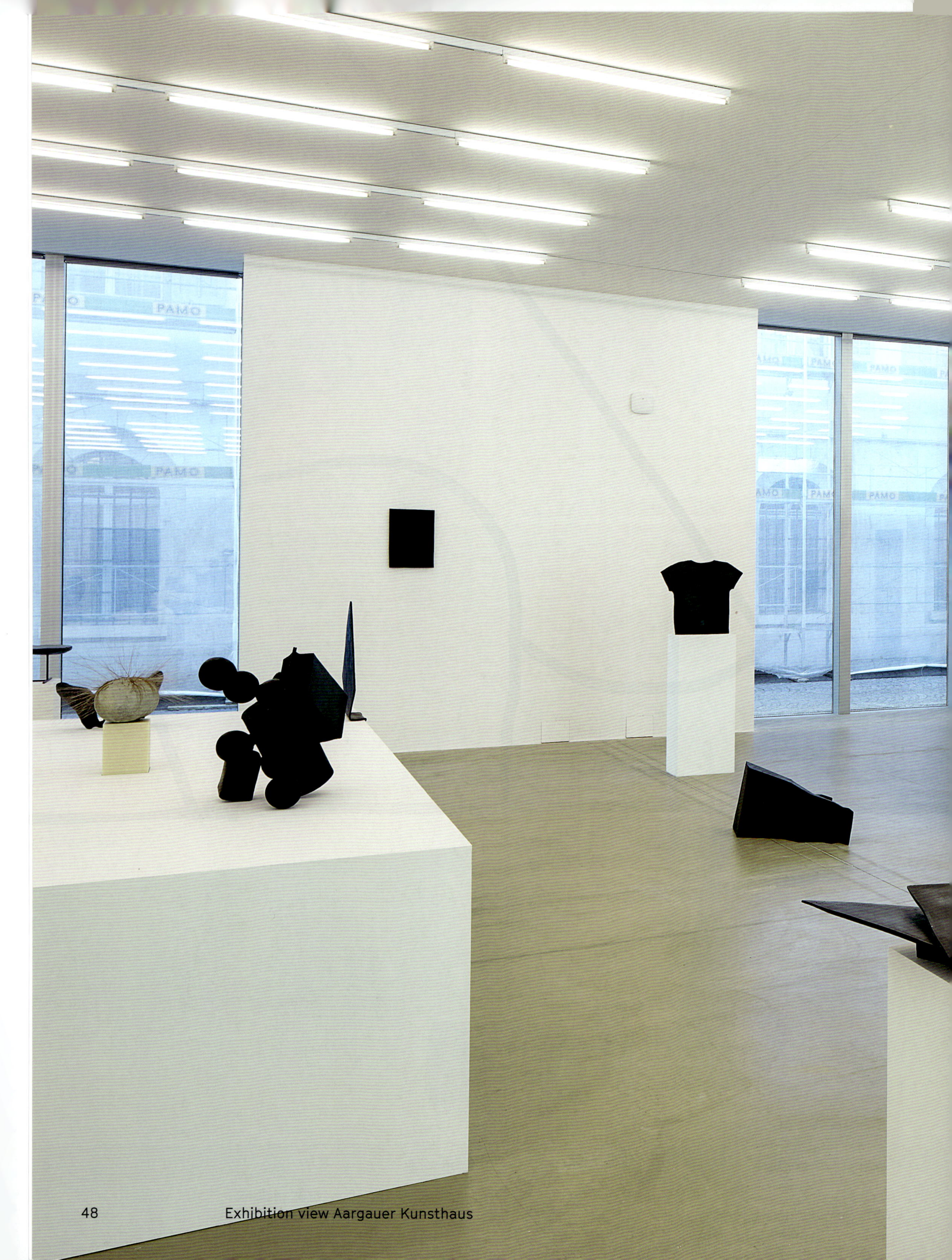

 Exhibition view Aargauer Kunsthaus

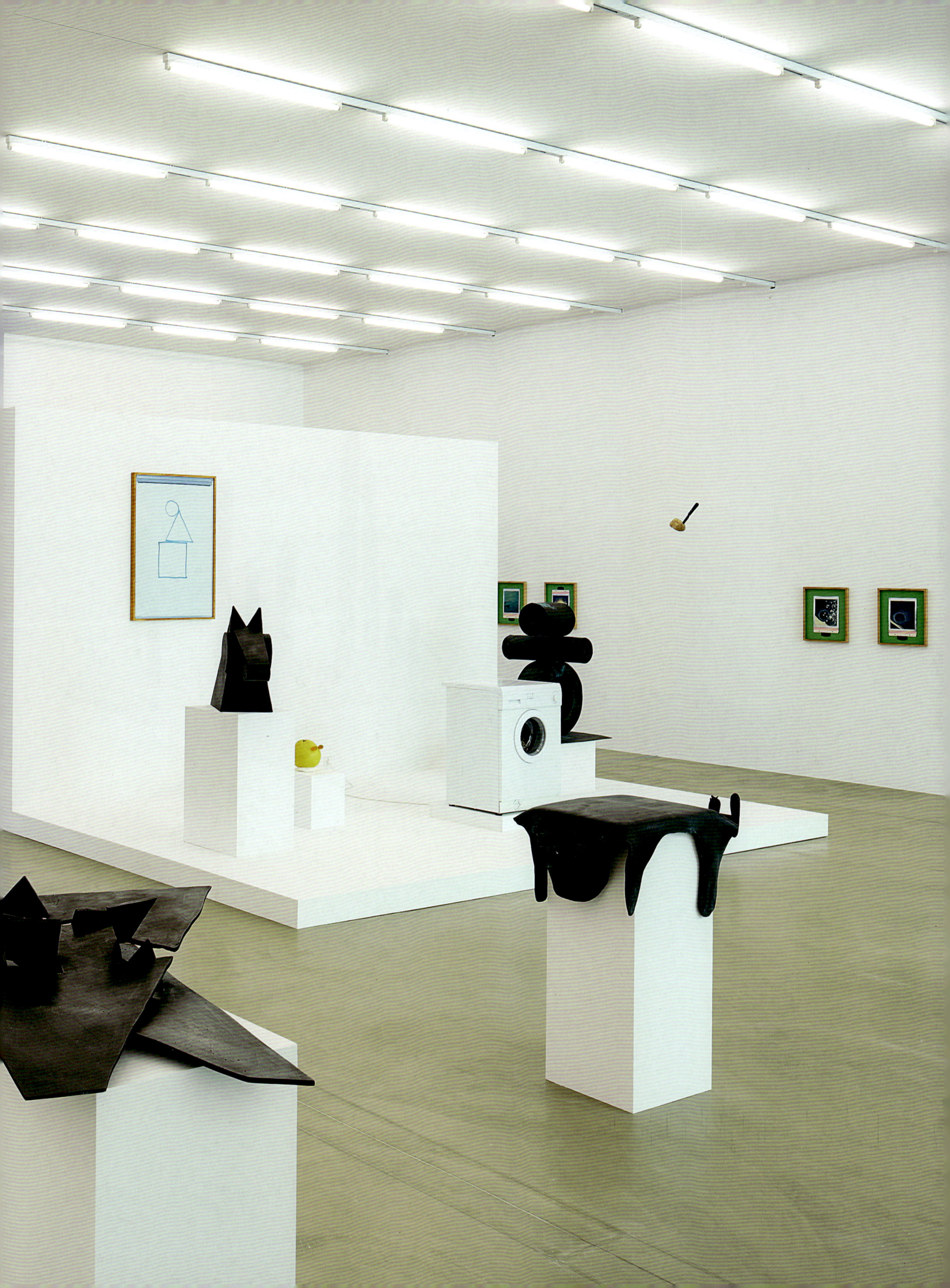

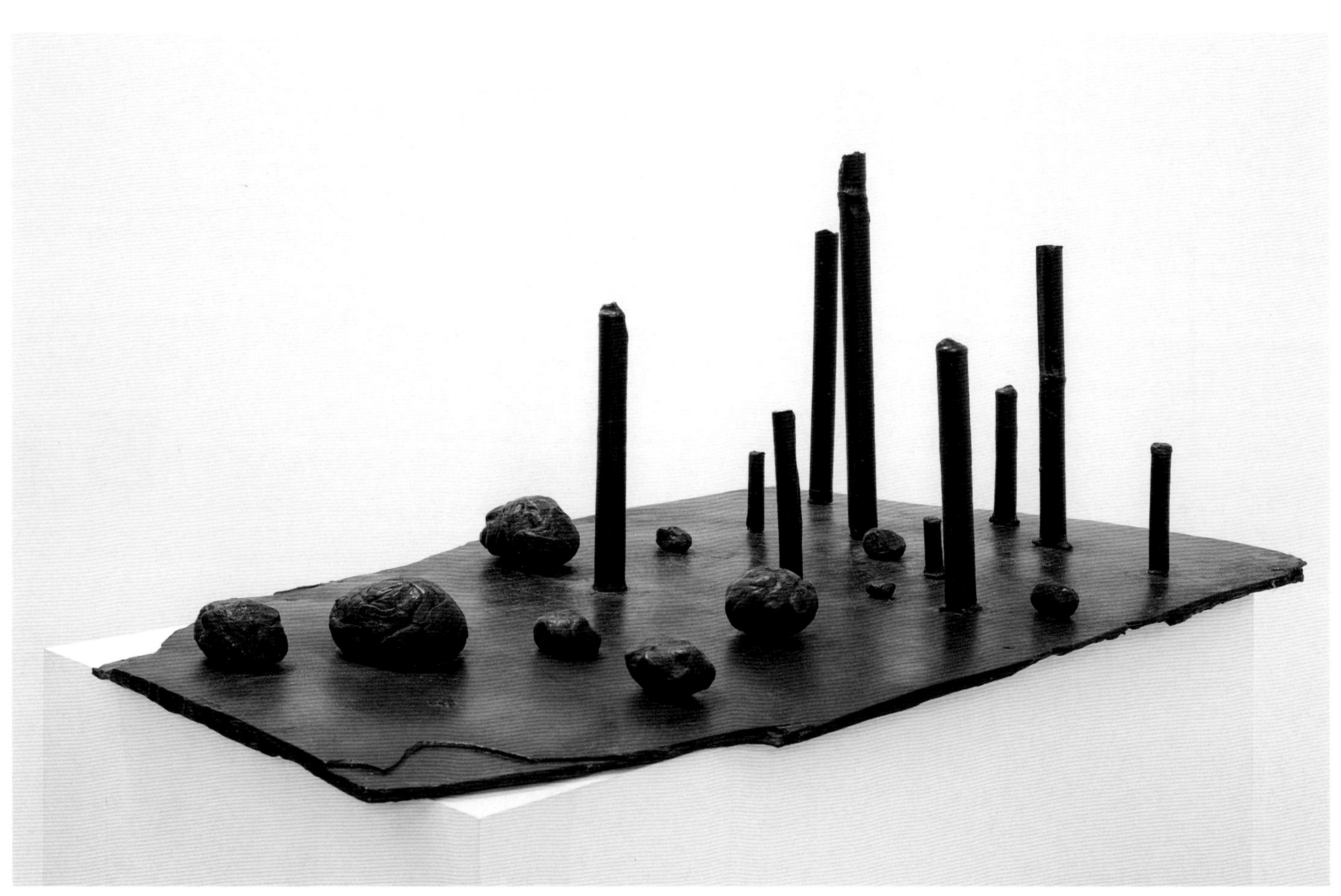

50   Eratosthenes theorem, 2013

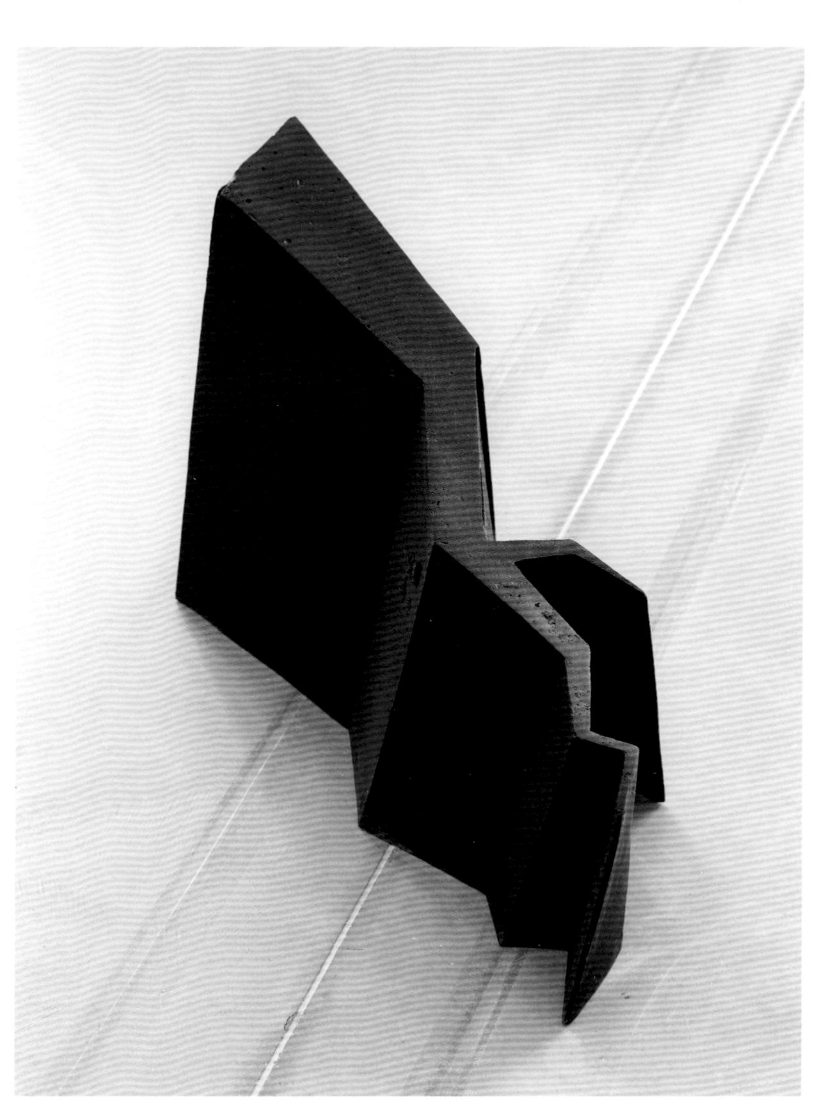

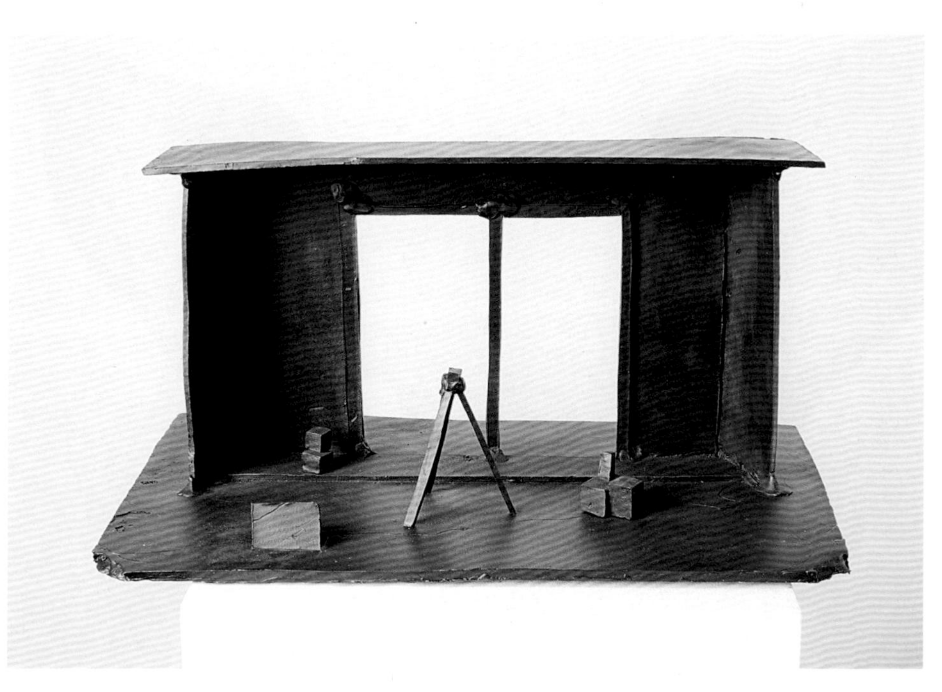

↗ Lightning, 2016
↑ Camera inside camera, 2012

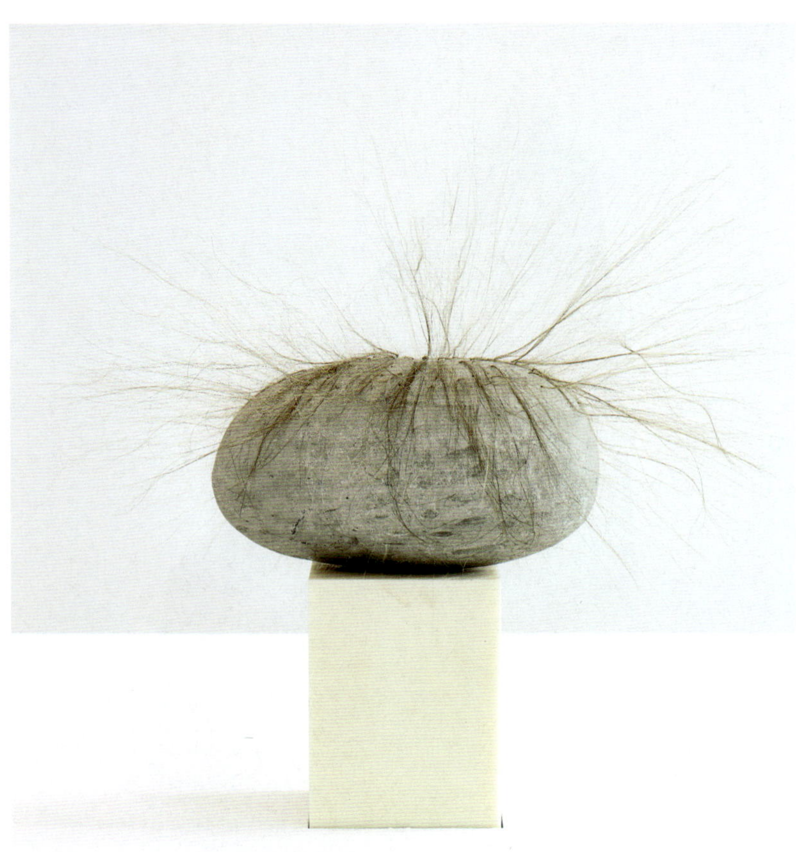

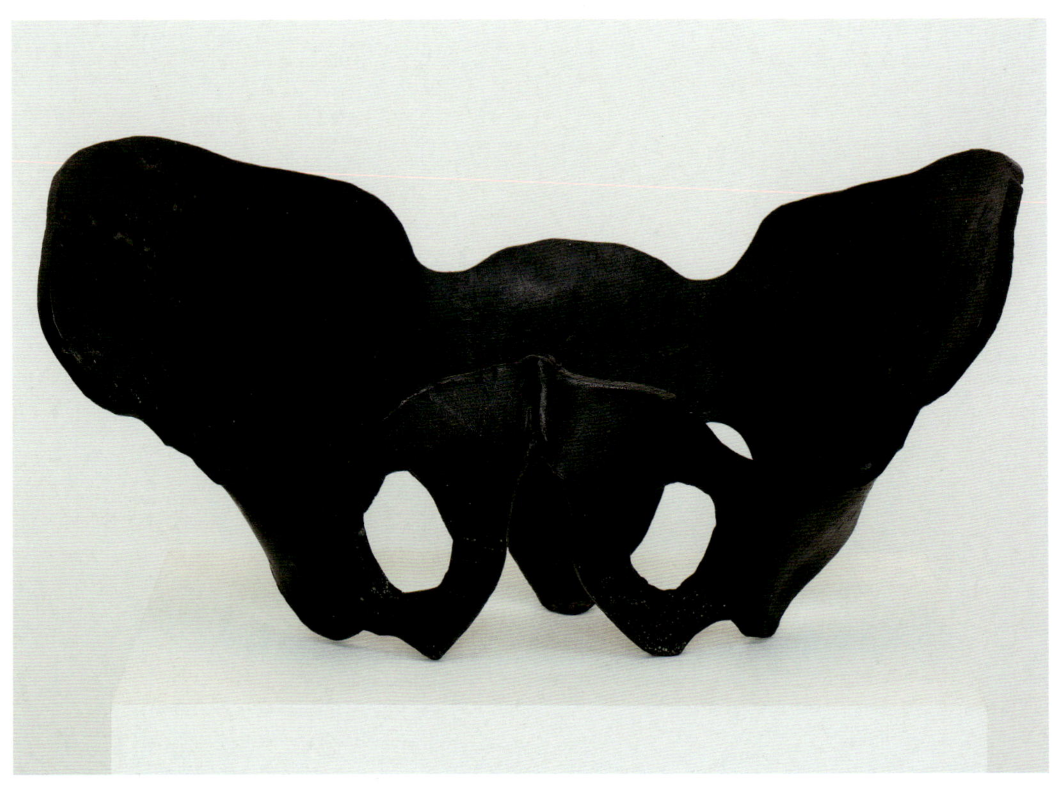

↑ Hairy stone, 2011
↗ Pelvis, 2013

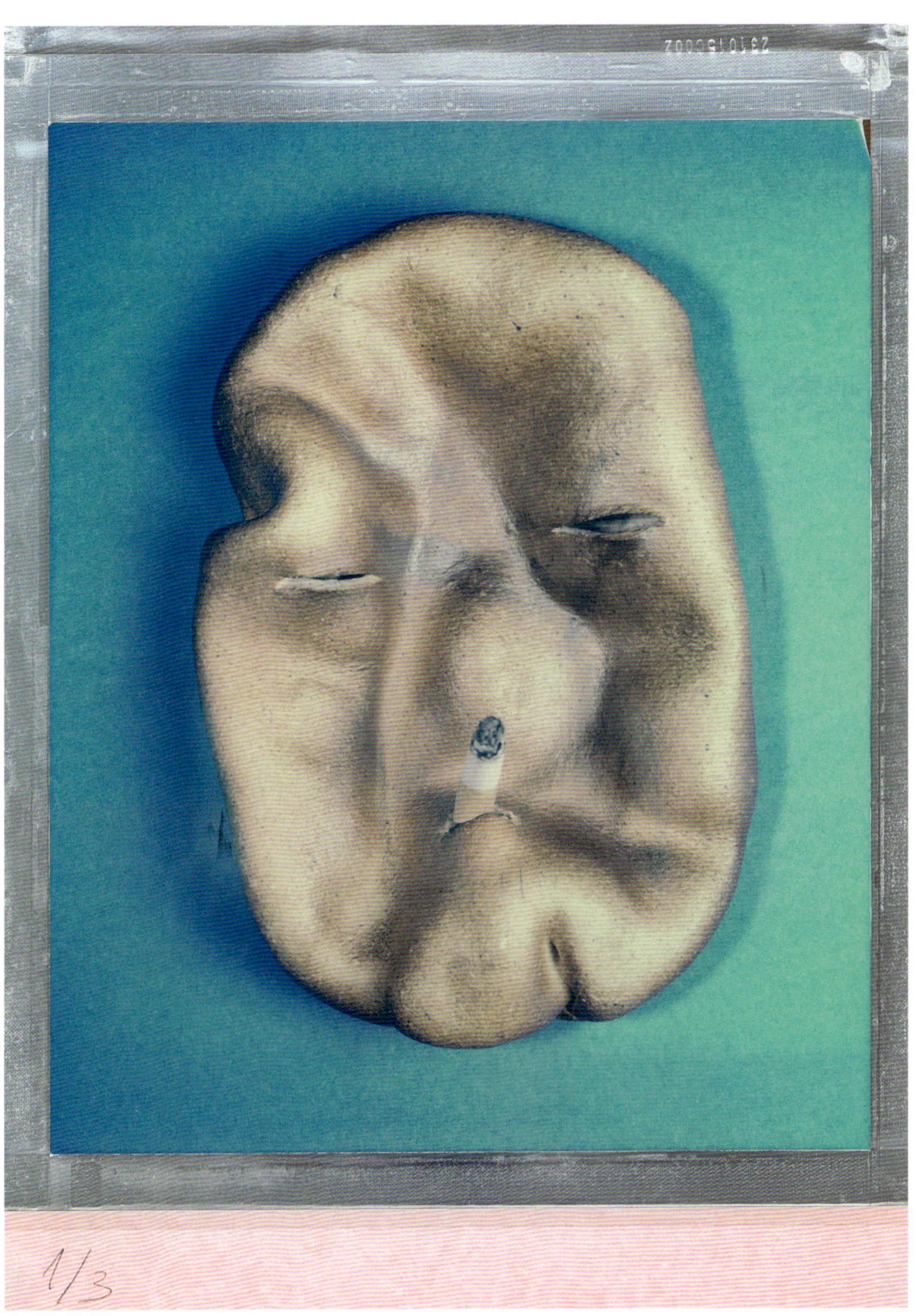

53   Smoking potato, 2016

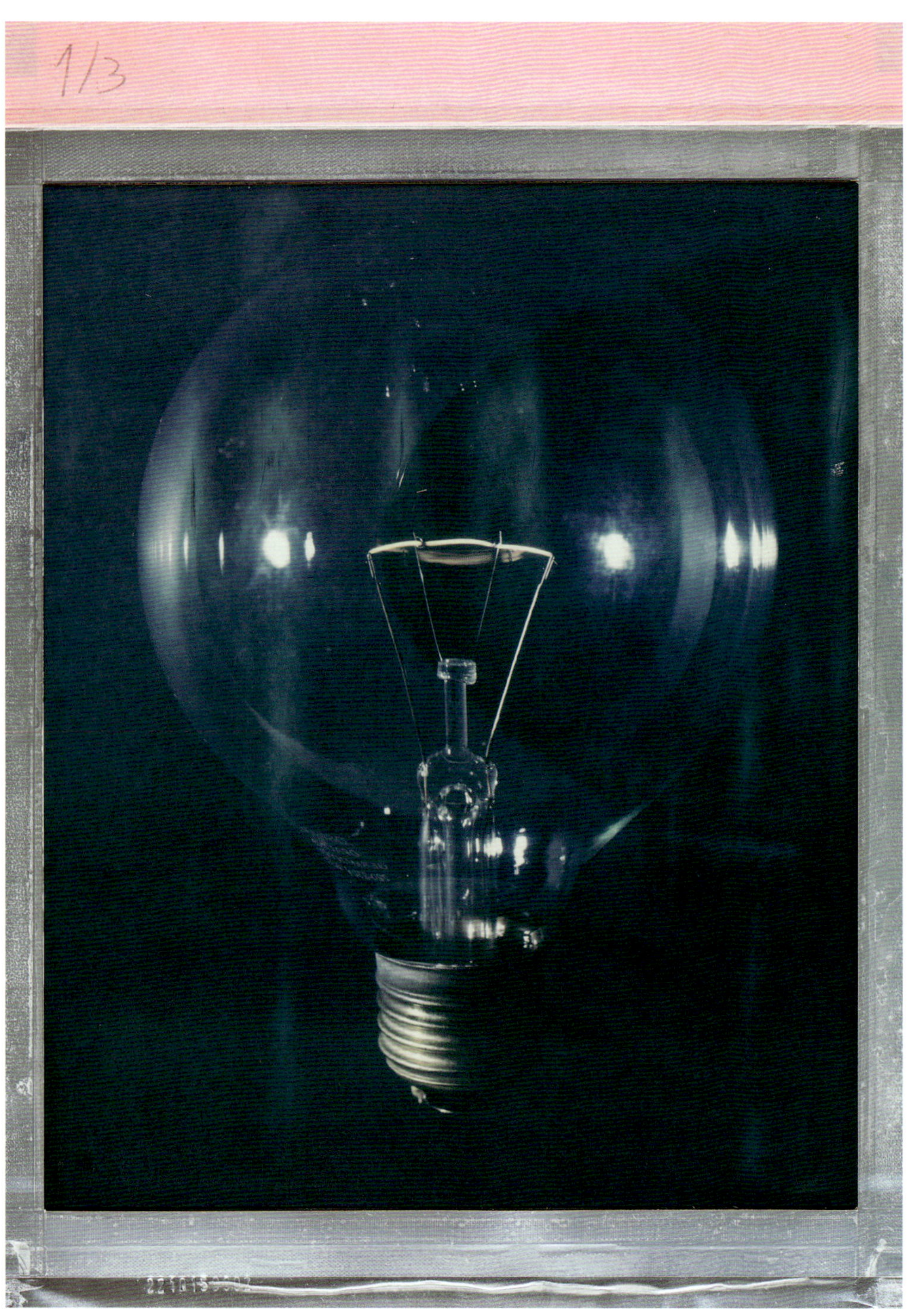

    Another lightbulb, 2016

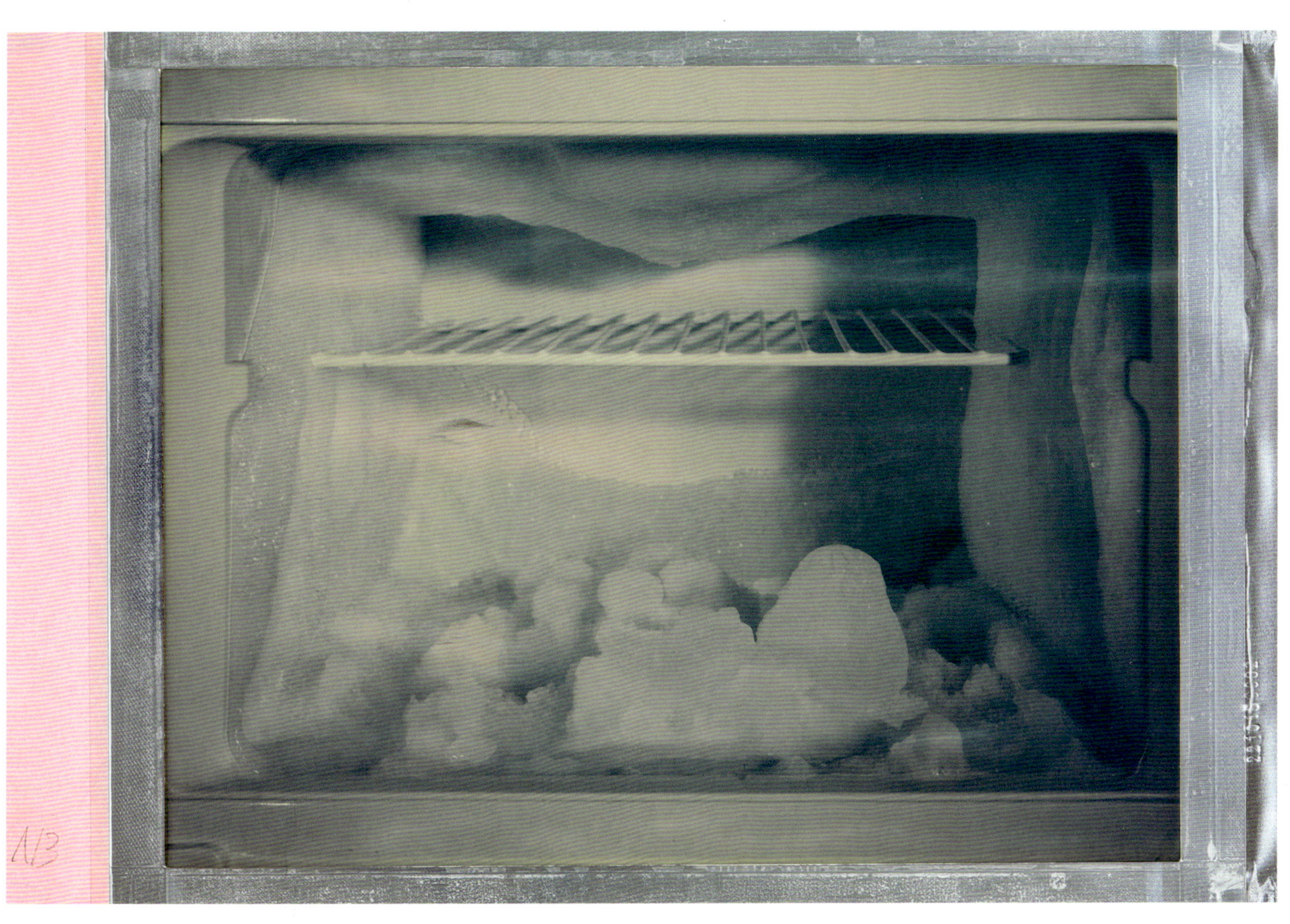

  Frozen freezer, 2016

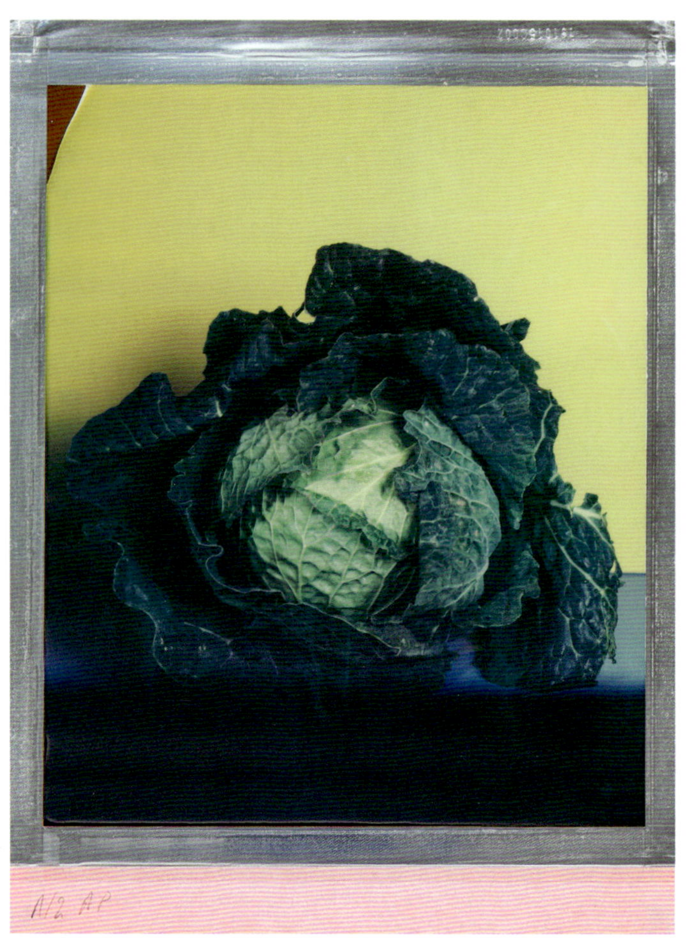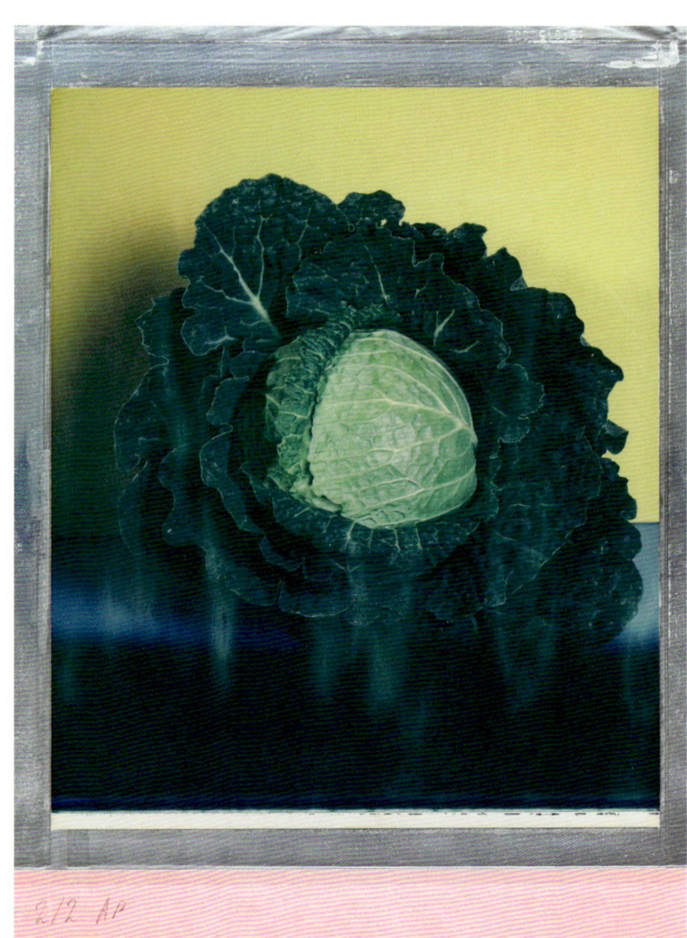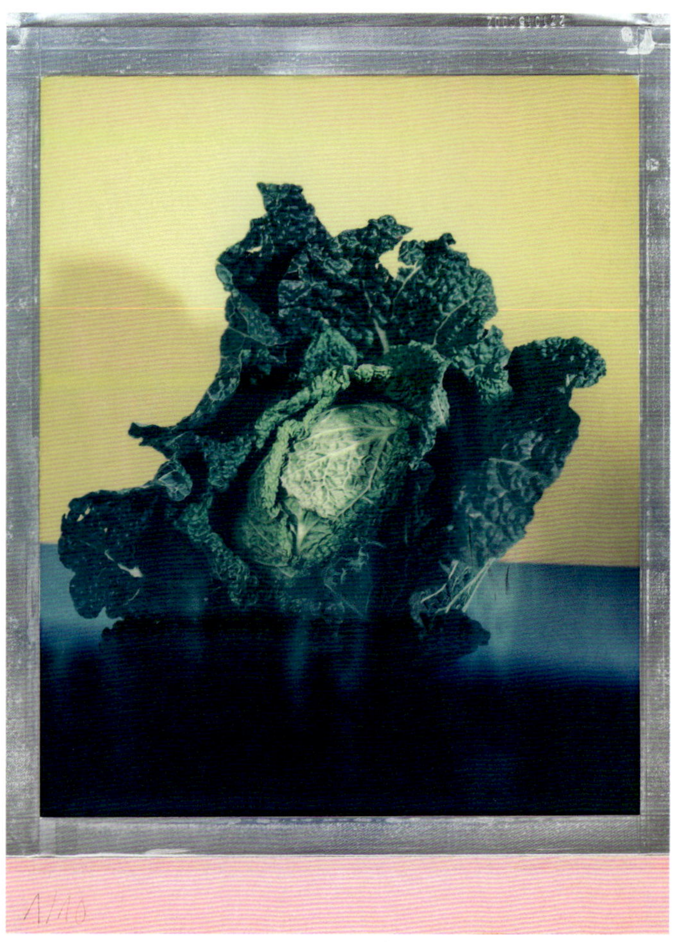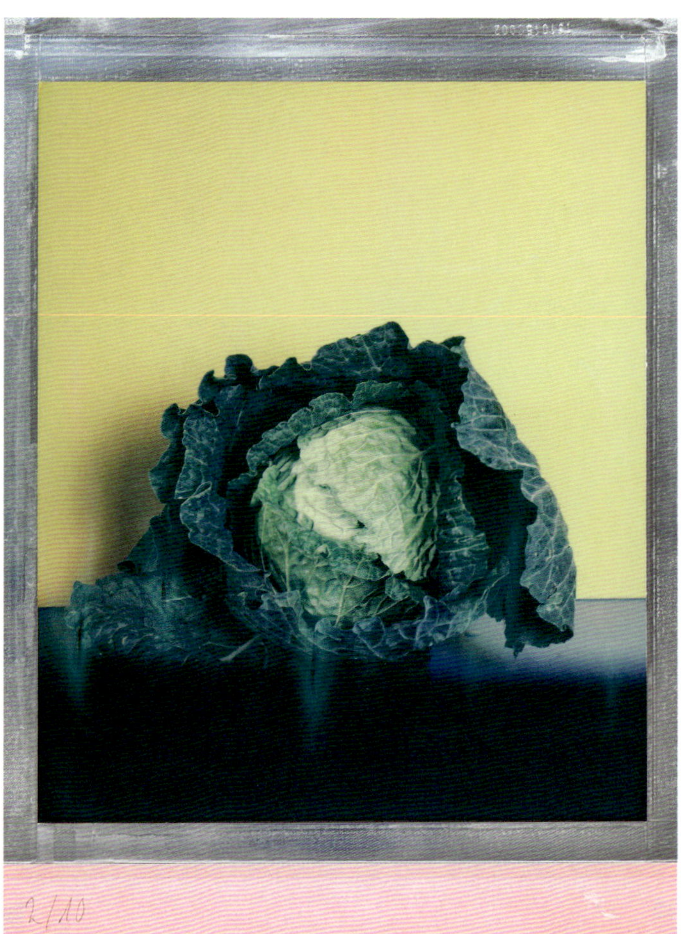

Camera test (vanishing cabbage), 2016

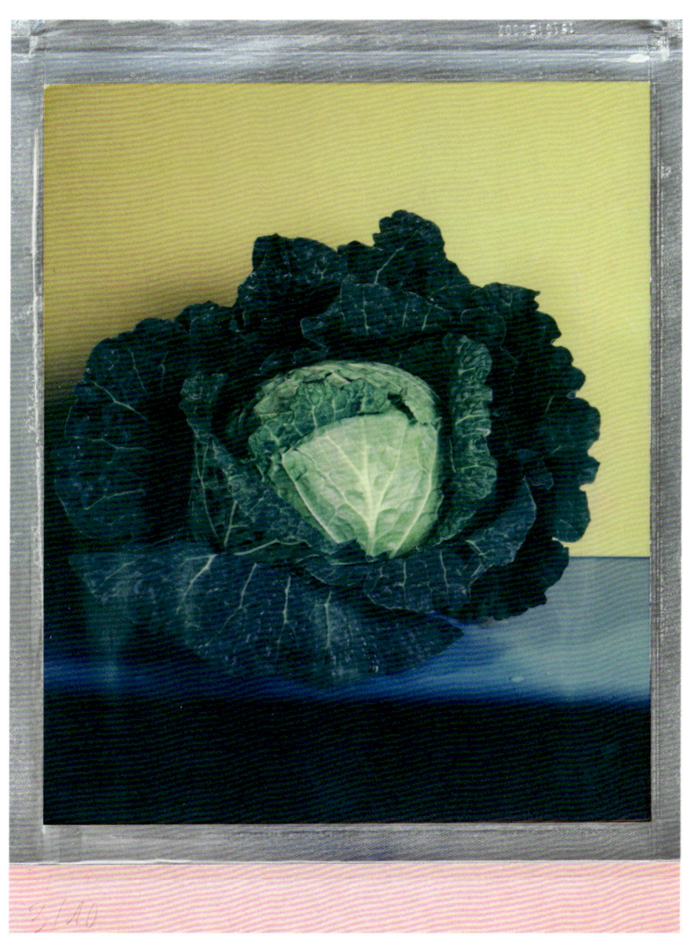 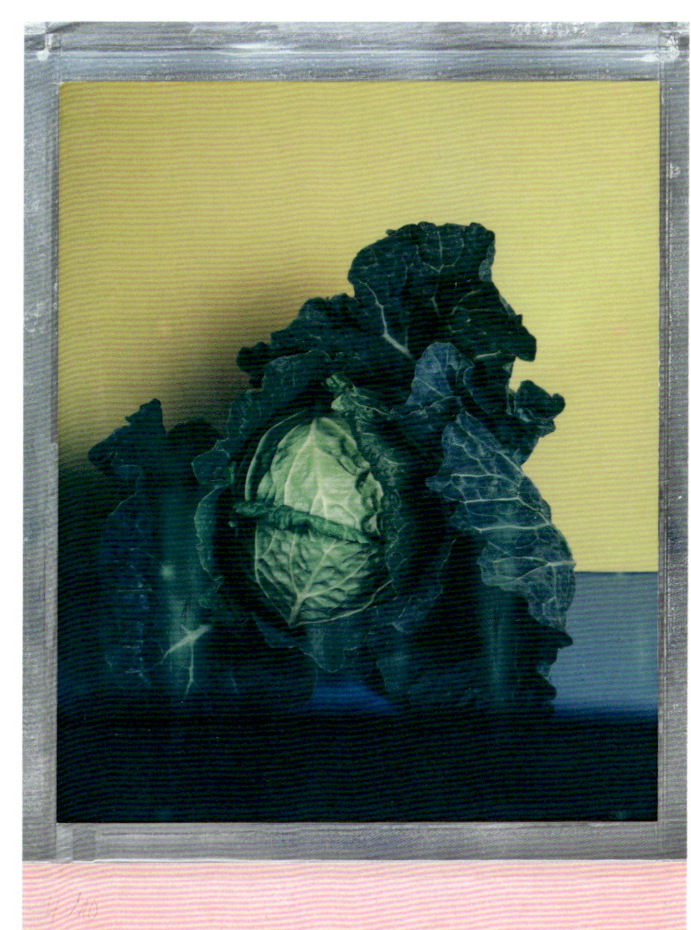

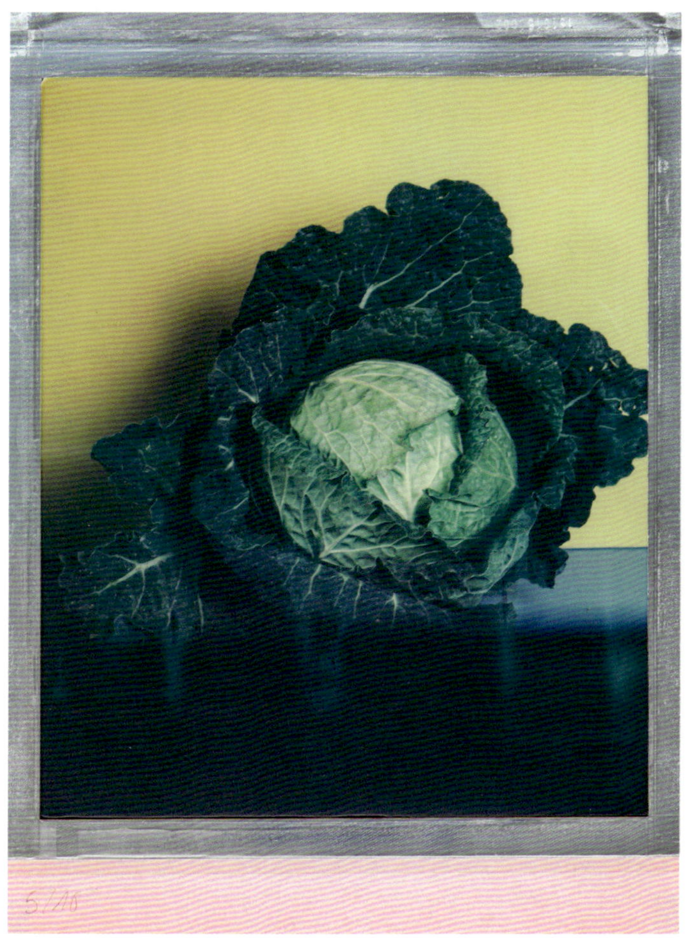 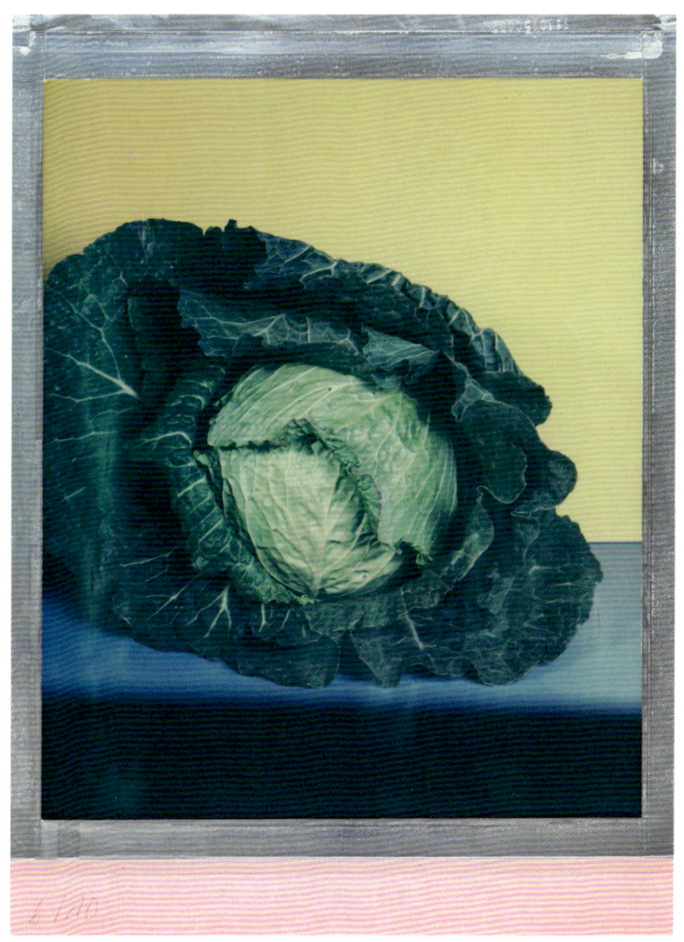

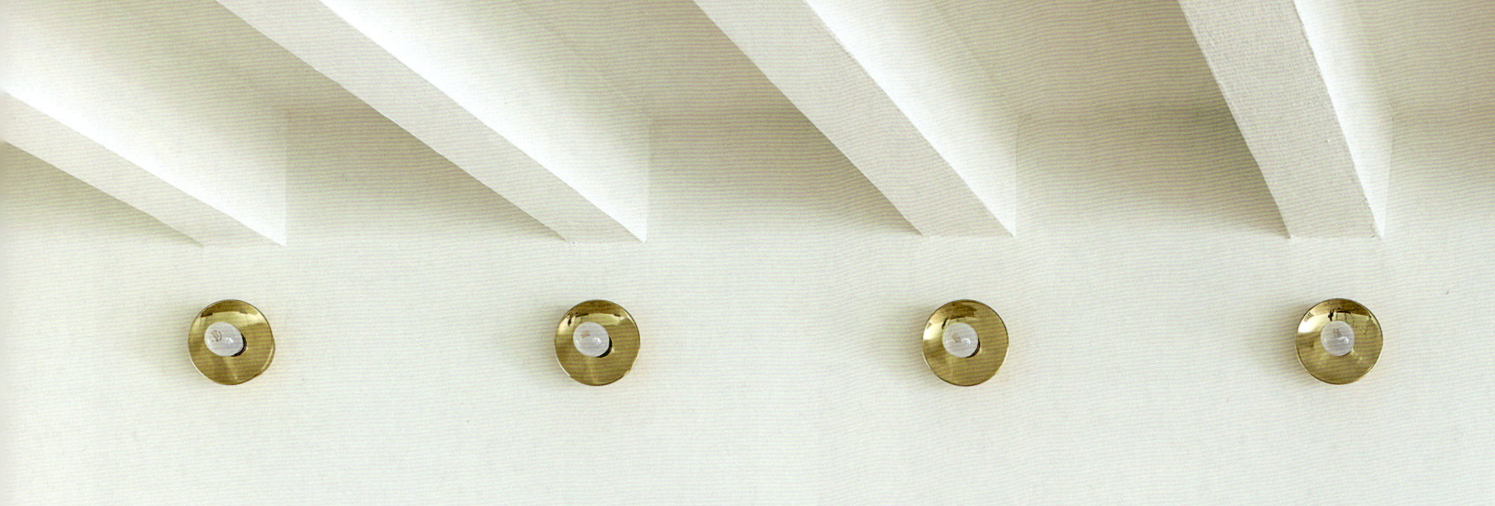

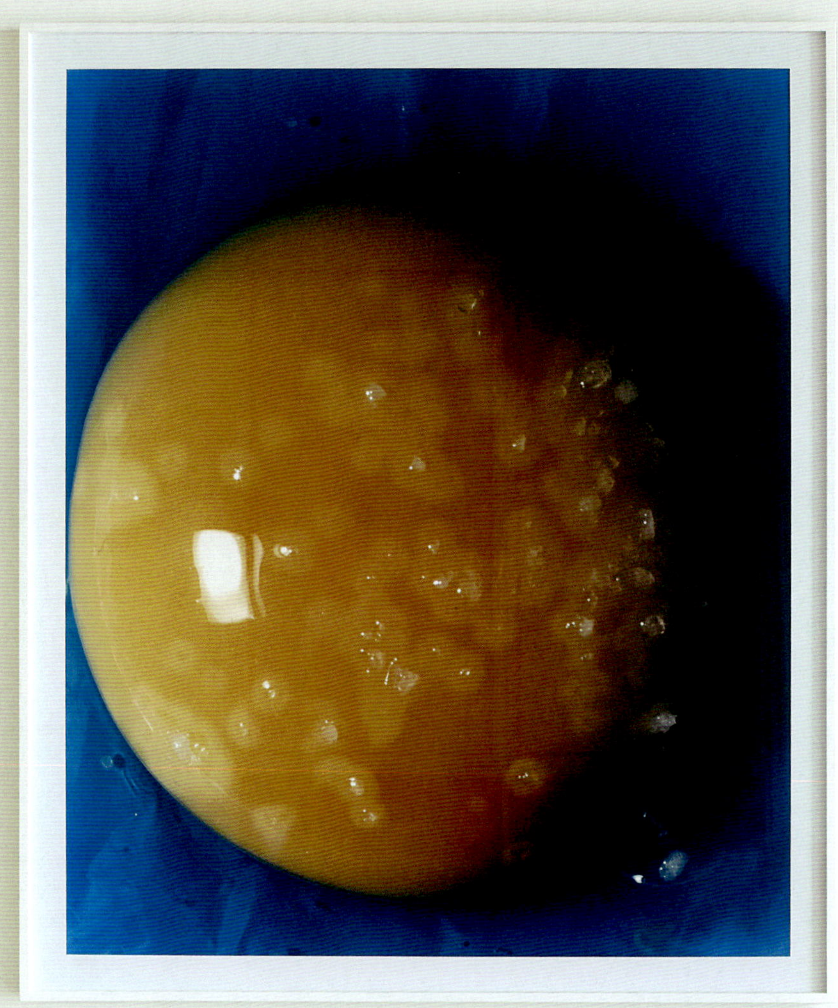

  Seasoned Egg, 2013

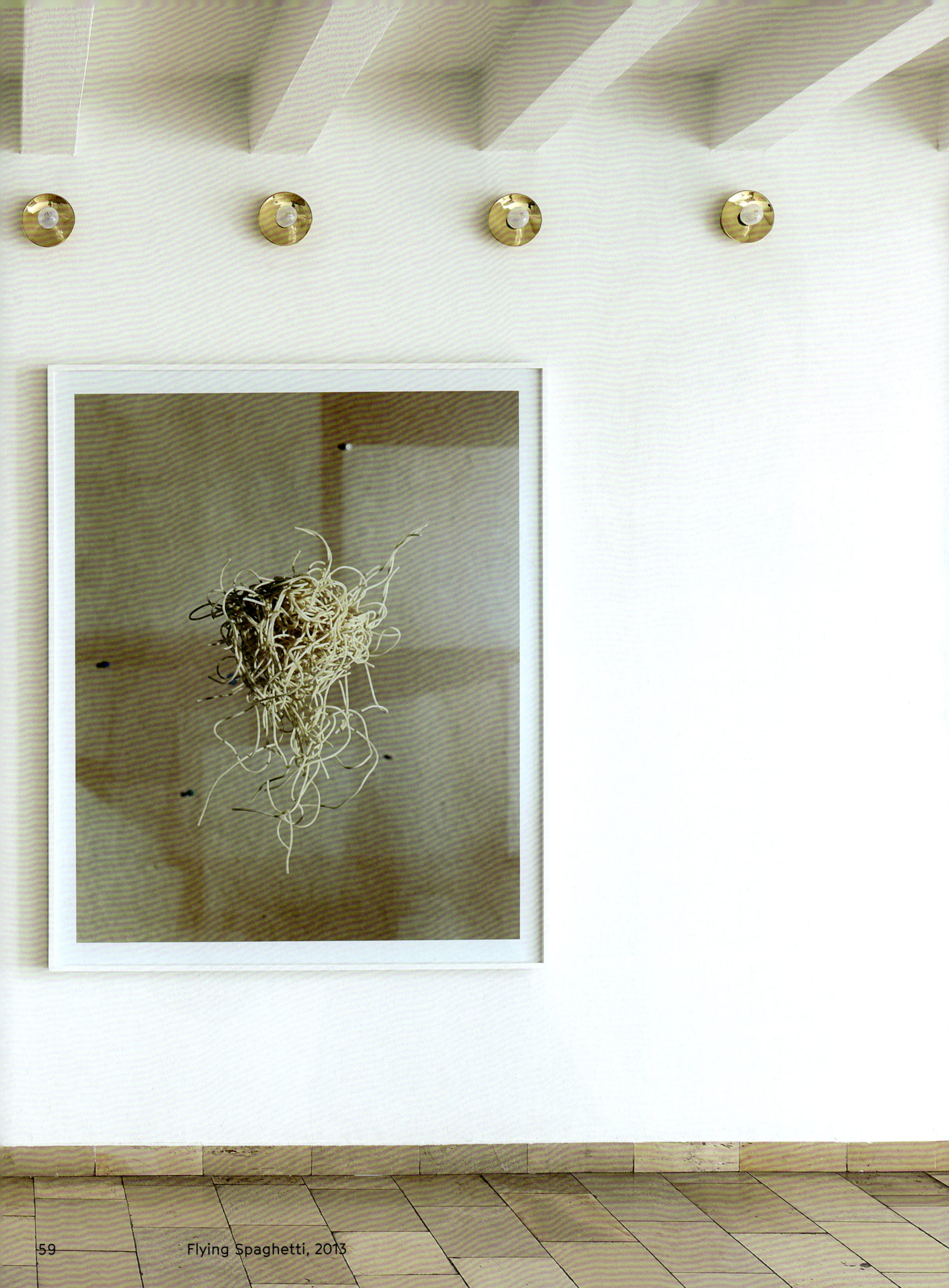

Flying Spaghetti, 2013

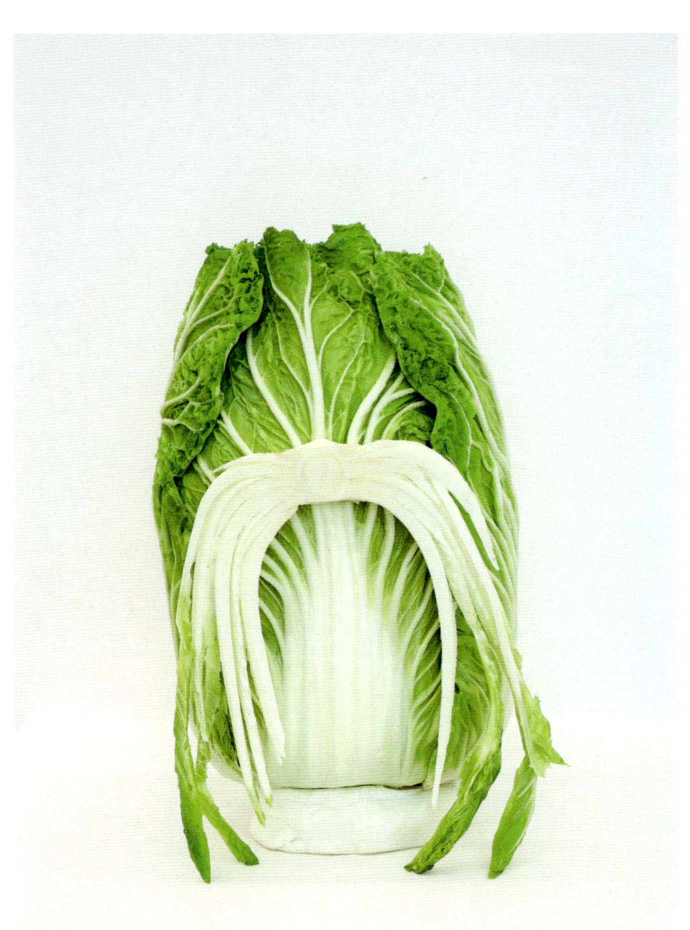

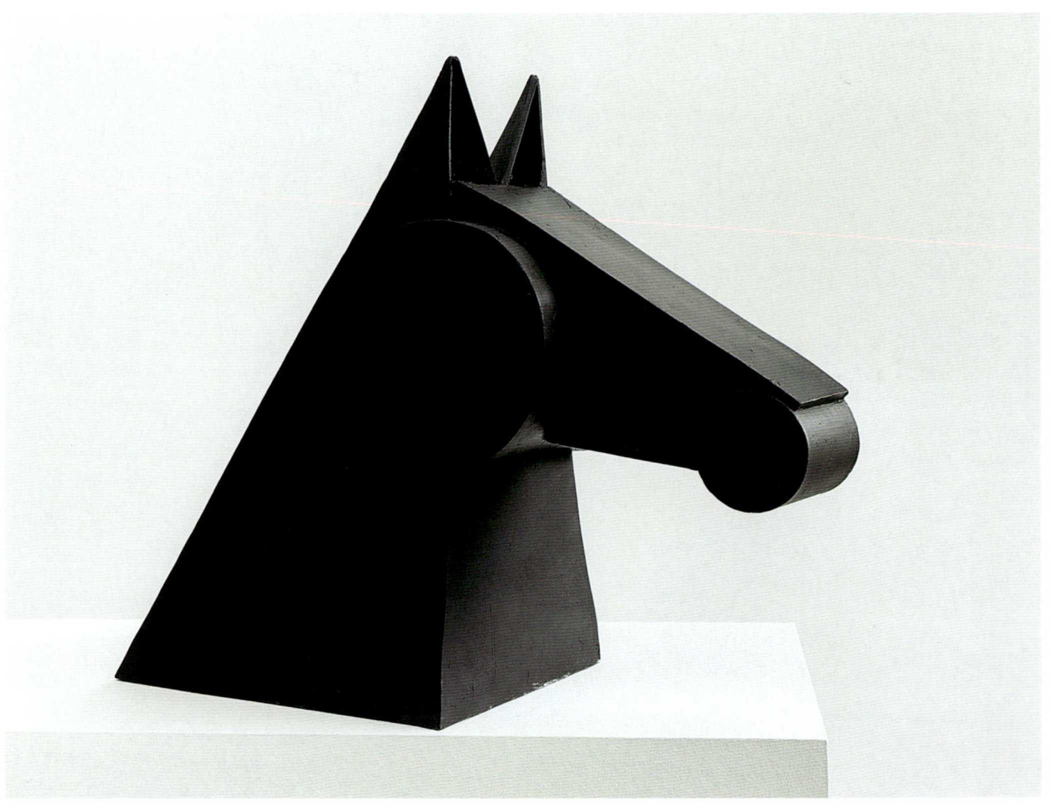

↑ Cabbage head, 2016
↗ Horse head, 2015

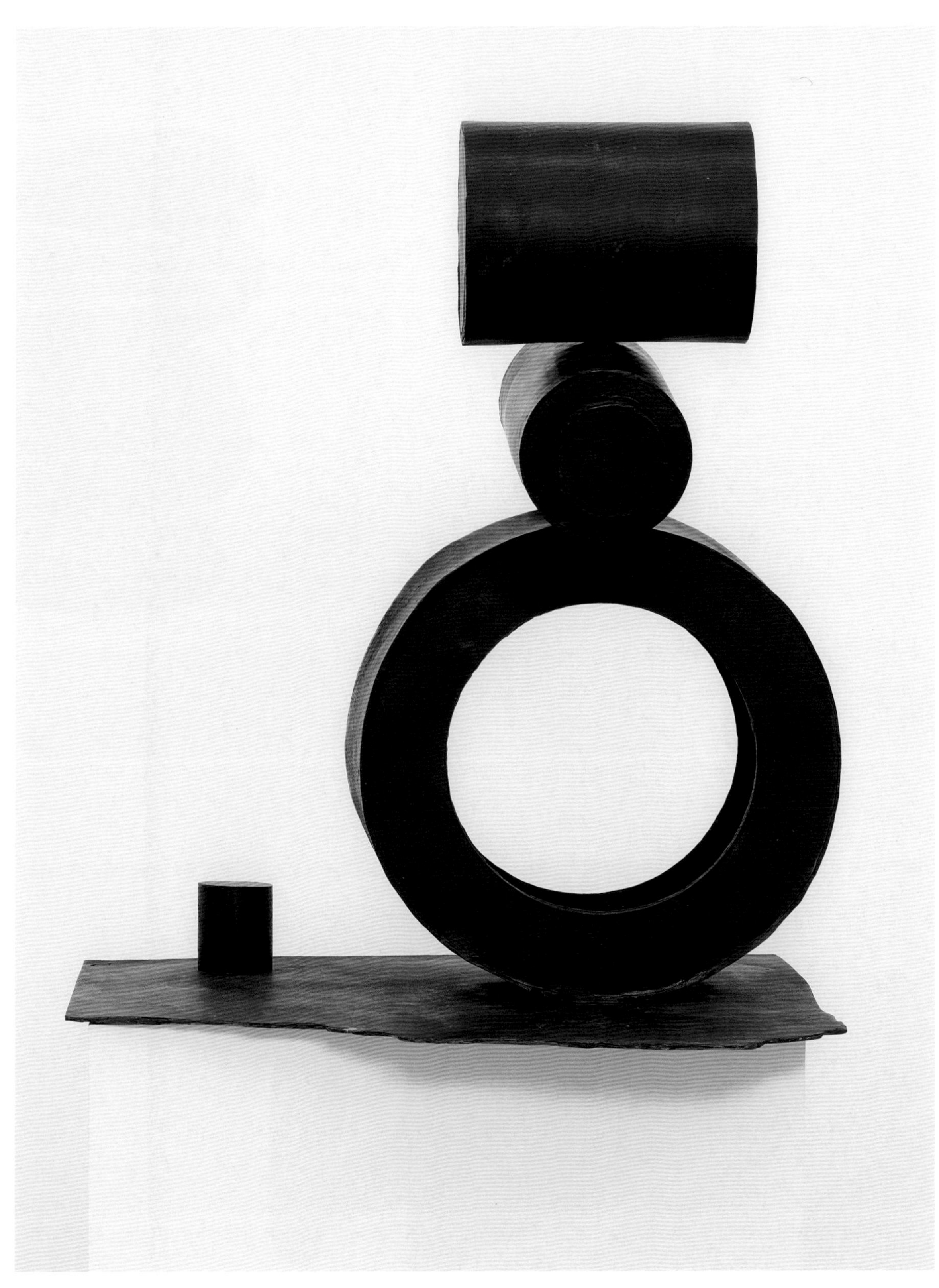

   Round objects that appear square, 2013

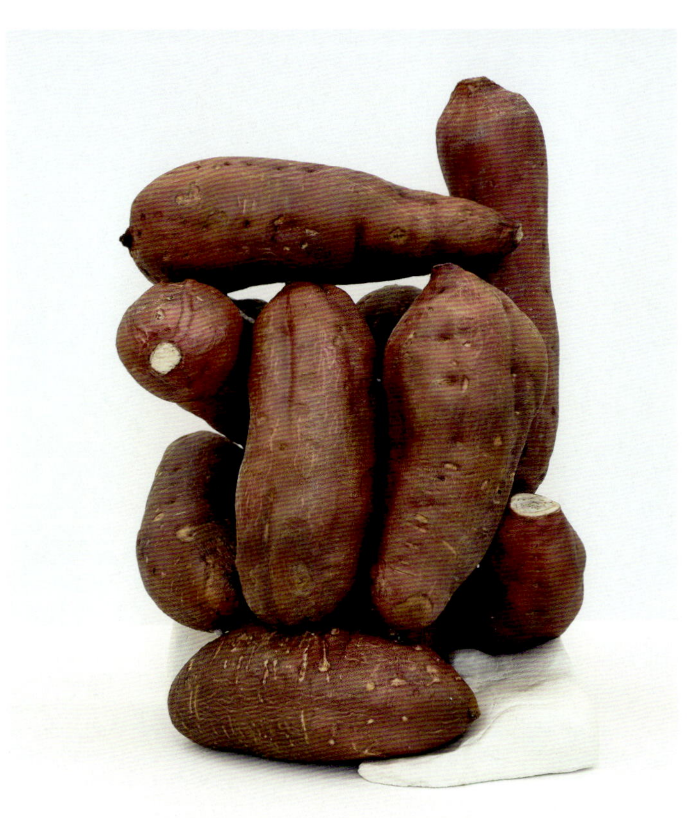

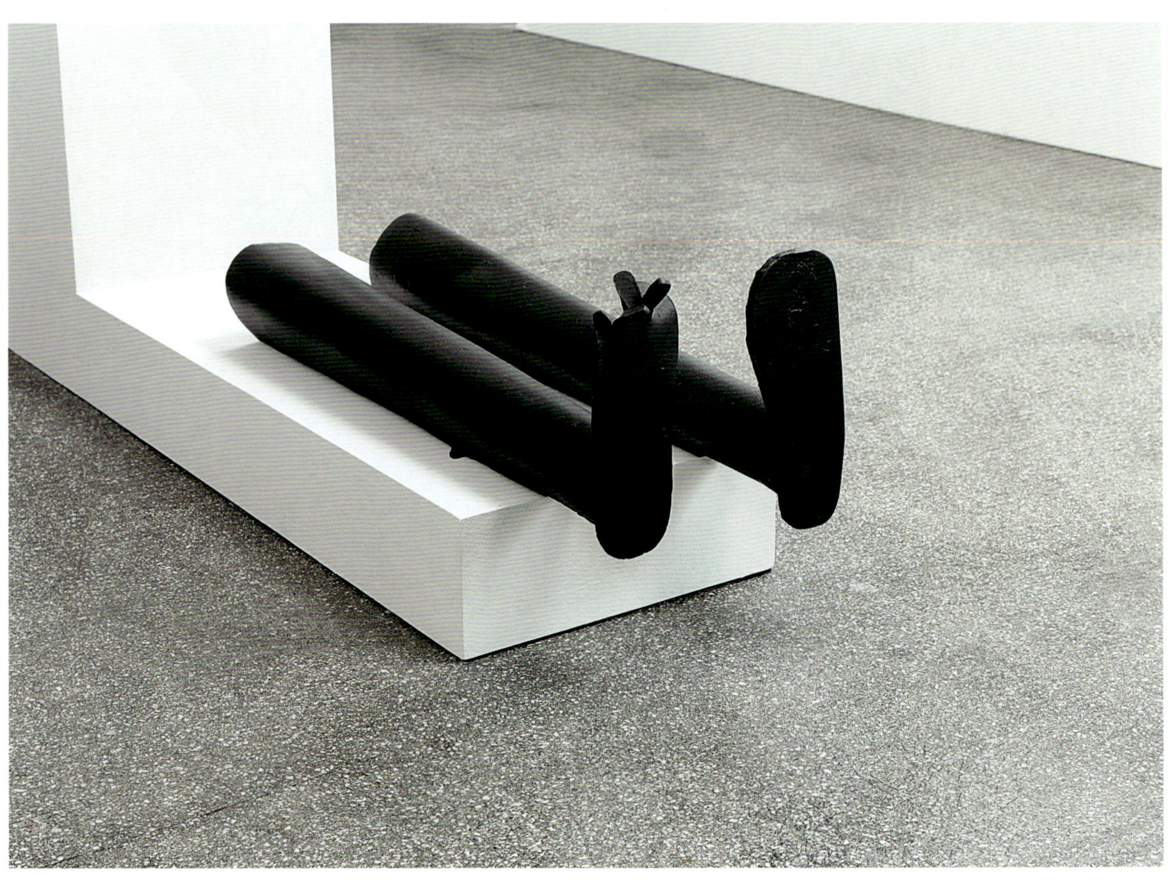

↗ Potato head, 2016
↑ It tickles, 2015

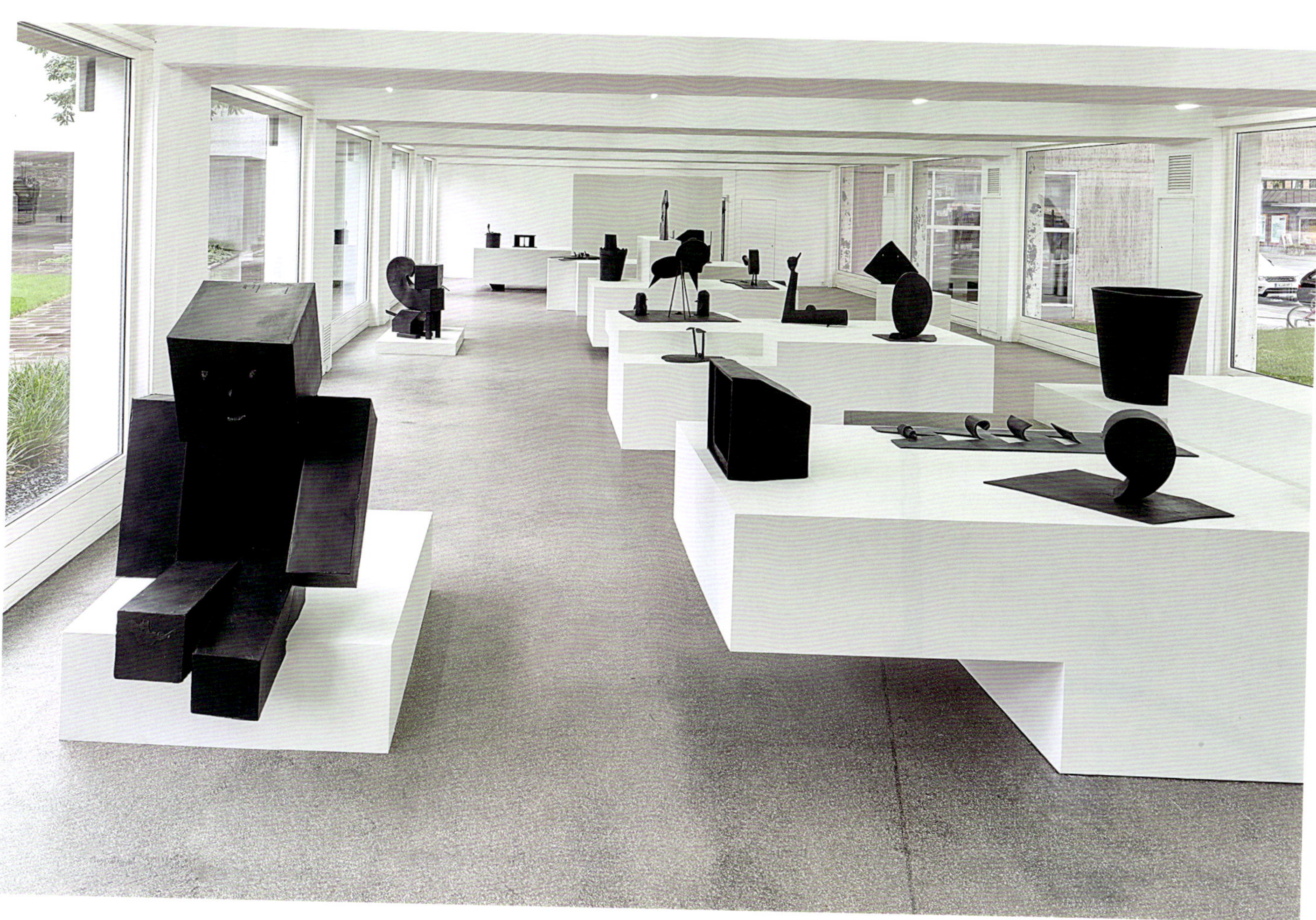

Exhibition view Kölnischer Kunstverein

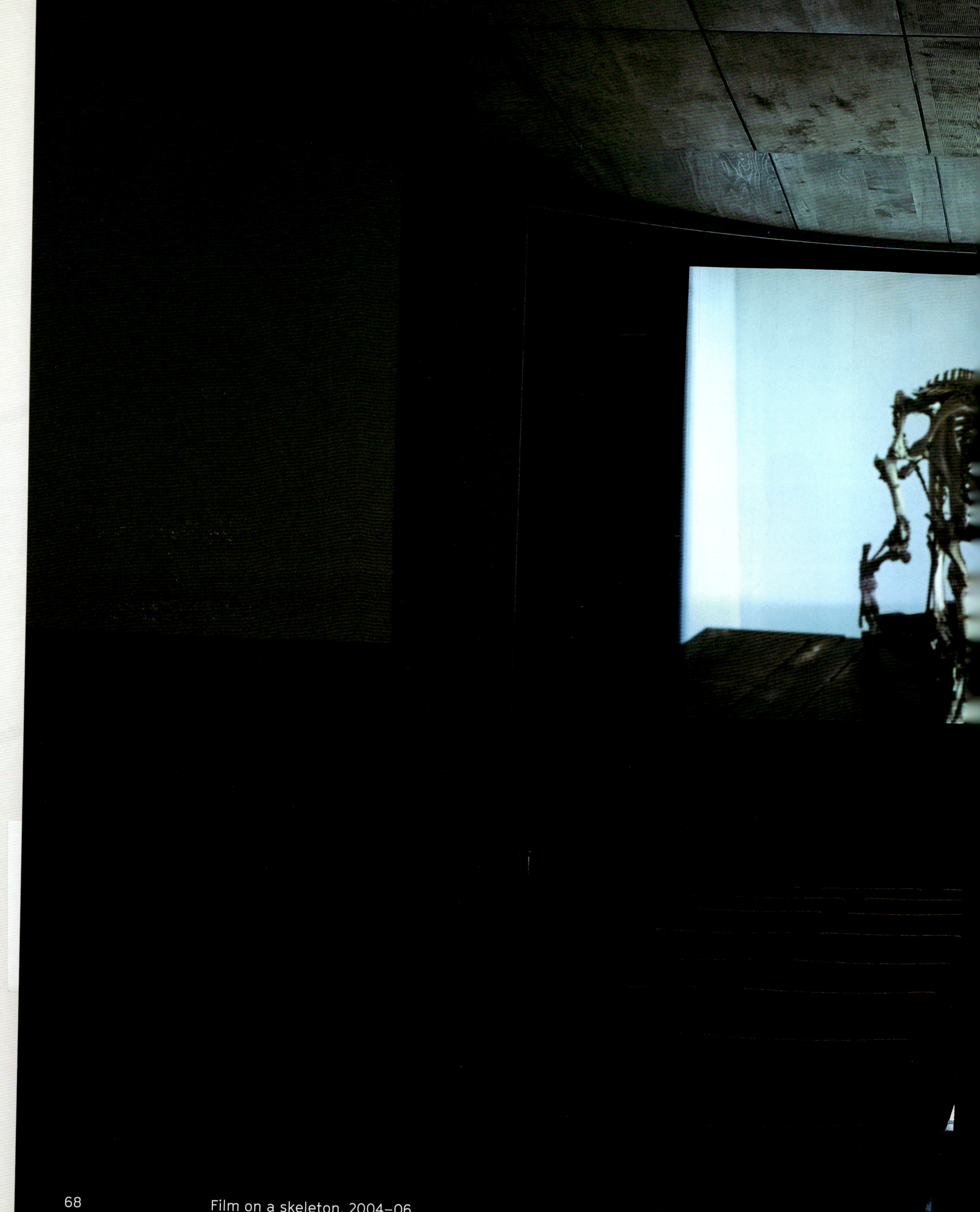

68 Film on a skeleton, 2004–06

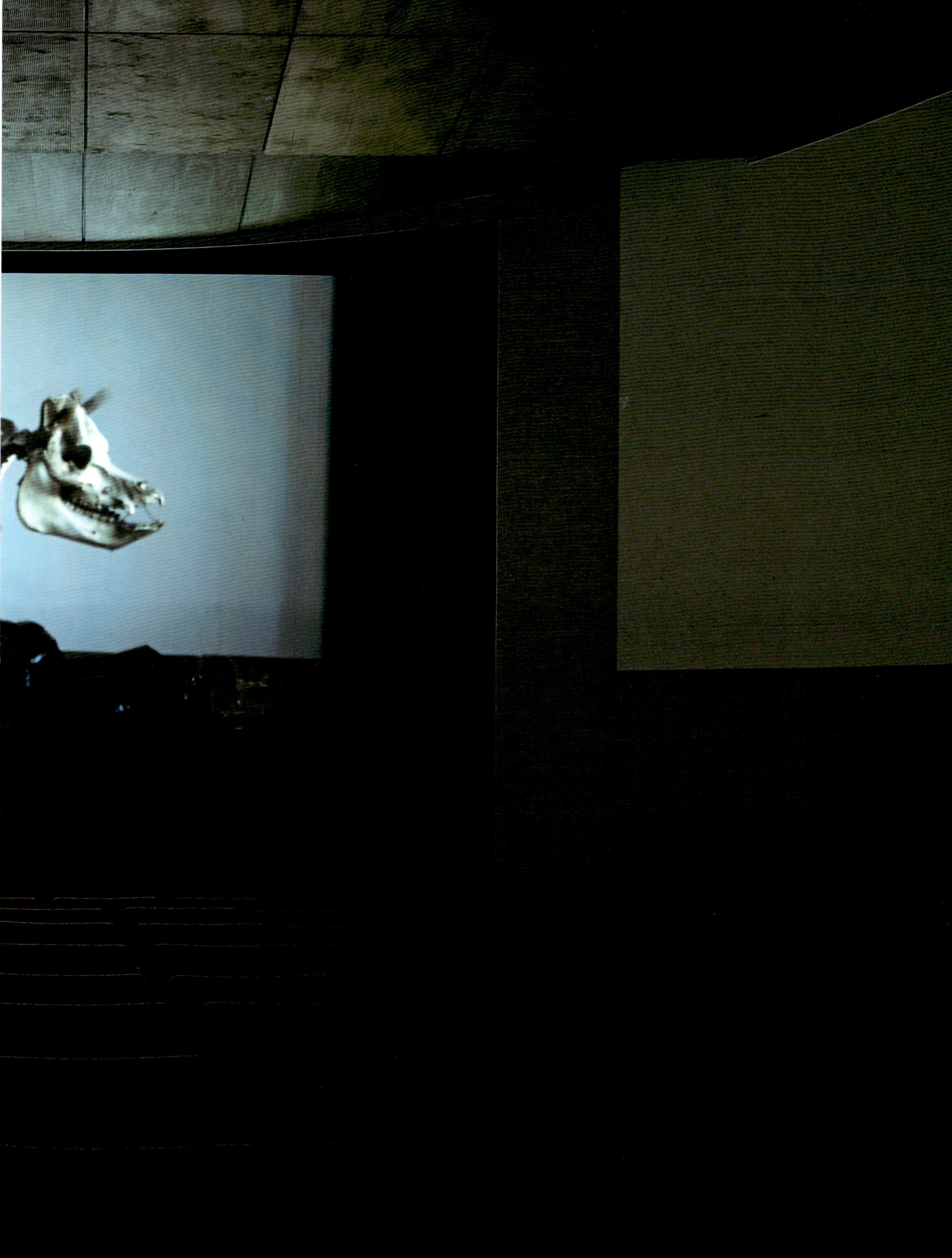

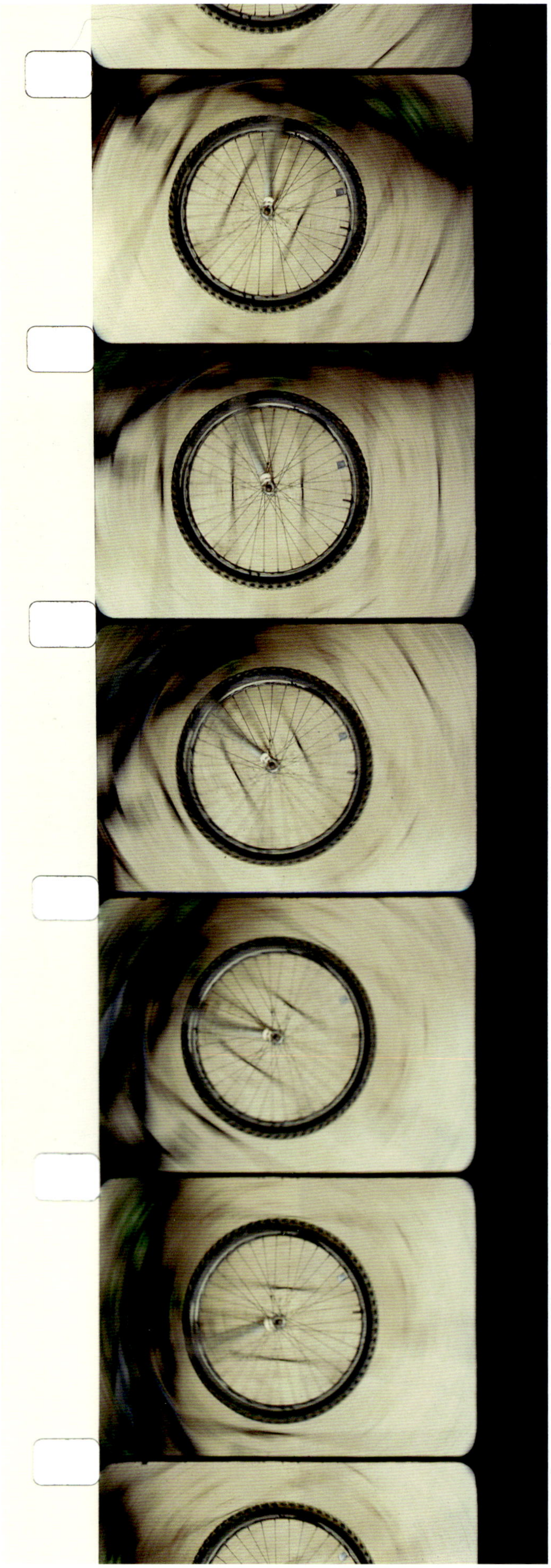

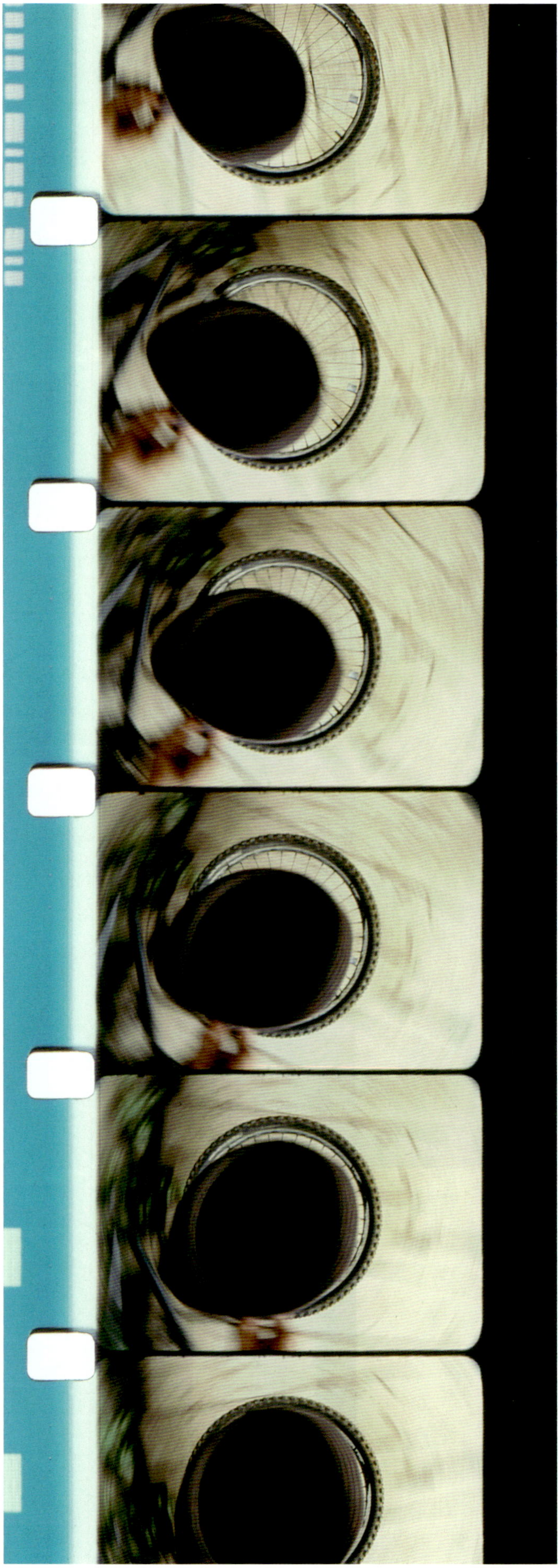

Wheels, 2011

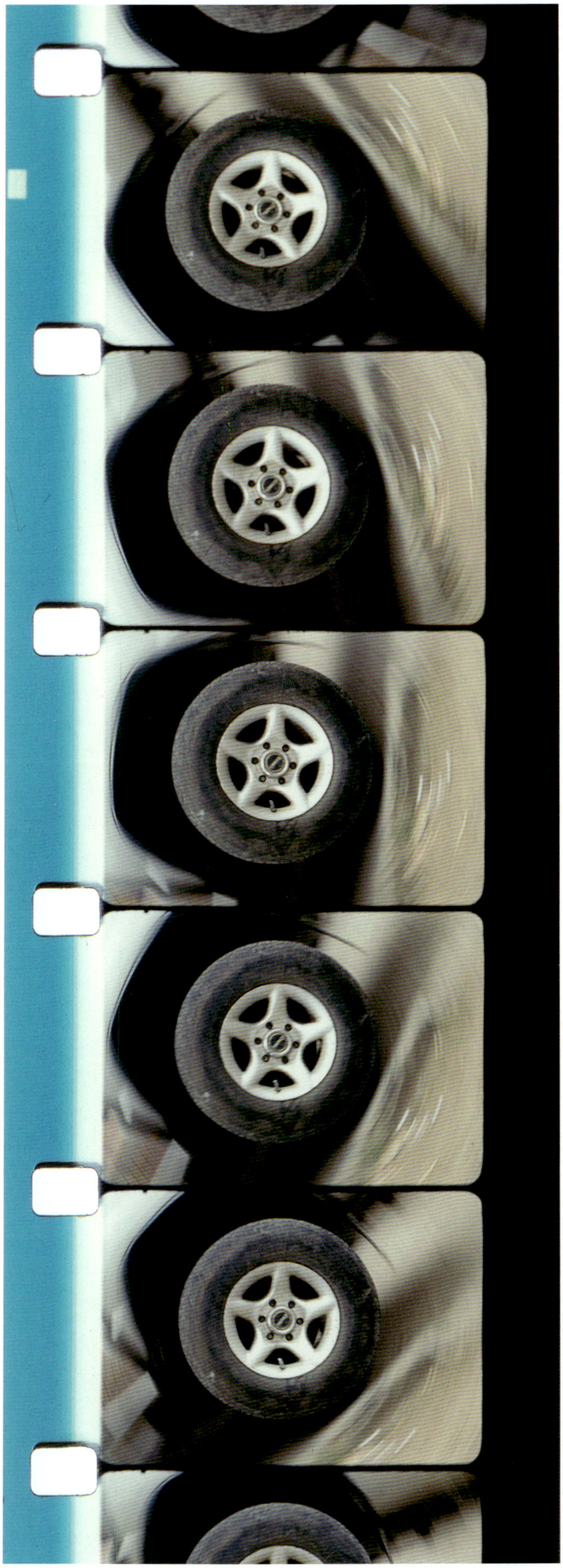

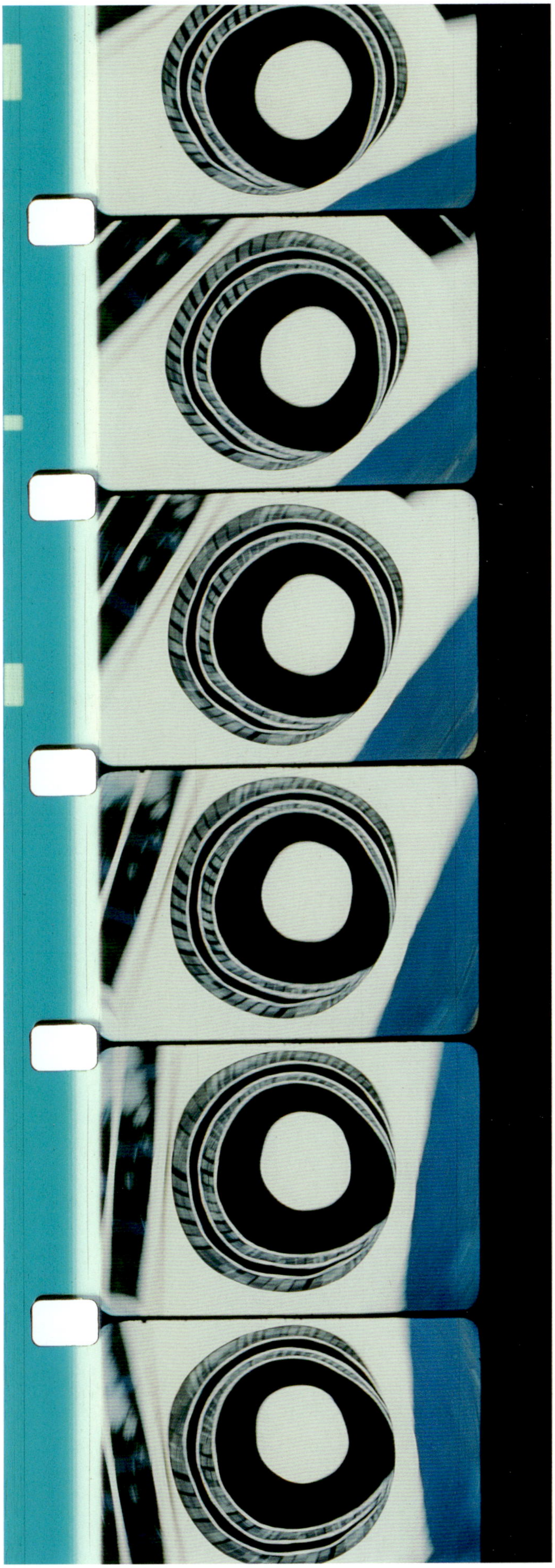

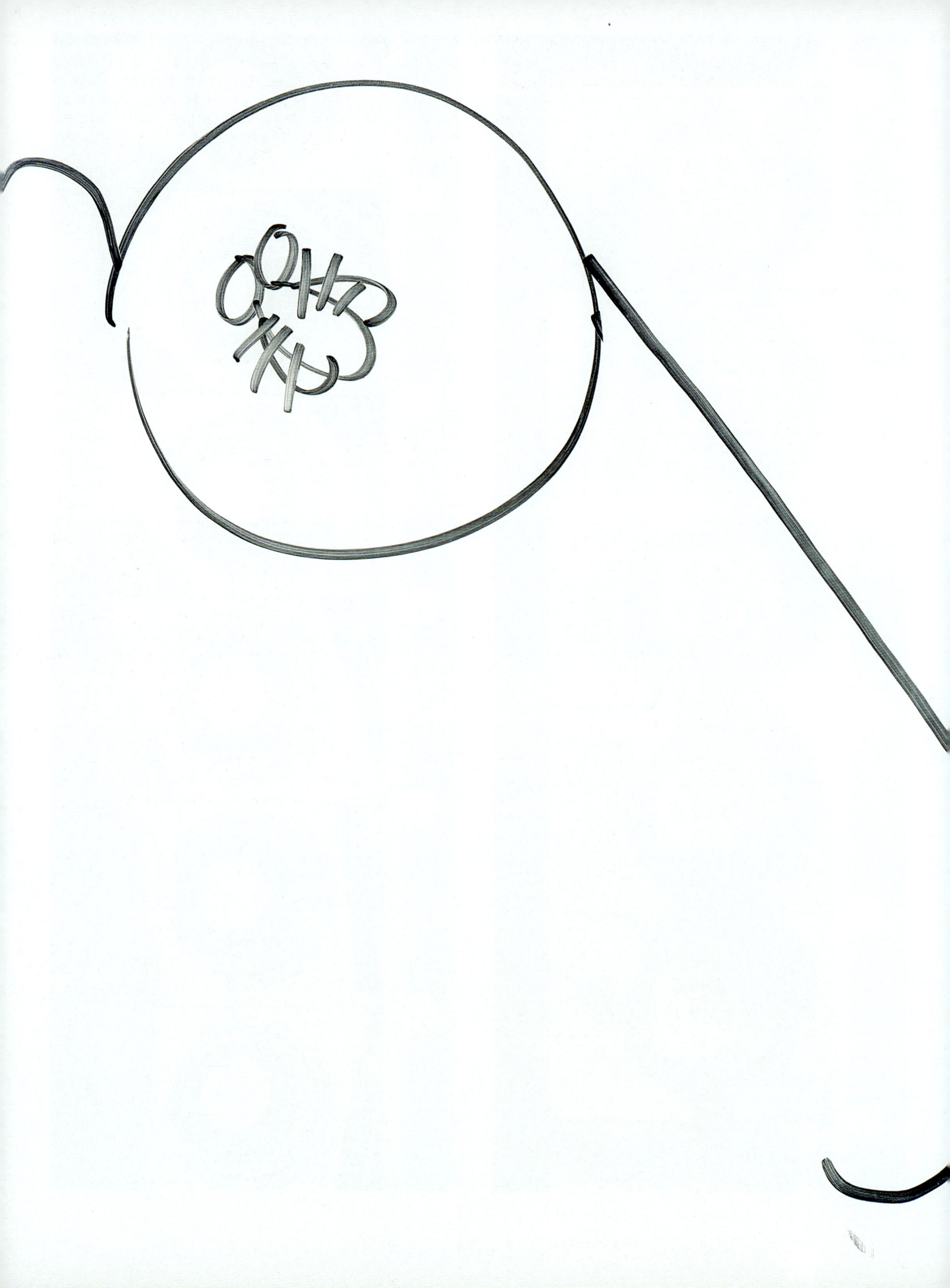

DE Pedro, hast du die Waschmaschine in Gang gekriegt? Wie zum Teufel kommst du nur mit diesem Scheißteil zurecht? Das ist doch alles auf Japanisch. Wir waren in einem Apartment im fünften Stock, in Naha, der Hauptstadt der Provinz Ryukyu, auf der Insel Okinawa, bereits seit einem Monat waren wir hier, und wir hatten schon nach sieben Tagen keine sauberen Socken mehr gehabt. Wie sich herausstellte, musste man nichts weiter tun, als den Deckel von dem Ding zu schließen, auf den mittleren Knopf zu drücken und dabei all die silbernen japanischen Schriftzeichen drumherum und das Bedienfeld mit der Auswahl für 30 verschiedene Schleudergänge zu ignorieren. Wenn man nämlich einfach auf die blaue runde Taste in der Mitte drückte, dann wurde alles in nur 20 Minuten gewaschen und geschleudert – was eigentlich ja unmöglich ist, man kann keine Wäsche in 20 Minuten waschen, in Lissabon dauert das mindestens eine ganze Stunde! Diese Waschmaschine war eines dieser Toplader-Modelle, das man wie einen Faltkarton öffnete, und anschließend seine schmutzige Wäsche stopfte, bevor man das Waschpulver reinrieseln ließ, von dem wir vier leicht zu öffnende Päckchen in Reisegröße im Mini-Markt gekauft hatten, und von denen eines für genau eine Wäsche reichte, so dass wir – hoffentlich – mit vier Päckchen für einen Monat auskommen sollten. Anschließend wartete man darauf, bis das Programm durchgelaufen war, öffnete die Klappe und sammelte die Wäsche ein, die vom Schleudern noch an der Trommelwand klebte, holte sie raus und warf dann eine Münze, um zu entscheiden, wer sie aufhängen musste. Es regnete, und das war schlecht für's Drehen und auch schlecht für's Wäscheaufhängen. Wir werden den ganzen Monat feuchte Wäsche vom Wäscheständer holen, und wenn sie nicht feucht ist, dann auf jeden Fall zerknittert, denn man sollte Wäsche vor dem Aufhängen unbedingt ausschlagen. Ich schaute Pedro zu, wie er die Wäsche ausschlug, er hatte mit Kopf anstatt Zahl falsch gelegen und musste die Wäsche aufhängen, in Lissabon hat er aber, glaub ich, noch nicht mal ein Bügeleisen, jedenfalls hat er mir mal gesagt, dass er ein Lieblingshemd besitzt, das man nicht bügeln muss.

Am späten Nachmittag saßen wir auf der Veranda, rauchten und ließen den Blick über Naha streifen, dabei wünschten wir uns, dass es aufhören sollte zu regnen, so würden die Klamotten niemals trocken … Im Aschenbecher sammelte sich das Wasser, und die Dunkelheit senkte sich über Naha, auf den Gebäuden erstrahlten Schilder mit Leuchtreklamen, die wir nicht verstanden, auf dem Haus gegenüber stand ein Wassertank, auf dem eine Telefonnummer geschrieben war, Scheiße, das sieht nicht gut

aus, wie soll denn bis Ende der Woche das Wetter werden? Regen. Und was ist mit dem Wochenende? Ich glaube, es soll Samstagnachmittag wieder aufklaren, aber ich schau zur Sicherheit noch mal am Computer. Ich öffnete den Browser, ging auf die Webseite und sah, dass die Vorhersage sich geändert hatte, es sollte bewölkt werden, bewölkt mit hoher Regenwahrscheinlichkeit.

Am nächsten Morgen verließen wir gerade unser Apartment, als aus der Wohnung nebenan ein Japaner kam, bepackt mit kompletter Fotoausrüstung, wir quetschten uns zusammen in den Aufzug, mit dem Stativ über der Schulter, mit schwarzen Rucksäcken mit wasserdichten Fächern, Taschen voll mit Equipment, und fuhren nach unten in die erste Etage, in Japan gibt es kein Erdgeschoss, das Erdgeschoss heißt hier erste Etage. In der Lobby warteten ein paar Leute auf uns, Matti, unser Produktionsleiter und Fahrer, Yuuka, unsere Übersetzerin, und Mizuki, unser Freund und unabhängiger Kurator, der die ganze Reise organisiert hatte, ja, der unseren künstlerischen Aufenthalt überhaupt erst möglich gemacht hatte und der jetzt für ein paar Tage gekommen war, um uns zu besuchen. Wir stiegen ins Auto, und während wir uns auf den Weg nach Norden machten, sah es so aus, als ob es nicht regnen würde, obwohl es über Nacht abgekühlt war, und die kühle Temperatur erinnerte mich an meine feuchten Socken. Wir fuhren an endlosen Reihen nebeneinander stehender Betongebäuden vorbei, und ein paar Tage später fragten wir einen japanischen Architekten, mit dem wir einige Sake tranken, warum hier alles aus Beton konstruiert sei, und er erklärte uns, dass das mit den Amerikanern zu tun habe. Als die auf die Insel gekommen seien, hätten sie die Gebäude wegen der Taifune so konstruiert, vorher wären die Häuser hier so wie alle anderen Häuser in Japan gewesen, aus Holz, japanisches Zedernholz mit verschachtelten Holzverbindungen, aber in der Jahreszeit, in der die Taifune kamen, waren die Dächer jedes Mal von den Häusern gerissen worden, und die Leute hatten jedes Mal ihre Häuser aufs Neue reparieren müssen.

Wir ließen die Ausläufer von Naha hinter uns und machten unsere erste Pause bei einem Park, in dem Mizuki uns auf eine Gruppe von Rentnern aufmerksam machte, die eine Art Krocket spielten, Mizuki liebte dieses Spiel, sagte er, und er erzählte uns, wie er früher als kleiner Junge die Schule schwänzte, um den Alten beim Spielen zuzuschauen und mit ihnen über den Zweiten Weltkrieg zu reden. Wir liefen einen Weg entlang und kamen an einem Schild vorbei, das vor Schlangen warnte, und wir erreichten einen Aussichtspunkt, an dem man von einer dreistöckigen

Ein Monat ohne filmen
João Maria Gusmão

     ← Fly on glasses, 2016

Zementkonstruktion einen Panoramablick auf den Armeestützpunkt Kadena hatte. Der Sperrzaun erstreckte sich über eine gigantische Strecke, fast ein Drittel der Insel war von Militäranlagen besetzt, Luftwaffenstützpunkte, Startbahnen, Übungsgelände und Kasernen. Es fing an zu regnen. In der Betonkonstruktion gab es Beobachtungsfenster, Informationstafeln und Fotografien der Umgebung mit erklärenden Texten, und es gab eine Zusammenfassung eines Zeitungsberichts aus den 1990er Jahren über ein Kipprotorflugzeug, das direkt nach dem Start in der unmittelbaren Nachbarschaft auf ein Schulgebäude gestürzt war. Die Amerikaner riegelten damals das Gelände ab und untersagten den örtlichen Behörden, es zu betreten, obwohl noch zivile Opfer geborgen werden mussten. Wir stiegen wieder ins Auto und fuhren weiter nach Norden, umkurvten dabei den Flugplatz, die Straße war auf der einen Seite mit Stacheldrahtzaun begrenzt, die hier großzügig angelegten Wohnquartiere der Amerikaner kontrastierten stark mit den geradezu innerstädtisch dicht beieinander stehenden Behausungen auf der gegenüberliegenden Straßenseite, die Tarnkleidung auf den Wäscheleinen deutete darauf hin, dass es sich hier um die Wohnhäuser von Militärpersonal handelte, auch, wenn keine Menschenseele zu sehen war.

Der zweite Zwischenstopp. Eine Restaurantterrasse, auf der dutzende Fotografen mit der Kamera in der Hand darauf warteten, dass ein Kriegsflugzeug auf das Rollfeld kam. Wir nahmen sofort an, dass es sich um Aktivisten handelte, denn Matti und Mizuki hatten uns erzählt, dass Okinawa seit den 1970ern ein Zentrum antiamerikanischer Proteste sei, da die immense US-Militärpräsenz so viele Jahrzehnte nach Japans Kapitulation von vielen als absurd wahrgenommen wurde. Hier trafen wir auf den Fotografen, mit dem wir uns am Morgen den Aufzug geteilt hatten. Wie sich herausstellte, war er aus Kyoto, er nahm sich jedes Jahr drei Tage Urlaub, um nach Okinawa zu kommen und Fotos der Flugzeuge zu machen, als Kind hatte er Luftwaffenpilot werden wollen, aber Japan hatte sich nach dem Zweiten Weltkrieg von sämtlichen militärischen Aktivitäten losgesagt, es verfügte lediglich über Friedenstruppen. Allmählich wurde uns klar, dass die Situation hier anders aussah, als wir anfangs gemutmaßt hatten. Mit enthusiastischer Vorfreude richteten die Fotografen ihre Objektive auf das Rollfeld ... Doch zum Vorschein kam nur ein Hubschrauber. Etwas an der Unterwürfigkeit gegenüber Autorität und der Besessenheit von Bildtechnologie war ziemlich verstörend: eine ästhetische Faszination für die Macht von Waffen, wie man sie in dieser Form nur in Japan vorfindet, ein absonderliches Gespür fehlgeleiteter Ehrfurcht für den atomaren Blitz. Letztes Jahr habe ich im Atombomben-Museum in Nagasaki eine Fotografie von dem rechten Auge einer Frau gesehen, ein Auge, das der Explosion der Atombombe ausgesetzt war. Die Frau hatte nur 800 Meter vom Epizentrum der Explosion entfernt gestanden, und die vergrößerte Abbildung ihrer Linsentrübung wirkte wie die fotografische Entsprechung des *Big Bang*, der Horror eingebrannt in ein Auge, das nicht mehr sehen konnte, erblindet durch eine übernatürliche Explosion, die die Schöpfung der Welt bis hin zur Auslöschung der Menschheit umspannte, eine Finsternis, in welcher sich Grausamkeit, Bestrafung und Schuld mit den Mysterien der Religion vereinten, das Götzenbild als Teil des Apparats. Im Museum war eine Nachbildung der Atombombe ausgestellt, lautlos sitzend bringt

sie die Geheimnisse der Kernspaltung zur Geltung, die Kriegsmaschine wird vergöttlicht, Alltagsgegenstände werden durch persönlichen Gebrauch geheiligt und die Fotografie wird ein Ritual, mit dem man sich dem Göttlichen nähert. Japan erschafft sich eine imaginäre Verbindung aller möglichen Höllen: atomare Verseuchung, anthropomorphe Monster in Alienformat (Daikaiju, Godzilla, Ultraman etc. ...), Tsunamis und Erdbeben, der göttliche Zorn von Naturkatastrophen, der in dem Desaster von Fukushima kulminiert. Ich sah einen amerikanischen Touristen aus dem Atombomben-Museum kommen, er stieg in den Bus und wandte sich dann vorwurfsvoll seinem japanischen Reiseführer zu: «Ihr habt uns zuerst angegriffen!»

Auf dem Luftwaffenstützpunkt von Kadena waren viele Flugzeuge in Bewegung, aber wir bekamen nicht ein einziges Besatzungsmitglied oder einen Mechaniker auf dem Rollfeld zu sehen. Es war, als ob die Luftfahrzeuge sich selbst lenkten. Der Geist in der Maschine entfesselt eine transzendentale Kraft, die menschlichem Leid vollkommen gleichgültig gegenübersteht, der Aufstieg einer technologischen Singularität, welche Maschinen der menschlichen Intelligenz schlussendlich überlegen gemacht hat. Zwei oder drei Fotografen auf der Terrasse hatten Piratensender eingeschaltet, und jedes Mal, wenn ein Düsenflugzeug auftauchte, informierten sie die anderen Fotografen gegenseitig, um was für ein Modell es sich handelte, und wenn es beispielsweise eine F-15 war, wurde es schwierig, auch nur raus auf die Veranda zu gelangen, so groß waren die auf die Kameras aufgesetzten Objektive, und wenn ein Flugzeug startete, brachte die Triebkraft der Maschine den Terrassenboden zum Vibrieren. Um uns herum hunderte Wohnheime, und auf der anderen Seite des Stacheldrahtzauns – Geisterschiffe.

Im Café wurden handbemalte Holznachbauten der amerikanischen Flugzeuge verkauft. Pedro stöberte durch die Postkarten, auf der Suche nach einem Motiv, das er seiner vierjährigen Tochter schicken konnte, aber auf sämtlichen Postkarten waren Waffen abgebildet.

Die Japaner, die wir kennenlernten, fragten uns immer wieder, warum wir ausgerechnet in Okinawa drehten, wo wir doch auch in Kyoto hätten sein können, mitten in der Kirschblütenzeit. Wir antworteten ausweichend. Es gab keinen richtigen Grund, warum wir nach Okinawa gekommen waren, wir waren hier, weil Mizuki dachte, dass wir es hier interessant finden würden, die ganze Setting und die Kultur dieses Ortes. Sie fragten uns, was wir hier filmen wollten, was für Themen uns hier interessierten, ich riss meine Augen weit auf und sagte, nun, wir machen so eine Art Dokumentarfilm, wir filmen Geister in Zeitlupe. Dann rissen auch unsere Gegenüber ihre Augen weit auf und sagten «Segoi», was so viel wie unglaublich, fantastisch, außergewöhnlich bedeutet, und ich bin sicher, dass sie sich genau die Art von entsetzlichen Aufnahmen vorstellten, wie sie sie aus asiatischen Horrorfilmen kannten ... Ich bin mir allerdings nicht sicher, ob wir unser Vorhaben wirklich gut erläuterten ... Wir wollten etwas filmen, das man nie zuvor gesehen hat, ein bewegtes Bild, das nicht schon in irgendein unklares Konzept eingeschrieben ist, mit dem man versucht, die Wirklichkeit zu erklären. Bilder, die eine Vorstellung der *conditio humana* vermittelten und eine Vorstellung dieses besonderen Zustandes erzwangen. Ein Bomber hob ab, alle schossen zwei Dutzend Fotos, das Flugzeug flog davon und wurde von den Wolken verschluckt, die Fotografen senkten ihre Objektive, klickten auf ihren Bildschirmmenüs herum, öffneten die Dateien, zoomten auf ihren LCD-Displays herum und übergaben die verwackelten Aufnahmen dem digitalen Mülleimer, während der Bomber weiter flog, um seine imaginierten Bomben an anderer Stelle abzuwerfen.

Kurze Randbemerkung: Shinkansen, der Bullet-Train, hat einen futuristischen Triebwagen; wenn er steht, sieht er mehr nach Hochgeschwindigkeit aus, als wenn er fährt.

Die dritte Station: Okinawa City. Wir parkten auf einem Autoparkplatz im Herzen der Stadt, einer Art Dienstleistungsstadt für den Militärstützpunkt, in der die meisten der japanischen Funktionsträger leben, die auf der Base arbeiten. Am Ende der Hauptstraße, die zum Stützpunkt führte, war ein Checkpoint. Wir sahen ein paar Lastfahrzeuge beladen mit Lieferungen rein- und rausfahren, aber die Stadt selbst war vollkommen menschenleer, und obwohl es überall irgendwelche Geschäfte gab, hatten wir Schwierigkeiten, auch nur ein geöffnetes Café zu finden, in dem man eine Flasche Wasser kaufen konnte. Das Straßenbild sah wie folgt aus: Bar, Bordell, Bar, Shop für Militärkleidung, Bar, Bordell, Bordell mit Nachtclub, Bar, Bar, Bar, und keiner der Läden war geöffnet, und obwohl eine alte riesengroße Plakatwand mit dem Abbild einer E-Gitarre den Eindruck erweckte, dass das Nachtleben an diesem Ort einmal wild und ausschweifend gewesen sein musste, waren jetzt sogar die Puffs verschlossen und verriegelt. Der einzige geöffnete Laden war ein Tattoo-Studio. Davor stand ein Schild, auf dem «Black Ink Tattoo» stand und das ein Bild von Mickey Mouse als Totenschädel zeigte, dem die Tinte in Strahlen aus den Ohren spritzte. Wir machten uns auf den Weg zurück zum Apartment. Oh Herr, lass unsere Socken trocken sein!

Okinawa City war praktisch das Gegenteil von Naha. Die Hauptstraße der Provinzhauptstadt war voller Touristen, Chinesen, Taiwanesen und Japaner (Amerikaner sahen wir allerdings keinen einzigen), überall herrschte reges Treiben wie in einem Bienenstock, Touristen kamen zusammen, um essen zu gehen oder um alle möglichen für die Region typischen Erzeugnisse zu kaufen: den Reislikör *Awamori*, pur oder mit einer *Habu*-Schlange am Flaschenboden, gehandelt als Potenzmittel und von den auf der Insel stationierten Soldaten in rauen Mengen konsumiert; *Tsuboya*-Keramik; *Kariyush*-Hemden; und die bekannten *Shisa*-Hunde, Statuetten, die ursprünglich aus Ton gefertigt wurden, die es heutzutage aber auch aus Stein und Plastik gibt oder auch als Plüschtier sowie in allen erdenklichen Formen und Farben, auf der Kokusai Dori, der Haupteinkaufsstraße der Stadt. Um böse Geister abzuschrecken, hat man vor den Eingangstüren *Shisa*-Hunde aufgestellt, überall waren sie zu sehen, sogar vor dem Eingang zum amerikanischen Militärstützpunkt. Normalerweise werden immer zwei von ihnen zusammen aufgestellt, und als Pedro und ich anhielten, um in ein Schaufenster zu schauen, bemerkten wir, dass alle zur Linken aufgestellten Hunde ihre Mäuler geschlossen und alle zur Rechten sie offen stehen hatten. Wir sprachen Yuuka darauf an, und sie sagte *Aum*, der sakrale Laut, das buddhistische Mantra, der Hund mit dem offenen Maul sagt *A …* der Hund mit dem geschlossenen Maul sagt *um …* Anfang und Ende des Universums, *Om mani padmi hum*, der Urklang, Anfang und Ende von allem. Wir blickten ins Schaufenster, Wau-Wau. Wir hatten noch etwas Zeit, auf der Promenade gegenüber der Kokusai Dori fand ich einen Platz zum Sitzen, auf einem gigantischen Bildschirm lief der Trailer von *The Fast*

and the Furious 7, und ich las in meinem Buch, ein Buch von Bruno Latour, ein Autor, den ich immer gerne lese. Er positioniert sich extrem kritisch gegenüber modernistischen Theorien, die geringschätzig auf Glaubensgrundsätze und Fetische primitiver Völker herabschauen. Der von ihm gemeinte ‹Moderne› stellt sich vor den ‹Primitiven› und sagt: Bist du es nicht selbst, der diesen Scheißhaufen hier errichtet hat? Wie kannst es dann sein, dass du ihn anbetest, als wäre er übernatürlich, oder dass du bei deiner Seele schwörst, dass dieses Ding, was du selbst errichtet hast, übersinnliche Kräfte habe? Seid ihr schwachsinnig? Ja, offensichtlich seid ihr schwachsinnig, lasst mich euch erklären, was Schwachsinn bedeutet. Und dann kam Nietzsche vorbeispaziert am helllichten Tage mit einer Kerze in der Hand und rief: Die Götter sind allesamt tot, wir haben sie getötet. Entweder hast du das Götzenbild mit deinen eigenen Händen erschaffen, in dem Fall handelt es sich um ein falsches Götzenbild, oder jenes übernatürliche Wesen hat dich dazu gebracht, diesen Fetisch zu schaffen, ohne dass es dir bewusst war, dann aber kannst du nicht behaupten, dass du ihn erschaffen hättest. Aber wie wurde er dann erschaffen? Hat er sich selbst kreiert? Das entgegnet der Primitive. Latours Kritik zeigt uns zuerst, wie Vertreter der Moderne den Primitiven begegnen, bevor er die Tatsache anprangert, dass diese modernistische Haltung im Kern einer ebenso starrsinnigen Annahme von einem absoluten Glauben aufsitzt, einer Annahme eines unbeirrbaren Glaubens an die Prinzipien der Kausalität und der Objektivität von Tatsachen. Ich blickte noch einmal zum Schaufenster, Wau-Wau, vielleicht bin ich ja ein modernistischer Idiot.

Als wir wieder in unserem Apartment waren, machten wir den Fernseher an, in den Nachrichten kam ein Bericht über die vielen Wale, die an der Ostküste Japans Hauptinsel gestrandet waren. Ich sprach Yuuka darauf an, woraufhin sie ihr Tablet anschaltete, um nach weiteren Informationen zu suchen. Sie wirkte aufgebracht, sie erzählte uns, dass damals vor dem 11. März und der Katastrophe von Fukushima genau diese Walgattung an den Strand gespült worden sei. Wie bitte? Ja, sagte sie, dabei hob sie ihre Hand an die Sorgenfalten auf ihrer Stirn, heute morgen habe ich mit meinem Bruder geredet, er wohnt in Kudaka, dort leben auch die größten Schamanen von Okinawa, und er hat mich gewarnt, weil die Schamanen einen Tsunami vorhergesehen haben, der sich vor dem 15. ereignen soll, das wäre am nächsten Mittwoch, aber macht euch keine Sorgen, immer, wenn ein Tsunami kommt, schickt die Regierung jedem eine Nachricht auf das Mobiltelefon, zwei Minuten bevor die Welle die Küste erreicht. Später, als wir im Auto waren, kamen wir auf japanische Lautmalerei zu sprechen. Kennt ihr zum Beispiel *pika pika*, fragte Yuuka, wenn etwas glitzert? Sie zeigte uns ihre Ohrringe, um uns zu demonstrieren, wie sich das Licht auf ihnen reflektierte. Oder *pyon-pyon*, wenn etwas plötzlich an verschiedenen Stellen auftaucht, *musha-musha*, also so, *mu-sha-mu-sha* – und sie tat so, als ob sie in einen Sandwich beißen würde und kauen würde. Oder *odo-odo*, wenn man sich unwohl fühlt, und *tuca-tuca*? Bedeutet das auch etwas Existierendes, fragte ich. Tuca-tuca, nein, das hat keine Bedeutung, oder, Matti? *Tuca-tuca* gibt es nicht, aber es gibt noch viel mehr andere. *Uto-uto* ist das Geräusch, das man macht, wenn man schläft, und *ba*, das ist das Geräusch einer schnellen Handbewegung, also so – *ba!* Oder *daradara*, wenn es sehr heiß ist und man anfängt zu schwitzen … Was

          Ein Monat ohne filmen

gibt es denn noch … Wenn man Gelee aus einer Tüte holt und es auf eine Platte legt und wie es dann schwabbelt, das macht dann *peruru*, wenn es also vor einem Tsunami ein Erdbeben gibt, dann brauchst du gar keine Warnung, dass eine Riesenwelle auf dich zukommt, weil die Erde vorher wackelt – *peruru* – wie Gelee.

Japaner sind extrem abergläubig, meinte Yuuka, und wir redeten über den Kaiser, über Shintoismus, Buddhismus und Schamanismus in Okinanwa und darüber, dass man in Japan an jeder Straßenecke jemanden findet, der einem aus der Hand liest, und dass an Neujahr alle Japaner einen Schrein aufsuchen und von dort einen kleinen Handzettel eines Wahrsagers mitnehmen, auf dem geschrieben steht, was sich im kommenden Jahr alles in ihrem Leben ereignen wird. Einmal ist Yuuka mit einem Freund zu einem sehr bekannten Schrein in Tokio gegangen, sie hatte bisher nie eine Nachricht mitgenommen, die ein Unglück vorhergesehen hatte, auf den Zetteln wurde immer ein glückliches neues Jahr prophezeit, nicht das ganz große Glück, aber eben doch ein insgesamt glückliches neues Jahr, und in diesem Jahr hatte sie eigentlich gar nicht vor, einen Zettel mitzunehmen, weil das Ganze 300 Yen kostete, ziemlich überzogen, fand sie, aber ihr Freund bestand darauf, und letzten Endes bezahlte er sogar. Sie hatte also noch nie eine schlechte Prophezeiung erhalten, aber an diesem Tag bekam sie die schlimmste Prophezeiung, die man sich vorstellen kann. Das wollte sie nicht akzeptieren, deswegen recherchierte sie online, wie viel Prozent an negativen Prophezeiungen pro Schrein ausgegeben werden, und dabei fand sie heraus, dass man an just diesem Schrein mehr Unglücksprophezeiungen austeilte als an irgendeinem anderen. Aber warum? Sie recherchierte noch ein bisschen weiter und fand heraus, dass man an dem Schrein nicht nur mehr Unglücksprophezeiungen verteilte als irgendwo sonst, sondern auch, dass am Ausgang dieses Schreins mehr Glücksamulette verkauft wurden als an irgendeinem anderen.

Yuuka, ich würde dich gerne etwas fragen, gibt es im Japanischen auch Schimpfwörter? Was du unter Schimpfwörtern oder Kraftausdrücken verstehst, wie das F-Wort im Englischen, gibt es nicht, vielleicht *Kuske*, wenn man niest, hatschi, dann sagt man *Kuske*, hau ab! Das sagt man, um den bösen Geist zu vertreiben, es bedeutet so viel wie Scheiße. Yuuka war für ihre Arbeit auf einem Kreuzfahrtschiff zehn Jahre lang auf der ganzen Welt unterwegs gewesen, sie gab den Passagieren Englischunterricht und plante für sie ihre Ausflüge, wenn sie vor Anker lagen. Japaner haben im Ausland große Angst vor den Dingen, die sie nicht kennen, wenn sie an Land gehen, bleiben alle ganz nah beieinander, weswegen sich alle über sie lustig machen, wenn sie zusammen am Eiffelturm oder am Canale Grande in Venedig in Gruppen zusammen stehen und ihre Fotos machen, Japaner haben Angst, dass man auf sie schießt, wenn sie ihre Heimat verlassen, es ist genau so wie im Film, sie haben vor allem Möglichen Angst: Sie haben Angst, ausgeraubt zu werden, ihr ganzes Hab und Gut zu verlieren, oder, und das wäre das Schlimmste, nie wieder nach Japan zurückkehren zu können, denn in Japan ist man in Sicherheit, es ist kein gewalttätiges Land, ich habe noch nie davon gehört, dass jemandem hier in der U-Bahn sein Portemonnaie gestohlen wurde, und in der Hauptverkehrszeit werden alle aneinander gequetscht, die Geldbörsen werden sozusagen aus den Taschen gedrückt, und trotzdem kommt es einfach nicht vor, dass jemand in der U-Bahn bestohlen wird. In Barcelona ist das natürlich anders, bevor wir also dort anlegen, haben wir ein großes Treffen mit allen Passagieren, um sie vor den Gefahren der Rambla und so weiter zu warnen, wir erklären ihnen, dass sie vorsichtig sein müssen und ein Auge auf ihre Brieftaschen mit den Kreditkarten haben sollten, aber das hat zur Folge, dass sie als komplette Nervenbündel von Bord gehen und dass alles, was katalanisch ist, ihnen verdächtig vorkommt, sie fragen sich dann, wer von den Leuten ein Taschendieb ist und wer nicht. Japaner sind aber immer sehr respektvoll, wenn wir also beispielsweise in den Jemen fuhren oder in den Oman oder in irgendein anderes islamisches Land, haben sich immer alle mit Tüchern verhüllt, sodass nur ihre Augen zu sehen waren, weil sie Angst hatten, als respektlos angesehen zu werden.

Wir fragten Yuuka nach der Bedeutung eines Hinweisschildes in einem Laden für Telekommunikation. Das ist in Japan die gängigste Betrugsmethode der Yakuza-Mafia, erklärte sie. Die rufen alte Frauen an und sagen, Mama, Mama, ich bin es, dabei verstellen sie ihre Stimme so, dass sie seltsam und schmerzerfüllt klingt, Mama, ich bin es, ich hatte einen Unfall, du musst mir Geld schicken, du musst es auf ein bestimmtes Konto überweisen, und die alte Dame, die ganz verwirrt und panisch ist, lässt dem falschen Sohn oder der falschen Tochter das Geld zukommen. Das Ganze nennt man *Ich bin's*, das ist der *Ich bin's*-Trick, überall wird davor gewarnt, aber das hält sie nicht davon ab. Mama, ich bin's, du musst mir Geld geben, sonst sterbe ich.

Wir erzählten Matti und Yuuka, dass wir uns für Transzendenz interessierten. Wir interessierten uns in einem gewissermaßen anthropologischen Sinne dafür, welchen Bezug man in verschiedenen Kulturen zu den Toten pflegte. Das sagte etwas darüber aus, wie man in der betreffenden Kultur mit seiner Umwelt interagierte. Wir sprachen über Mattis Familienfriedhof, und an einem verregneten Tag nahm er uns schließlich mit zu einer von Wald umgebenen Felskuppe. Hier würde Mattis Verwandtschaft am nächsten Wochenende zusammenkommen, um die Sträucher beim Familiengrab zu stutzen und in Ordnung zu bringen, das Grab war eine mit Beton versiegelte Öffnung in einem Felsen, in dem die Urnen mit der Asche der verstorbenen Familienmitglieder aufbewahrt wurden. Die Frauen jäten das Unkraut, die Männer schneiden das Gras mit Motorsensen und fegen die Betonflächen und -stufen, dann stutzen sie das Schilfgras mit Macheten. Anschließend beten sie für ihre Vorfahren und entzünden Weihrauchstäbchen. Traditionsgemäß hätten sie hier vielleicht auch ein Picknick gemacht, weil es aber in der Familie in dem Jahr einen Trauerfall gegeben hatte, fiel das Picknick in diesem Jahr aus. Wir fragten ihn, ob wir das Ganze filmen dürften, er meinte, er sei sich nicht sicher, er müsse seinen Onkel fragen, außerdem würde die Familie nur an einem sonnigen Tag zusammenkommen, und das auch nur an einem Samstagmorgen, insofern würden wird ohnehin abwarten müssen, um zu schauen, ob es sich ergäbe. Als wir uns das Ganze vorstellten, entstanden zwei parallel existierende Universen, Wirklichkeiten, die per definitionem nur in der Unendlichkeit zusammenfinden könnten: die Zeit der Lebenden und die Zeit der Toten. Es hatte den Anschein, als ob die Tätigkeit der Grabpflege irgendwie eine Lücke schloss – die Lücke zwischen denen, die noch da waren und denjenigen, die die Erde bereits verlassen hatten. Indem die Menschen sich in diese Arbeit versenkten, wie bei einem

　　　　Ein Monat ohne filmen

Gebet, hier auf dieser trauervoll-tristen Lichtung im Wald, kamen sie der Sphäre der Nichtexistenz näher, in der es keine Unterschiede mehr gab. Wir mussten also auf die Entscheidung von Mattis Onkel warten, und darauf, dass an einem Samstagmorgen die Sonne scheinen würde.

Da wir Interesse an diesen Dingen signalisiert hatten, wurde für uns ein Besuch bei einer Zeremonie arrangiert, die in der Nähe stattfinden sollte. Kokoro war spät dran und brachte Freunde mit. Sie ist ein ganz besonderer Mensch, sagte Matti. Inwiefern besonders, fragten wir. Sie ist besonders, weil nicht jeder ihren eigenwilligen Lebenswandel gut heißt, sie ist eine Art Guru, aber als sie sich in Kuduka niederlassen wollte, um sich dort Kenntnisse über Schamanenriten anzueignen, haben sich die Priesterinnen dort gegen sie verbündet und sie ausgestoßen, manchen Menschen fehlt es an Duldsamkeit. Drei Frauen um die Fünfzig, mit weißen Handschuhen und Sonnenbrillen, die so aussahen, als ob sie den Morgen über im Shopping Center gewesen wären oder auf der Kokusai Dori, winkten uns zu, *Matti, Matti!* Wir waren inzwischen bei einem nepalesischen Strandrestaurant angekommen, Kokoro wollte uns vor der Zeremonie erst einmal kennen lernen, und als sie endlich vor uns stand, begrüßte sie uns in sehr gutem Englisch mit amerikanischem Akzent, und erklärte uns, dass sie für uns eine Sondererlaubnis erhalten habe, der Frühlingszeremonie der Gemeinde beizuwohnen und auch zu filmen. Ihre Freundinnen nickten zustimmend, dann sagte sie, wenn ich Matti anschaue, dann kann ich erkennen, dass er nicht allein ist in diesem Universum, denn ich spreche mit ihm und all seinen Vorfahren, Okinawa war über lange Zeit Japans spirituelles Zentrum, es ist kein Zufall, dass ihr hier seid, ich fühle eine Energie in eurem Innersten, ich sehe eine sehr helle Aura um euch herum, sämtliche Universen sind durch eine einzige spirituelle Kraft verbunden und bla, bla, bla … Ihre Freundinnen stimmten ihr zu, ja, ja, aber ihre Redepausen waren von lang anhaltendem Schweigen erfüllt, und beinahe hätte ich alles versaut, weil ich über diese Situation, in die wir hier geraten waren, lachen musste, wir wussten immer noch nicht, was wir hier zu sehen bekommen würden, also taten wir es Kokoros Freundinnen gleich und sagten ja, ja, und lächelten dabei freundlich, als ob Kokoros Anwesenheit eine besonders intensive Energie übertragen würde, die uns alle mit innerer Ruhe erfüllte. Kokoro behauptete, dass es in diesem Restaurant die besten Currygerichte in ganz Japan gebe, und ich merkte, dass während ich ihr zugehört hatte, mein Essen kalt wurde, also haute ich ordentlich rein, es war tatsächlich richtig gut. Ein alter Mann ging am Stand an uns vorüber, hob seinen Arm. Er trug traditionelle Kleidung, *Fundoshi*, die Sumo-Kurzhose, und ein rotes Tuch um seinen Kopf gewickelt, er war derart bucklig, dass er kaum geradeaus schauen konnte, Pedro machte mich auf ihn aufmerksam, er spürte, dass gleich etwas passieren würde, da holte der Mann einen Gong heraus und schlug ihn kraftvoll mit einem Schlegel, dann ließ er im Klageton eine Art Gebet erklingen, in einem Dialekt, von dem wir im Nachhinein erfuhren, dass er selbst für unsere Begleiter unverständlich war. Er ging knappe 30 Meter weiter, dabei blieb er immer ganz nah am Wasser, dann wiederholte er Ganze noch einmal von vorne. Dabei blickte er immer in Richtung Meer, aber er lief immer weiter, so dass wir ihn schließlich aus den Augen verloren. Nur sein Gong war weiterhin zu hören. Er weckt den Drachen, sagte Kokoro, den Ryukyu-Drachen. Was bedeutet

das, fragten wir, und mussten an unser Gespräch über die Tsunamis denken. Der Drachen ist die machtvollste Kreatur des Universums und der Gott Japans. der Mann lässt den Gong erklingen und der Drache wacht auf, um dem Frühlingsritual beizuwohnen, aber ein Seedrache wird natürlich nicht zur Zeremonie kommen, macht euch keine Sorgen, bloß der Geist des Seedrachens wird erscheinen …

Kokoro nahm uns mit zu dem Gemeinderatsgebäude, wo sich alle versammelt hatten, die an dem Ritual teilnehmen würden. Kokoro stellte uns vor, und jeder schien erfreut darüber zu sein, dass wir da waren. Um drei Uhr nachmittags machten wir uns auf den Weg zur höher gelegenen Landzunge oberhalb des Strandes, wo wir zu Mittag gegessen hatten, einige zu Fuß, die anderen mit dem Auto. Der Weg führte über einen Waldpfad, der in eine versteckte Lichtung mündete, wo ein kleiner Schrein hinter einer Mauer stand. Möglicherweise handelte es sich dabei um ein Grabmal, das war nicht ganz klar, es wurde bloß gesagt, dass wir uns an einem sakralen Ort befänden. Diejenigen, die mit dem Auto gefahren waren, warteten bereits auf die anderen, keiner wusste so recht, was jetzt zu tun war, der Gemeindevorsteher ging voran, Kokora folgte ihm, der Sekretär des Gemeindevorstehers blätterte in einem fotokopierten Buch, in dem die verschiedenen Abschnitte des Rituals erklärt waren. Die älteren Personen der Gruppe gingen mit drei Schritten auf den Schrein zu und legten dort Opfergaben nieder, sie trugen Baseballmützen und Flipflops. Ein älterer Mann sagte, dass die nächste Opfergabe für einen speziellen Baum bestimmt sei, der Sekretär schlug in den Erläuterungen nach, und bestätigte, dass die Opfergabe für den Baum als nächstes anstehe, dass sie aber einem anderen Baum gelten würde, und die Anwesenden wussten noch immer nicht, was jetzt zu tun war. Eine ältere Frau fiel hin, mehrere Personen halfen ihr auf. Sie war ausgerutscht. Der Gemeindevorsteher ging hinter die Mauer und entzündete ein sehr kleines Weihrauchstäbchen, einige Journalisten folgten ihm und machten Fotos, dann kniete sich der Vorsteher hin und sagte einige kurze Gebete auf. Als er wieder aufgestanden war, begann er eine Rede zu halten, die Journalisten machten sich Notizen und weitere Fotos, die älteren Mitglieder der Gruppe scharten sich um das Buch mit den Opfer-Vorgaben. Kokora, was ist der Sinn dieses Rituals, fragten wir. Sie erklärte uns, dass es der Erhaltung der kulturellen Identität diene. Ich hörte Glocken läuten, ich dachte, dass jetzt vielleicht Musik erklingen würde, aber es war nur das Gerassel von Autoschlüsseln, die jemand in der Hand hielt.

Der alte bucklige Mann, der während des Mittagessens den Gong geschlagen hatte, schloss sich der Gruppe an, er trug jetzt andere Kleidung, keiner schenkte ihm sonderlich große Beachtung, er wirkte geistig verwirrt, aber es hatte dennoch den Anschein, dass man ihn aufgrund seines hohen Alters respektierte. Wir erkundigten uns danach, was er stetig wiederholt von sich gab, dabei stellte sich heraus, dass er nicht das Erscheinen des Drachens heraufbeschworen hatte, sondern das eines verstorbenen Verwandten, das war es also gewesen. Die älteren Personen aus der Gruppe lasen in dem Buch, dann kniete alle nieder, sogar die Journalisten, und der Vorsteher goss *Awomori* über die Wurzeln eines Baumes. Dann kam auch er herüber, um in dem Buch mit den Anweisungen zu lesen, dabei wurde ihm klar, dass er den falschen Baum begossen hatte, und so wiederholte er die Prozedur noch einmal. Er lachte und wirkte zufrieden, das Ritual war zu Ende, es hatte etwas länger als zehn Minuten gedauert, und es hatte ganz schön konfus gewirkt. Wir gingen zurück zum Strand. Ein blaues Tuch wurde über dem Schilf ausgebreitet, Moskitos schwirrten umher, Reden gab es keine mehr, man bot uns Bier und Fertiggerichte aus dem Supermarkt an, außerdem Tempura und Sushi, von dem wir im Nachhinein erfuhren, dass es nicht per Hand, sondern maschinell hergestellt war, der Gemeindevorsteher ergriff das Wort, es gab Applaus, der Bucklige sagte etwas, er wiederholte ein paar Mal, dass er am Strand einen verstorbenen Verwandten beschworen habe, einige Leute schafften es, ein künstliches Lächeln aufzusetzen, es gab Applaus, Kokoro und ihre Freunde waren verschwunden. Ein Mann nahm aus Mitleid ein Gespräch mit uns auf, ich würde gerne einmal nach Portugal reisen, sagte er, ich bin noch nie dort gewesen, ich war schon oft in den Vereinigten Staaten, auch in Europa. Welches Land hat Ihnen in Europa am besten gefallen, fragten wir ihn. Sie sind sich alle ziemlich ähnlich, erklärte er, aber die Vereinigten Staaten habe ich schon immer als männlich empfunden und Europa als weiblich. Er hielt uns eine Plastiktüte hin und sagte, dass er die mitgebracht habe, für den Fall, dass etwas zu essen übrig bleiben würde, das er mit nach Hause nehmen könnte.

Es war Neumond, Ebbe, und die See hatte sich weit zurückgezogen. Überall am Ufer sahen wir Menschen, die Meeresalgen sammelten, *Mosuko*, ob wir das schon man probiert hätten? Die sind ein bisschen wie Spaghetti, aber die Ebbe ist gefährlich, wegen der Steinfische. Man kann sie nicht sehen, aber es sind die hässlichsten Kreaturen auf dem Planeten, und es sind die giftigsten aller bekannten Fischarten. Matti stimmte zu, einer seiner Freunde sei im vergangenen Jahr gestorben, nachdem er auf einen Steinfisch getreten sei. Er hatte tauchen gehen wollen. Als Helfer ihn aus dem Meer holten, war sein ganzer Fuß geschwollen gewesen und hatte entsetzlich geschmerzt. Er hatte einen Herzinfarkt erlitten und war auf dem Weg ins Krankenhaus gestorben.

Die zeremoniellen Feierlichkeiten klangen auf einem kleinen Baugrundstück neben dem Gemeinderatsgebäude aus. Pedro hievte unter großem Beifall einen Steinbrocken in die Höhe, die Männer hatten sich inzwischen zu einer Art Kraftmensch-Wettkampf zusammengefunden, sie versuchten, mich dazu zu bringen, mit Pedros Großtat gleichzuziehen, dem verweigerte ich mich allerdings, indem ich meine Hände hinter meinem Rücken verschränkte und ein missmutiges Gesicht aufsetzte. Der verrückte Bucklige lief zum Strand und beschwor den Drachen, den Steinbrocken zu heben. Dann demonstrierte ein junger Mann seine Karatekünste an einem Holzpfahl, aber er hatte am Strand den Drinks bereits gut zugesprochen, und das merkte man auch. Wir wurden eingeladen in das Gemeinderatsgebäude mitzukommen und *Awomori* zu trinken, wie es schien, würde die Feier sich bis weit in die Nacht erstrecken …

Auf dem riesigen Schild am Eingang des Parks standen die Worte *Okinawa World*. Wir waren hergekommen, um eine Nachbildung des antiken Ryukyu anzuschauen, an der Seite des Ticketschalters hing eine Liste mit all den Dingen, die hier angeboten wurden, inklusive Fotos: die Aufführung einer Tanzgruppe um zwei Uhr und um halb drei, eine Schlangenshow um zehn und um zwölf, ein All-you-can-eat-Buffet für bis zu 1200 Personen, traditionelle Architektur, Kunsthandwerk und Musik, ein

Schmetterlingsgarten und, schlussendlich, ein zwei Kilometer langer Spaziergang in einer Kalksteinhöhle. Für genau so was waren wir hergekommen, eine Reise bis zum Mittelpunkt der Erde, an einer Schlangenshow hatten wir allerdings kein Interesse. Die Hitze und die Luftfeuchtigkeit schlugen uns sofort entgegen, als wir die Rampe bestiegen, die in die Höhle und weiter nach unten auf einen Pflastersteinweg führte, welcher die Besucher durch mehrere Tunnel und Öffnungen leitete, manche von ihnen künstlich angelegt, in den Stein gehauen, als ob man einen Stalaktiten-Bart gestutzt hätte, andere vollkommen natürlich, aber immer mit Beton ausgelegt und mit Geländern versehen, damit niemand vom Weg abkam. Von den Stalaktiten tropfte immerzu Wasser herab, dazu plätscherte ein unterirdischer Fluss, der sich in regelmäßigen Abständen zu Badebeckenbuchten weitete …

In den Touristenbroschüren hatten wir eine Höhle gesehen, die auf den Fotos ganz besonders dramatisch ausgeleuchtet wirkte. Wir dachten uns, dass es interessant sein könnte, genau das zu filmen, und weil sie sich in der Nähe von Naha befand, hatten wir Matti gefragt, ob er uns hinfahren könnte. Leider sah die Realität jedoch ziemlich anders aus, es gab lediglich eine primitive Ausleuchtung, mies, aber nicht mies genug, um auf exzentrische Art so schlecht zu sein, dass sie unser Interesse geweckt hätte. In einem der Höhlengänge gab es ein Schild über einer Pfütze neben einem besonders jungen Stalagmiten. «Um zu sehen, wie sich dieser Stalagmit in eine Säule verwandelt, warten sie bitte 50 000 Jahre.» Auf der gegenüber liegenden Seite des Parks gab es ein Café in der Höhle. Hinter dem Café befand sich eine Ausbuchtung, wo Konzerte aufgeführt und Veranstaltungen abgehalten wurden. Es war dunkel, und der Kaffee war unfassbar teuer, aber wir ließen uns nieder und blätterten durch die Broschüren, die weitere Touristenattraktionen bewarben, die Texte übersetzte Yuuka für uns. Matti gesellte sich zu uns, er trug eine Minatogawa-Maske, benannt nach dem ältesten komplett erhaltenen Skelett, das in Japan gefunden wurde, auf Okinawa. Matti setzte die Maske immer wieder ab und zog sie wieder auf, dabei war es noch nicht mal eine richtige Maske, sondern eher ein Scherenschnitt, den man sich vors Gesicht hielt, wie es sie auch mit den Gesichtern von berühmten Persönlichkeiten gab. Aber es war unglaublich: Das Foto auf der Maske sah genau so aus wie Matti, und bei diesem kuriosen Aufeinandertreffen des modernen und des primitiven Okinawa-Mannes lachten wir alle, und über Yuuka ließ uns Matti eine Geschichte zukommen: Er ähnelt dem Minatogawa-Mann so sehr, dass, als er zum ersten Mal in den Park kam, die Frau vom Touristenbüro extra zu dem Café ging, wo die Masken verkauft werden, nur um sie dort zu holen und ihm zu zeigen, aber jetzt fühlt er sich jedes Mal komisch, wenn er in das Café kommt, als würde er jemandem den Spaß verderben oder dem Café das Geschäft verhageln. Ich fühle ich mich schlecht, wenn ich mit meinem Höhlenmenschgesicht in das Café komme, sagt er. Das ist so, als ob die echte Mickey Maus plötzlich in Disneyland auftaucht.

Der Text wurde ursprünglich veröffentlicht im Rahmen der Ausstellung «One month without filming», REDCAT, Los Angeles, 2015.

EN Pedro, did you manage to get the washing machine going? How the hell do you work this piece of shit? It's all in Japanese. We were in a fifth floor apartment in Naha, capital of Ryukyu province, on Okinawa island, where we'd been staying for a month, and we'd run out of clean socks before the end of the first week. As we'd come to learn, all you had to do was shut the lid and press the middle button, ignoring the silver characters that surrounded it, and the panel offering 30 different spin-cycle options, for if you just pressed the round blue button in the middle everything washed and rinsed in 20 minutes. That's impossible, you can't wash clothes in 20 minutes, it takes at least an hour in Lisbon! The washing machine was one of those top-loaders. Open it up like a box, put in your dirty clothes, sprinkle in the washing powder we'd bought in travel-size packs at the convenience store, four easy-to-open packets, each one enough for one wash, four packets enough for one month, hopefully, then wait for the end of the program, open up the lid, find the clothes stuck to the drum walls from all the spinning, take them out and toss a coin to see who had to hang them up. It was raining, which was no good for filming and no good for drying clothes. We're going to be pulling damp clothes off the drying rack all month, and if not damp then certainly crumpled. The trick is to give the shirts a shake before hanging them up, I watched Pedro do this, he'd called heads, he had to hang the clothes on the rack, I don't think he even owns an iron in Lisbon, he told me he has a favorite shirt that never needs ironing.

We smoked on the veranda in the late afternoon, looking out at Naha, willing the rain to stop, the clothes are never going to dry … The ashtray filled up with water as darkness descended on Naha, buildings lit up with adverts we didn't understand, there was a telephone number painted on a water container on top of the building opposite. Shit, this doesn't look good, what's the weather forecast for the rest of the week? Rain. What about the weekend? I think it's supposed to clear up on Saturday afternoon. Let me check on the computer, I opened up the browser, clicked on the webpage, it's changed, it's going to be cloudy, cloudy with a high chance of rain.

The next morning we came out of our apartment just as a Japanese guy came out of the apartment next door, armed with a full set off photographic equipment. We all piled into the elevator together, tripods over shoulders, black rucksacks with waterproof compartments, pockets stuffed full of kit, and went down to the first floor. There is no ground floor in Japan, they call the ground floor the first floor. A number of people were waiting for us in the lobby, Matti, our producer and driver, Yuuka, our translator, and Mizuki, our independent curator friend who'd organized the whole trip, indeed made our entire Japanese artistic residency possible, and had come to join us for a few days. We got in the car and as we made our way north it looked like it might not rain, although it had turned cool overnight and the cold temperature reminded me of my damp socks. We passed one concrete building after another. A few days later we asked a Japanese architect, who we ended up drinking sake with, why everything was made out of concrete and he said it was because of the Americans, when they came to the island they began building like this because of the typhoons, before that the buildings here were just like they are everywhere else in Japan, made out of wood, Japanese cedar wood with intricate joinery. But in the typhoon season roofs would fly off and people were always having to repair their houses.

We left the Naha suburbs and made our first stop at a park where Mizuki drew our attention to a group of retired people playing a form of croquet, a game Mizuki was very fond of. He said he used to skip school when he was little to go and watch the old people play and to chat to them about the Second World War. We headed up a path, passing a sign that warned us to beware of snakes, and came to a viewpoint where a three-story cement sphere offered a panoramic view of the Kadena army base. The perimeter fence stretched out over an immense area. Almost a third of the island is occupied by military installations, air bases, runways, training grounds and barracks. It started to rain. There were viewing windows inside the sphere with information panels and annotated photos of the landscape, and there was a summary of a news report from the 1990s about a helicopter-plane that crashed on takeoff and smashed into a school in the adjacent neighborhood. The Americans sealed off the area and wouldn't allow the local authorities in even to rescue the civilian victims. We got back in the car and continued north, skirting the aerodrome, the road flanked by a barbed wire fence on one side where the fancy living quarters of the Americans contrasted with the urban density of the Japanese on the other side of the road, camouflage gear on washing lines telling us these were military homes, although we saw not a soul.

Second stop: A restaurant terrace with dozens of photographers poised, cameras in hands, waiting for war

A month without filming
João Maria Gusmão

planes to enter the runway. We assumed they were activists. Matti and Mizuki had told us that Okinawa had been a focus of anti-American protest since the 1970s, the argument being that so many decades after Japan's surrender the huge American military presence was somewhat absurd. We bumped into the photographer we'd shared the elevator with that morning, he turned out to be from Kyoto, he took three days holiday every year to come to Okinawa and take photos of the airships, he'd always wanted to be an air force pilot when he was a child, but Japan had renounced all military capabilities and only had a peace-keeping force. We started to realize that the situation was not quite as we'd first perceived it. The photographers pointed their lenses at the runway in excited anticipation ... but it was only a helicopter. There was something very unsettling about the subservience to power and the obsession with image technology, an esthetic fascination with the potency of weaponry that only a Japanese could conceive of, a strange sense of displaced reverence for the atomic flash. Last year, in Nagazaki museum, I saw a photograph of a woman's right eye, an eye that had been exposed to the atomic bomb. She'd been standing only 800 meters from the epicenter of the blast and the amplified image of her cataract seemed like the photographic equivalent of the big bang, horror stamped on an eye that was totally incapable of seeing, blinded as it had been by a supernatural explosion that spanned the creation of the world to the extinction of mankind, a darkness in which inhumanity, punishment and blame combined with the mysteries of religion, the idol as a piece of apparatus. In the museum, a replica of the atom bomb sat silently asserting the secrets of nuclear fission. The war machine is deified, everyday appliances become sacred through personal use and photography becomes a ritual for getting closer to the divine. Japan creates for itself an imagined combination of all possible hells: atomic contamination, humanoid monsters of alien size (daikaiju, Godzilla, Ultraman, etc ...), tsunamis and earthquakes, the divine wrath of natural disasters that culminated in the Fukushima disaster. I saw an American tourist come out of the museum in Nagazaki, get on the bus and turn to his Japanese tour guide in accusatory fashion: you attacked us first! A lot of planes could be seen moving around at the Kadena base, but we glimpsed not a single crew member or mechanic out on the runway. It was as if the airships piloted themselves, the ghost in the machine unleashing a transcendental force totally indifferent to human suffering, the rise of technological singularity whereby machines have finally become superior to human intelligence. Two or three photographers on the terrace had pirate radios and whenever a jet plane appeared they would inform the other photographers what it was, and if it was an F-15, for example, it became difficult to even get out onto the veranda, so huge were the lenses attached to the cameras; and when a plane departed the propulsion of the engines made the floor of the terrace shake. Hundreds of residential homes all around us, while on the other side of the barbed wire fence. Ghost ships.

Inside the cafe they sold hand-painted model replicas of the American planes. Pedro browsed the postcards looking for something to send his four-year-old daughter, but they were all of weaponry.

The Japanese people we met kept asking us why we were filming in Okinawa when we could have been in Kyoto for cherry blossom season. We answered evasively, there was no real reason why we'd come to Okinawa; we came because Mizuki thought we'd find it interesting, the overall set-up and the culture of the place. They asked us what we'd come to film, what issues interested us there. I'd open my eyes wide and say, well, we're making a sort of documentary, we're filming ghosts in slow motion. And they'd open their eyes wide and say "segoi," which is like saying amazing, fantastic, extraordinary. And they doubtless started imagining the sort of terrifying images they saw in Asian horror films ... I'm not sure we explained ourselves particularly well ... We seek to film what's never been seen before, a moving image that's not already inscribed in some vague concept for explaining reality: images that can convey the human circumstance of being in this world and might compel a sense of this condition. The bomber plane lifted off the runway, everyone took two dozen photos, the plane flew away, got swallowed up by the clouds, the photographers lowered their lenses, accessed menus, opened files, zoomed in on the lcd and consigned shaky images to the rubbish bin, while the bomber continued on its way, off to drop make-believe bombs somewhere else.

An aside: the bullet-train has a very futuristic-looking locomotive on the front; note how it looks faster stationary than when moving.

Third stop: Okinawa City. We parked in a car park right in the center of town, a service town for the military base, where most of the Japanese functionaries who work on the base live. At the end of the main road there was a checkpoint leading to the base and we saw a few lorries come and go carrying supplies, but the town was deserted and we struggled to find a cafe open in any of the shopping precincts just to buy a bottle of water. The street went bar, brothel, bar, military clothing store, bar, brothel, brothel with nightclub, bar, bar, bar, all of them closed, and while an old giant billboard of an electric guitar suggested the place had once buzzed with nightlife, even the bordellos were chained up and padlocked. The only place that was open was a tattoo parlor. It had a sign that said "Black Ink Tattoo" in English and a picture of Mickey Mouse's skull with jets of ink streaming out of its ears. We headed back to the apartment. Please God may our socks be dry!

Okinawa City felt like the opposite of Naha. The main road of the provincial capital was full of tourists, Chinese, Taiwanese and Japanese (we saw not a single American), and the whole place was a hive of activity, tourists gathering to eat lunch or dinner, or to buy all manner of local produce: awomori, straight or with a habu snake at the bottom of the bottle, sold as a male libido medicine and consumed in great quantity by the soldiers stationed on the island; ceramic tsuboya, kariyush shirts, and the famous shisa dogs, figurines traditionally made of clay but also available in stone, plastic or as cuddly toys, and in all shapes and sizes, on Kokusai dori, the town's main shopping street. Shisha dogs are placed on front doors to ward off evil spirits and you saw them everywhere, even at the entrance to the American military base. They usually came in pairs, and when Pedro and I stopped to look in a shop window we noticed that all the ones on the left had their mouths closed and all the ones on the right had their mouths open. We asked Yuuka about this, AUM she said, the sacred sound and Buddhist mantra, the dog with the open mouth says A ... the dog with the closed mouth says UM ... the beginning and the end of the universe, Om mani padmi hum, the absolute sound, the beginning and end of everything. We looked at the shop window, Bow-Wow. With a bit of time to kill, I sat down on an esplanade opposite Kokusai dori, where a giant screen was showing a trailer for The Fast And The Furious 7, and read my book, a book by Bruno Latour, an author I always enjoy reading. He was highly critical of modernist arguments that derided articles of faith and fetishes built by primitive people. Modern man would stand at the foot of them and say: Was was it not you who made this pile of shit? How then can you adore it as if it's somehow transcendental or swear on your soul that what you've built has supernatural powers? Are you idiots? You must be idiots, let me explain to you what idiocy is. And then Nietzsche came along carrying a candle into the plain light of day and cried dead are all the Gods, we killed them. Either you created the idol with your own hands, in which case it's a false idol, or this supernatural entity made you build the fetish without your awareness, in which case you can't say that you made it. How did it get made then? Did it just create itself? replies the primitive. Latour's critique first shows how modernists ap-proached the primitives before going on to denounce the fact that at the root of the modernist approach is the same wrongheaded belief in an absolute faith, one based on an unwavering belief in the principles of causality and the objectivity of fact. I looked at the shop window, Bow-Wow, maybe I'm a modernist idiot.

When we got back to the apartment, we switched the television on and there was a news item about a number of whales that had washed up on the eastern coast of Japan's main island. I asked Yuuka about it and she switched on her tablet to search for the news story and find out more information. She looked alarmed. She told us that before the 11th March earthquake and the Fukushima disaster the same type of whale had washed up on the beach. What? we said, yes, she replied, and she raised a hand to her furrowed brow. This morning I spoke to my brother, who lives in Kudaka, where the most powerful shamans in Okinawa are based, and he warned me that they'd predicted a tsunami before the 15th, which is Wednesday, but don't worry, whenever there's a tsunami the government sends a message to everyone's mobile phone two minutes before the wave reaches the coast. Later on, back in the car, we got talking about Japanese onomatopoeia, for example, said Yuuka, do you know pika pika for when something sparkles, and she showed us her earrings to demonstrate a flash of light or a reflection, or pyon-pyon, when something pops up here and there, mu-sha-musha, like this, mu-sha-mu-sha, and she pretended to bite into a sandwich, meaning to chew, then odo-odo, when a person is uncomfortable, and tuca-tuca? Is that anything? I asked. Tuca-tuca, no, that isn't anything.Is it Matti? Tuca-tuca doesn't exist, but there are many others. Uto-uto is the sound when you're sleeping and ba, if you make a quick hand gesture like this, ba! Or daradara when it's hot and you start sweating ... let me think of some more ... when you take jelly out of a packet and put it on a plate and it wobbles a bit, it goes peruru, so if there's an earthquake before a tsunami, you don't need to be warned that there's a giant wave coming because the earth shakes, peruru, like a jelly.

Japanese people are very superstitious, Yuuka told us, and we talked about the emperor, about Shinto, Buddhism and shamanism in Okinawa, and how you can get your palm read on every street corner in Japan and how on New Year's everyone goes to a shrine and picks out a piece of paper that tells you your fortune for the year ahead. Once she went to a very famous shrine in Tokyo with a friend – she'd never got a message promising bad luck before, they'd always predicted good luck, not the best possible luck, but good luck nonetheless – and this time she wasn't even going to do it because it cost 300 yen and she thought that was a bit steep, but her friend insisted and in the end he paid for her, she'd never got a bad luck message before but that day she got the worst message possible. Refusing to accept it, she searched online to find out what percentage of bad luck messages were given out at each shrine and she found out that at this particular shrine they issued more messages of bad luck than at any other shrine. But why? She did a bit more research and discovered that as well as issuing more bad luck messages than anywhere else, the shrine sold the most good luck amulets at the gate on the way out.

Yuuka, can I ask you a question, do swear words exist in Japanese? What you call swear words, like the F word in English, don't exist, maybe Kuske, when you sneeze, achoo, you say Kuske, away with you! It's to shoo away the evil spirit and it means shit, more or less. Yuuka worked for ten years going around the world on a cruise ship. She gave English lessons to the passengers and planned their itineraries when they docked in foreign ports. Japanese people outside Japan are very afraid of the unfamiliar, when they get off the boat they stick close together, which is why everyone laughs at them when they take photos together in groups at the Eiffel Tower or the Grand Canal in Venice, because the Japanese are never sure whether they're going to get shot at when they're outside Japan. It's like you see in films, they're afraid of everything, of being robbed, of ending up without their possessions or, worst of all, of never being able to get back to Japan, because Japan is a safe place, it's not violent. I've never heard of anyone having their wallet stolen on a train here, and at rush hour in Tokyo everyone is squashed together, wallets practically popping out of pockets, and yet no one is ever robbed on the train. But it's not like that in Barcelona, of course, so before stopping there we'd have a meeting with all the passengers to warn them of the dangers on the Ramblas and so forth, telling them to be careful and to keep an eye on their wallets and credit cards, but then they'd get off the boat like nervous wrecks, suspicious of every Catalan, wondering which ones were pickpockets and which ones were not, and yet on the other hand Japanese people are very respectful. When we'd go to Yemen or Oman, or any other Islamic country, they'd cover themselves in sheets with only their eyes poking out, because they were so afraid of being thought disrespectful.

We asked Yuuka what a sign said in a telecommunications shop. It's the most common yakuza fraud in Japan, she told us, they telephone an old lady and say, mum, mum, and they make a strange, anguished voice, mum, it's me, I've had an accident, send me some money, put it in such and such account, and the old lady, in her confusion and panic, sends money to the fake son or daughter. It's called it's me, the it's me trick, there are warnings about it everywhere, but they still do it, mum it's me, give me some money, I'm dying.

We told Matti and Yuuka that we were interested in the transcendental. In a certain anthropological sense, we're interested in the way different societies relate to their dead, for it tends to say something about the way man interacts with the world around him. We ended up talking about Matti's family cemetery and one rainy day he took us to a clifftop surrounded by forest, a place where Matti's relatives would gather the following weekend to tidy up the shrub around the family tomb, a cement-sealed hole in the rock where urns with ashes of deceased family members were kept. The women pull up weeds, the men cut the lawn with electric strimmers and sweep the concrete areas and steps, then cut back the wild grass with machetes, and afterwards they pray for their ancestors and light incense; traditionally they might also have a picnic, but there'd been a death in the family that year, so they wouldn't be doing that. We asked him if we could film it. He said he wasn't sure, he'd have to ask his uncle, also that they only met when it was sunny, and it had to be a Saturday morning, so we'd have to wait and see. When we pictured the scene in our heads, two parallel universes coexisted, realities that by definition could only meet in eternity: the time of the living and the time of the dead. It would seem that the work of tending for the cemetery somehow bridged the gap between those present and those absent, that by losing themselves in the work, as in prayer, in the somber surrounds of a clearing in the forest, they were brought closer to the inexistent and indiscriminate. We had to wait for Matti's uncle's reply, and for the sun to shine on a Saturday.

Having expressed our interest in such matters, arrangements were made for us to go and see a local ceremony. Kokoro is running late, she's bringing friends, she's a very special person, Matti told us, special in what way? we asked. She's special because not everyone appreciates her special way of being, she's a sort of guru, but when she wanted to base herself in Kudaka and study shaman rituals, the priestesses took against her and expelled her. Some people lack patience. Three ladies in their fifties, wearing white gloves and dark glasses, looking like they'd spent the morning at the shopping center or on Kokusai dori, waved to us, Matti Matti! We'd come to a Nepalese beach restaurant because Kokoro wanted to meet us before the ceremony and when she finally arrived she spoke very good English, with an American accent, and told us that she'd managed to get special permission for us to watch and film the community's spring ceremony. Her friends nodded in agreement, then she said when I look at Matti I can see he's not alone in this universe, for I'm speaking to him and all his ancestors, Okinawa was Japan's spiritual center for a long time, it's no coincidence you're here, I feel an internal energy in you, I see a very bright aura around you, all universes are linked to one spiritual force and blah, blah, blah … the friends agreed, yes, yes, but long silences filled the gaps in her speech and I nearly ruined everything by laughing at the situation we found ourselves in. We still had no idea what we were there to see, so we copied Kokoro's friends, said yes, yes and smiled pleasantly, as if Kokoro's presence was transmitting some intense energy that filled us with calm. Kokoro claimed

the restaurant served the best curry in Japan and I realized I'd been letting my food go cold while listening to her, so I tucked in, it was very tasty, and then an old man came over from the sea edge, raised an arm. He was wearing traditional dress, sumo pants, fundoshi, a red handkerchief about his head, he could barely look out to the horizon because he was so hunchbacked. Pedro drew my attention to him, saw something was about to happen, and the man pulled out a gong and struck it forcefully with a mallet, then wailed a sort of prayer in a dialect we later discovered was incomprehensible even to our companions, and walked on for about thirty yards, always sticking to the sea edge, before doing it all over again, always facing the ocean but moving away so that we lost sight of him, though we could still hear his gong. He's waking the dragon, Kokoro said, the Ryukyu dragon, what do you mean? we asked, recalling our earlier conversation about tsunamis. The Dragon is the most powerful creature in the universe and the God of Japan. He sounds the gong and the dragon wakes up to attend the spring ritual, of course a sea dragon won't actually attend the ceremony, don't worry, but the sea dragon's spirit comes …

Kororo took us to the district council building where everyone taking part in the ritual had gathered. She politely introduced us to everyone and they all seemed very happy for us to be there. At three in the afternoon we set off for the headland above the beach where we'd eaten lunch, some of us on foot, others by car. We went down a path through the forest and came out in a hidden clearing where there was a small shrine behind a wall, possibly a tomb, it wasn't clear, we were told only that it was a sacred place. Those who'd traveled by car were already there waiting, nobody quite knew what to do, the council president took the lead, Kokora followed him, the president's secretary consulted a photocopy of a book explaining the different stages of the ritual. The older members of the group went up three steps and placed offerings on the shrine, they wore baseball caps and flip-flops, another older member said the first offering should go to a particular tree, the secretary checked the instructions, the tree offering did come next, but not to the tree the old man had thought, and still nobody really knew what to do. An old lady fell over, various people helped her up. She'd slipped. The president went behind the wall and lit a tiny incense stick, a team of journalists followed him taking photos, then the president knelt down and said some short prayers. He'd barely got back on his feet when he launched into a speech, the journalists took notes and photos, the older members of the group began to gather round the manual. Kokora, what's the purpose of this ritual? She told us it was to maintain cultural identity … I heard bells, thought maybe there was going to be music … but it was the rattle of someone's car keys.

The old hunchback we saw playing the gong at lunchtime joined the group, he'd changed clothes, nobody paid much attention to what he was up to, he seemed demented, but you could tell he was respected because of his age. We kept asking someone to translate what he was repeatedly saying and it turned out he'd not been summoning the dragon after all, rather a dead relative, and that was how you did it. The older members read the instruction manual, then everyone knelt down, even the journalists, while the president poured *Awamori* onto the roots of a tree. Then he came over to read the instructions too, realized it should have been a different tree and repeated the procedure. He laughed and looked satisfied, the ritual was over, it had gone on for a little over ten minutes and been a bit confused, but now we were going back to the beach. They spread out a blue cloth over the reeds, there were lots of mosquitoes, there were more speeches, we were offered beer and supermarket food, tempura and sushi that we later learned was machine- rather than hand-made, the president said something, there was applause, the hunchback said something, reiterating that he'd been on the beach summoning a dead relative, some people managed fake smiles, there was applause, Kokoro and her friends were no longer anywhere to be seen. A man took pity on us and struck up a conversation. I want to go to Portugal, he said, I've never been, I've been to the United States and to Europe many times. What European country did you like best? we asked. They're all very similar, he said, but I always found the United States to be masculine and Europe to be feminine. He showed us a plastic bag and said he'd brought it in case there was any food left over to take home.

It was a new moon, low tide on the beach and the sea was very far out. There were people all along the seafront gathering seaweed, mosuko, have we tried it? It's like spaghetti, but low tide is very dangerous because of the stonefish. You can't see the stonefish but they are the ugliest animals on the planet and the most venomous of all known fish. Matti agreed, he had a friend who'd died the previous year after standing on a stonefish, he was out diving and was even rescued, his whole foot blown up and in awful pain, but he had a heart attack on the way to the hospital and died. The ceremony celebrations came to a close on a small patch of land that was under construction beside the district council building. Pedro picked a boulder up to great acclaim, the men having assembled for some kind of strongman contest, they tried to get me to repeat Pedro's feat, but I refused, putting my hands behind my back and making an unhappy face, the demented old hunchback went down to the beach to summon the dragon to lift the rock. A young man then gave a brief karate demonstration with a stick, but he'd got stuck into the drink on the beach and it showed, though we were still invited to go and drink awomori in the district council building, it seemed the party was going to carry on into the night.

A giant sign at the entrance to the park said Okinawa World. We'd come to visit a replica of ancient Ryukyu, there was a list of activities with photos on the side of the ticket booth: dance group display at two and three-thirty, snake show at ten and midday, all-you-can-eat buffet catering for up to 1,200 people, traditional architecture, handicrafts and music, a butterfly garden and, finally, a two-kilometer walk in a limestone cavern. That's what we'd come for, to journey to the center of the earth, not to see a snake show. The heat and humidity hit us as soon as we set foot on the ramp that led into the cavern and down onto a beta-block walkway that guided visitors through a series of tunnels and openings, some of them artificial, dug into the rock, as if trimming a stalactite beard, others totally natural, though always paved with cement and flanked by a handrail lest anybody stray from the path. Drops of water dripped down constantly from the stalactites and there was the ripple of an underground stream that periodically opened out into bathing pools. We'd seen a photo of the cave in a tourist brochure, it was near to Naha and so we'd asked Matti to drive us there, because in the brochure the cave had seemed to be particularly dramatically lit and we'd thought it might be interesting to film. However, the reality was rather different, a crude light that didn't look good but wasn't eccentrically bad enough to be interesting. In one of the cavern galleries there was a sign hanging over the puddled concrete walkway beside a fledgling stalagmite: "To see this stalagmite become a column please wait 50 000 years". On the opposite side of the park there was a cafe inside the cave with a stage behind it where concerts and events were held. It was dark and the coffee was extremely expensive, but we sat down and leafed through brochures of other tourist attractions with Yuuka translating. Matti came over wearing a mask of Minotagawa Man, the name given to the oldest complete skeleton ever found in Japan, uncovered on Okinawa Island. Matti took the mask on and off, although it was not so much a mask as a cut-out you held in front of your face, like you sometimes get of famous people. But the curious thing was that the picture on the mask looked just like Matti and we all laughed at this meeting of modern Okinawa man and primitive Okinawa man, and Matti told us a story through Yuuka: he looks so much like Minotogawa Man that when he first came to the park the tourist office woman felt compelled to go and get a mask from the cafe where they sell them to show it to him, but now he feels odd whenever he comes into the cafe, as if he's spoiling the fun for everyone or depriving the cafe of business, I feel bad when I come into the cave with my caveman face, it's as if the real Mickey Mouse were to show up at Disneyland.

The text was originally published on occasion of the exhibition "One month without filming", REDCAT, Los Angeles, 2015.

     A month without filming

Die Ur-Menschen hätten – in ein dichtes Geflecht aus Ästen starrend oder auf die blendende Weiße der gefrorenen Tundra – dort eine Vielzahl von Formen erkannt, die einander als ungleichmäßige geometrische Gestalten überlappen. Umrisse und Ansammlungen von Blättern und Büschen, die sich im Wind wiegen und dabei für flüchtige Momente zu immer neuen Formkombinationen zusammenfinden, bevor sie sich abermals verändern.[I] Sich kraftvoll absetzende Baumreihen stehen hier im Gegensatz zum offenen und sich ins Unendliche entziehenden Horizont, als wären sie Venen, die sich ihren Weg durch die Hautschichten des klaren Himmels bahnen.

Die willkürlichen fraktalen Strukturen, die aus den entropischen Prozessen der Natur entstehen – der Wind, der durch die Bäume fährt oder der Regen, der langsam die Steine aushöhlt –, verzerren die geraden Linien und Oberflächen hin zu verformten und entschwindenen Ebenen, einem Wirrwarr aus Dreiecken und Bögen.[II] Gerade Linien haben eine andere, eine topologische Ausprägung.

Die Gestalt ∟, zum Beispiel, findet sich häufiger in der Natur als die Gestalt ⅄:

> L Verbindungen sind typischerweise das Ergebnis von aneinander angrenzenden Umrissen, T Verbindungen sind das Ergebnis teilweiser Verdeckungen, und X Verbindungen ergeben sich, wenn die Oberflächen von Objekten aneinander anliegen (wie z.B. beim Stapeln oder Nebeneinander-Verlegen von Objekten, oder wenn diese teilweise transparent sind …)[1]

Die Fähigkeit, die Gegenwart von ·· zu bemerken und ¯¯¯·. zu verarbeiten ist eine evolutionäre Kompetenz,[III] für die homo sapiens eine besondere Begabung haben – so wie fürs Zählen oder Tratschen. Wir haben eine außerordentliche Fähigkeit diese Art von Formkonfigurationen schnellstens zu verarbeiten;[IV] Gestalten, die, wie sich gezeigt hat, außerdem weitestgehend gleich bleiben:

> Die Verteilung von Formkonfigurationen in Naturlandschaften scheint über Umgebungen mit extrem unterschiedlichen Umweltbedingungen hinweg hochgradig verlässlich zu sein … Obwohl die Verteilung von geometrischen Formen je nach ökologischem Umfeld stark untereinander abweichen kann, ist die Verteilung von topologischen Formen zu einem deutlich

höheren Grad gleichbleibend. Fast jedes Umfeld mit opaken, makroskopischen Objekten, die wild verstreut sind (und sich daher gegenseitig teilweise verdecken), zeigt eine sich von allein ergebende, deutliche Übereinstimmung mit der charakteristischen Verteilung der Formanordnung.

Die menschliche Fähigkeit, solche Szenen optisch zu verarbeiten, könnte Aufschluss darüber geben, wie die Formen von optischen Zeichen, einschließlich Buchstaben, zustande gekommen sind.[2] Folgt man Marx A. Changizis Forschungsergebnissen, scheinen deren Strukturen so ausgewählt zu sein, dass sie zu den Formen, die man in der Natur findet, passen. Optische Zeichen scheinen «in überproportionalem Besitz» der Formkonfigurationen zu sein, die auch in der Natur weit verbreitet sind. Ihre Struktur ist deshalb für das optische Erkennen optimiert, «weil wir Menschen uns so entwickelt haben, dass wir eine besondere Fähigkeit besitzen, solche Konfigurationstypen zu verarbeiten, die in der Natur zu finden sind.»[3]

Diese Formkonfigurationen korrelieren sehr eng mit den von Menschen verwendeten optischen Zeichen. Denn diese Zeichen sind selbst das Ergebnis eines Selektionsprozesses, der wiederum auf unserer Fähigkeit, Objekte zu erkennen sowie zu unterscheiden, ob diese das Ergebnis menschlicher Einwirkung sind oder nicht, beruht.[V] «Beides, der fehlende Zusammenhang zwischen Stenographie und optischen Zeichen und der fehlende Zusammenhang zwischen motorischer Komplexität und optischen Zeichen – legen nahe, dass die Selektion der topologischen Formen optischer Zeichen nicht in Hinblick auf das motorische System geschah.» Stattdessen sind es die Zeichen, die die Menschen aufgrund ihrer evolutionären Entwicklung besonders gut verarbeiten können. Natürlich wurden die Formen so angepasst, dass sie sich gut von den jeweiligen Oberflächen wie Papyrus, Wänden oder Bildschirmen, abheben.[4] Einfach gesehen und eindeutig erkannt.

Dieser Anpassungsprozess hat eine komplexe Fähigkeit der optischen Verarbeitung herbeigeführt, bei der das Auge die Formen von orthographisch oder syntaktisch komplexen Buchstaben erkennt,[5] ohne dass es eine Rolle spielt, in wlecehr Rhienogefle die Bcaushbtebn ilnenrhab eneis Wroets arnedgnoet snid, slnoage scih der estre und der ltetze Bsuahcbte am recihgetn Ort bfidenen.[6]

Erscheinen, rechnen, blinzeln, entdecken
João Ribas

Die Fähigkeit, Objekte anhand ihrer Größe voneinander zu unterscheiden oder zu untergliedern, ist von entscheidendem Vorteil: der größte Fisch, der kürzeste Aufstieg, eine gerade Anzahl von Frauen. So weit, so gut. Ab hier wird es allerdings komplizierter. Von der einfachen Gleichung 1 Apfel entspricht 6 Trauben lässt sich nicht auf 2 Äpfel = ½ Pfirsich schließen, der dann im direkten Umkehrschluss 12 Trauben wert wäre.[VI] III folgt nicht unbedingt auf II – obwohl die Bezeichnung «viele» eindeutig für mehr als II gilt. Aufzählen ist, um es deutlicher auszudrücken, kein simples Rechnen; eine (An-)Zahl lässt immer auch auf die Größe und Form der Dinge, die die Welt bevölkern, schließen.[7]

Herodot berichtet in seinen *Historien* von einer Begegnung zwischen den Karthagern und einem einheimischen Stamm in Lybien, die gemeinsam versuchen, dieses Problem zu lösen:

> Es gebe in Libyen eine Gegend und Menschen, die außerhalb der Säulen des Herakles wohnen; wenn sie zu denen kämen und ihre Waren auslüden, legten sie sie nebeneinander am Strand aus, gingen wieder auf die Schiffe und machten Rauch; die Einheimischen sähen den Rauch, gingen dann zum Meer, legten sodann für die Waren Gold hin und gingen wieder weit fort von den Waren. Die Karthager aber stiegen von den Schiffen und betrachteten es, und wenn ihnen das Gold etwa den Waren gleichwertig erscheine, nähmen sie es und entfernten sich wieder; sei es aber nicht gleichwertig, gingen sie wieder in die Schiffe hinein und blieben dort sitzen, jene aber kämen herbei und legten noch weiteres Gold dazu, bis sie einverstanden seien. Beide Seiten begingen dabei kein Unrecht, denn weder rührten sie das Gold an, bevor es ihnen dem Wert der Waren gleich scheine, noch rührten jene die Waren an, bevor sie selbst das Gold genommen hätten.[8]

«Bis es [...] dem Wert [...] gleich scheine» ist eine eher leichtfertige Beschreibung des Sachverhalts. Was für eine Art des Rechnens wird hier denn eigentlich angewendet?

Man vermutet den ältesten Nachweis von Primzahlen (2, 3, 5, 7, 11, 13, 17, 19, 23, 29, 31, 37 usw.) auf dem 25 000 Jahre alten Pavian-Knochen, der 1960 im Kongo gefunden wurde.

> Der Ishango-Knochen ist ein 10 cm langer, gekrümmter Knochen, dessen erste Beschreibung von seinem Entdecker, Prof. J. de Heinzelin, stammt. Er fand diesen winzigen Knochen vor über fünfzig Jahren zusammen mit Harpunenspitzen in etwas tieferen Sandschichten in der Gegend des Ishango Fischerdorfes am Ufer des Flusses Temliki, nicht weit von der heutigen Grenze zwischen dem Kongo und Uganda [...] der Knochen ist mit 167 oder 168 Einkerbungen versehen, die in drei Spalten über die gesamte Länge des Knochens verteilt sind.[9]

Wir beginnen mit dem Rechenproblem: 167 *oder* 168 Einkerbungen auf dem Knochen, in drei Spalten über die Länge des Knochens verteilt.[10] Die Spalten heißen M, G und D, dem

Französischen folgend (Links *[Gauche]*, Rechts *[Droite]*, und Mitte *[Milieu]*).[11] Die mittlere Spalte, von oben nach unten, beinhaltet Gruppen von 3, 6, 4, 8, 9 oder 10, 5, 5 und 7 Einkerbungen; die Spalten G und D haben jeweils vier Gruppen mit 11, 13, 17, 19 und mit 11, 21, 19, 9 Einkerbungen.[12] Diese «passen zu einem Zahlensystem, das auf 10 aufbaut, da die Einkerbungen als 20 + 1, 20 − 1, 10 + 1 und 10 − 1 gruppiert sind». Die ersten vier Gruppen der mittleren Spalte sind doppelt vorhanden, bzw. mit 2 multipliziert.[13] Es ist die linke oder die G Spalte, die die Primzahlen zwischen 10 und 20 enthält, oder, genauer gesagt, 11, 13, 17 und 19 (ein Primzahlvierling oder Primzahl-Quadrupel). Die Häufigkeit dieser Primzahlen lässt sich mit der folgenden Formel berechnen:[14]

$$P_x\,(p,\,p+2,\,p+6,\,p+8) \sim \frac{27}{2} \prod_{p \geq 5} \frac{p^3\,(p-4)}{(p-1)^4} \int_2^x \frac{dx}{(\ln x)^4}$$

$$= 4.151180864 \int_2^x \frac{dx}{(\ln x)^4},$$

Primzahlen sind also vor 25 000 Jahren in die Fibula eines Pavians eingekerbt worden. Was sagt uns das über die Art zu rechnen, die hier vorliegt?

> ... das Ishango Zahlensystem habe vor allem die Nummer 12 beinhaltet. Nun verwendet eine der vielen afrikanischen Rechenmethoden, ähnlich wie die weiter oben beschriebenen, die Basis 12: Der Daumen einer Hand zählt die Knochen in den Fingern derselben Hand. Vier Finger, jeder mit drei kleinen Knochen, ergeben ohne Zweifel die Recheneinheit 12. Wenn dieses Duzend außerdem mit allen Fingern der anderen Hand gezählt wird, nun unter Verwendung des Daumens, ergibt sich die Multiplikation 5 × 12 = 60. Diese liefert einen weiteren Hinweis auf die Verwendung der häufig gemeinsam auftretenden duodezimalen und der sexagesimalen Basis.[15]

Der Pavian in Ishango[VII] wäre mit einem solchen duodezimalen Rechensystem – in dem der Daumen die drei Knochen in jedem Finger der Hand zu zwölf zusammenzählt – ganz schön herausgefordert gewesen, aber nicht gänzlich verloren. Tiere besitzen einen *angeborenen* Rechensinn. Viele können eine gegebene Menge an Objekten zusammenzählen, ohne dabei tatsächlich zu rechnen: herunterfallende Äpfel zum Beispiel.[16] Bienen können zwischen verschiedenen Mengen unterscheiden, während Rhesusaffen in der Lage sind, «die Anzahl von Klängen, die sie hören, mit der Anzahl von Formen, die sie sehen» in Einklang zu bringen. Außerdem können sie bei zwei aufblinkenden Punkten den größeren der beiden identifizieren.[17] Elizabeth Brannon vermutet, dass dies aus der Notwendigkeit entstanden ist, die für Territorialwesen besteht, «wenn sie sich zu unterschiedlich großen, umkämpften Gebieten Zugang verschaffen wollen und für Tiere auf Nahrungssuche, die entscheiden müssen, ob es in Anbetracht des Verhältnisses von erbeuteter Nahrung zu investierter Zeit Sinn ergibt, in einem bestimmten Gebiet zu verweilen oder nicht.»[18] Es könnte allerdings eine Obergrenze für die Fähigkeit des Zählens geben: Salamander können wohl zwischen 1, 2 und 3 Fliegen unterscheiden, aber nicht zwischen 3 und 4.[19]

          Erscheinen, rechnen, blinzeln, entdecken

Alle paar Sekunden lösen Nervenzellen zwischen der Gehirnbasis und der äußeren Hirnrinde den dreieckigen Muskel, der das obere Augenlid (*levator palpebrae superioris*) anhebt, während sich ein anderer Muskel (*orbicularis oculi*) unabsichtlich anspannt.[20] Das Auge schließt und öffnet sich plötzlich wieder.[VIII] Die umliegende Haut zieht sich, ausgehend von den Augenwinkeln, in Falten, bevor der Augapfel wieder dem Licht ausgesetzt ist.[21] Ein schwarzer Fleck unterbricht für ungefähr 300–400 Millisekunden die fortlaufende Wahrnehmung der Welt – ein abrupter *Schwarzschnitt* (*cut to black*), der 7–15 mal pro Minute wiederholt wird und damit fast zehn Prozent der Wachzeit des Gehirns ausmacht.[22] Die angebliche Funktion dieser weitgehend unbemerkt bleibenden und doch permanenten Unterbrechung der Sicht ist die Benetzung und Säuberung der Augenoberfläche, der Bindehaut und der Epithelschicht. Das Öffnen und Schließen ist außerdem ein Schutzreflex – eine Antwort auf alles, das unvermittelt auf das Auge zukommt.[23]

Nichts von diesen Beobachtungen ist willkürlich beziehungsweise besonders offensichtlich. Die Evolution hat das schnelle Schließen und Öffnen des menschlichen Auges auf eine bestimmte Amplitude und Frequenz angepasst.[24] Sogar nach 24 Stunden in totaler Dunkelheit weicht die Häufigkeit des Lidschlags nicht wesentlich von der Rate ab, die sich in einem gut beleuchteten Raum einstellt.[25] Fakt ist, dass das menschliche Auge viel öfter blinzelt als notwendig.[26] Die Durchschnittsrate anderer Primaten liegt bei etwa der Hälfte der menschlichen, bei denen außerdem die Häufigkeit des Lidschlags vom Kindesalter an um das zehnfache zunimmt.[27] Das menschliche Auge blinzelt am metrischen Ende von Sätzen (in Erwartung des Satzzeichens)[28] oder in Momenten des stillschweigenden Innehaltens, während man eigentlich aufmerksam zuhört oder etwas betrachtet. Klänge von einer bestimmten Lautstärke und Höhe sowie Schwankungen im Dopaminspiegel können zu häufigerem Blinzeln führen.[29] Schizophrene blinzeln häufiger als Parkinson-Patienten.[30]

Der evolutionäre Vorteil ist hier nicht ganz klar. Blinzeln. Gefahr. *Du bist tot.*

Stell dir vor, du wärst einer der ersten Menschen. Du musst deine Nahrung sammeln und einen Unterschlupf suchen, um zu überleben, aber du musst dich auch vor Raubtieren in Acht nehmen … Wenn ein Lidschlag fast eine halbe Sekunde dauert, dann könnte diese halbe Sekunde den Unterschied von Leben und Tod bedeuten. Wieso sollte der Evolutionsdruck daher begünstigen, dass wir unsere Augen länger als nötig geschlossen halten? Wenn wir alle 3–4 Sekunden fast eine halbe Sekunde lang blinzeln, verbringen wir mehr als eineinhalb Stunden unserer Wachzeit mit geschlossenen Augen. Sollte nicht ein stärkerer Selektionsdruck herrschen, der darauf bedacht ist, dass wir unsere Augen länger geöffnet haben?[31]

Was erklärt das konstante, fast unmerkliche Öffnen und Schließen des menschlichen Auges?[IX]

Jedes der hunderte von täglichen Lidschlägen funktioniert in Wirklichkeit als Form einer kognitiven Entladung (*cognitive release*). Sie unterbrechen die Aufmerksamkeit, indem sie für einen Moment das dorsale Aufmerksamkeitsnetzwerk, das die Konzentration auf Orte, Objekte und Eigenschaften lenkt, außer Kraft setzen.[32] Die kortikale Aktivität während der Lidschläge betrifft die Bereiche des Gehirns, die für Introspektion verantwortlich sind.[33] Das Blinzeln ist nicht einfach ein schwarzer Ausschnitt, der den pulsierenden Film der Erfahrung unterbricht, indem komplementäre Muskeln sich entspannen und zusammenziehen. Jedes Blinzeln ist wie der Augenblick eines Tagtraums, wie ein zweiter Blick.[34] Blinzeln. Gefahr. *Konzentration.*

Es gibt verschiedene Wege, auf denen man die Häufigkeit und den Reflex dieser vorbeiziehenden Tagträume und Spätzündungen (*double takes*) testen kann. Bisherige Versuchsanordnungen umfassen: Irritieren der Augen mit Zigarettenrauch («dem Subjekt wurde eine Zigarette zum Rauchen gegeben mit der Anweisung diese ohne Unterbrechung zwischen den Lippen zu halten.»); Messen der Lidschläge, nachdem der mit Augapfel mit Kokain benetzt wurde; Messen der Lidschläge, während die Testsubjekte Mr. Bean-Videos anschauen (wobei die Subjekte dabei eine interessante Konvergenz aufweisen, *sie blinzelten nämlich zur gleichen Zeit*);[35] und das experimentelle Herbeiführen von «plötzlicher, ohnmächtiger Wut», um die Häufigkeit der Lidschläge zu erhöhen.[36]

Mit gesteigerter Wut erhöht sich die Häufigkeit der Lidschläge außerdem im Zusammenhang mit der Vergenz des Auges, sodass Augen, die auf einen nahe gelegenen Punkt fixiert sind, schneller blinzeln als die, die sich von einem Punkt zum anderen bewegen oder die einem beweglichen Objekt folgen, während der Kopf still steht.[37] Die Augen können so Bewegungen an den Rändern des Gesichtsfeldes wahrnehmen, obwohl der Kopf unbewegt bleibt. «Es [erfordert] eine ausserordentliche Anstrengung und Aufmerksamkeit, auch nur 10 bis 20 Sekunden lang den Blick ganz scharf auf einen bestimmten Punkt des Gesichtsfeldes zu fixieren», schrieb Hermann von Helmholtz in seinem *Handbuch der physiologischen Optik* (1866).[38] Das «Wandern des Blicks», wie er es nennt, besteht in kontinuierlichen winzigen Bewegungen des Auge, die wir heute als Mikrosakkaden bezeichnen: schnelle Bewegungen mehrmals pro Sekunde, die den Augapfel sogar dann ruckartig erfassen, wenn er eigentlich auf einen Punkt fixiert ist.[39] Das Auge steht niemals still. Unsere optische Wahrnehmung beruht auf dieser retinalen Bildbewegung.[40] Die ruckartigen Bewegungen des Auges stellen sicher, dass wir ein unbewegtes Bild sehen, d.h. das Auge bewegt sich, während das Bild selbst still steht.[41]

Ein auffälliges Merkmal an der Bewegung vieler Vögel, wie Hühner oder Tauben (die in hoher Frequenz blinzeln), ist das ausgeprägte ruckartige hin und her Wackeln des Kopfes, *während* sie sich in Bewegung befinden.[42] «Wie viele andere Vögel weisen Tauben ein sehr charakteristisches Bewegungsmuster auf, wenn sie gehen, laufen oder wärend des Landeanflugs: der Kopf scheint rhythmisch vor und zurück zu wackeln»[43], beschreiben Nikolaus F. Troje und Barrie J. Frost.

Um diese Bewegung genauer bestimmen zu können, hat Frost männliche weiße Carneaux-Tauben auf ein Laufband gesetzt und sie mit einer 16 mm-Kamera gefilmt:

Es stellte sich heraus, dass die Tauben sich schnell auf dem Laufband zurecht fanden und bereitwillig

     Erscheinen, rechnen, blinzeln, entdecken

zu gehen anfingen, sobald der Motor auf ihre durchschnittliche Schrittgeschwindigkeit eingestellt war. [...] Die Aufzeichnungen des Kopfwackelns wurden als fotografischer Film mit einer Bolex Hi 16 Reflex 16 mm-Kamera und einem Kodak-Tri-X-Film mit durchschnittlich 64 Bildern pro Sekunde erstellt. Zum Ausmessen der Positionen von Kopf, Brust, Flügelspitze und Fuß wurden einzelne Filmausschnitte in exakt doppelter Lebensgröße mit einem LW Photo-Optical Data Analyzer Model 224-A Projektor, der mit einem Bildzähler und einer Einzelbild-Wiedergabe-Funktion ausgestattet war, auf eine Leinwand aus Transparentpapier projeziert.[44]

So wie Muybridge die Bewegung der menschlichen Gangart oder des Pferdegallops verlangsamte,[X] um die Bewegungen empirisch genauer nachvollziehen zu können, so fand Frost heraus, dass sich das Kopfwackeln der Tauben tatsächlich aus zwei Phasen zusammensetzt. In der ersten Phase ist der Kopf im Raum relativ zu der vorwärtsgerichteten Körperbewegung «festgestellt»; in der zweiten Phase streckt sich der Kopf ruckartig nach vorne, um den Rückstand so aufzuholen. Mit diesem Vor- und Zurück-Rucken versucht die Taube, am Netzhautbild der Welt festzuhalten. Deshalb schleudert sie ihren Kopf, immer einen Bruchteil einer Sekunde zu spät, dem Bild entgegen. Dagegen kann sie in der Haltephase – die räumlich an dem Punkt auftritt, an dem sich der Kopf, relativ zu der Vorwärtsbewegung des Körpers, vorher befunden hat – das Netzhautbild stabilisieren, wodurch sich ein Parallax-Effekt einstellt, durch den zusätzliche Informationen über die Tiefe des Bildes generiert werden.[45]

Frost hat die Tauben auf dem Laufband sogar dazu gebracht ohne Kopfwackeln zu gehen, indem er die Geschwindigkeit des Bandes genau mit ihrer Schrittgeschwindigkeit in Übereinstimmung gebracht hat. Ein Verlangsamen der Laufbandgeschwindidkeit führte dazu, dass die Taube ihren Kopf soweit nach vorn schleuderte, dass sie «irgendwann vornüber fiel.»[46]

ENTDECKEN

Als der Astronom Tycho Brahe an einem Abend im November 1527 in den Himmel sah, entdeckte er über sich «einen neuen und ungewöhnlichen Stern»:[XI]

Abends nach dem Sonnenuntergang, betrachtete ich die Sterne am klaren Himmel. Da sah ich einen neuen und ungewöhnlichen Stern, der die anderen Sterne mit seiner Leuchtkraft übertraf, fast direkt über meinem Kopf scheinen; und da ich seit meiner Kindheit alle Sterne genau kannte, war mir völlig klar, dass an dieser Stelle des Himmels niemals vorher ein Stern gewesen war, nicht mal ein winziger, geschweige denn ein Stern so unübersehbar und hell. Ich war so überrascht von diesem Anblick, dass ich mich nicht schämte, als ich an der Verlässlichkeit meiner eigenen Augen zu zweifeln begann. Doch als ich beobachtete, dass andere, die ich auf den Ort hingewiesen hatte, dort in der Tat einen Stern sehen konnten, hatte ich keine Zweifel mehr.

Dieser neue Stern («nova») fand sich nur knapp außerhalb der markanten W-Form des Κασσιέπεια oder Kassiopeia Sternbildes, eines der 48 Sternbilder, die Ptolemäus identifiziert und katalogisiert hat.[47] Brahe war sich der Bedeutung dieser blinkenden Präsenz durchaus bewusst. Der neue Stern, der so hell wie die Venus schien, war «in der Tat ein Wunder», da er «niemals zuvor gesehen wurde, zu keiner Zeit seit dem Anbeginn der Welt.» Brahes Stern, den er in seiner Schrift *De nova et nullius aevi memoria prius visa stella* (Über den neuen, nie zuvor gesehenen Stern), die 1573 veröffentlicht wurde,[48] beschrieb, markierte ein neues Ereignis unter den vermeintlich unveränderlichen und ewigen Himmelskörpern des Aristoteles.[49] Der Stern blieb für fast 16 Monate am Nachthimmel sichtbar, bevor er an Helligkeit zu verlieren began und irgendwann verschwand. Heute kennen wir Brahes *stella nova* als SN1572, oder auch Tychos Supernova, die sich 15 000 Lichtjahre von der Erde entfernt ereignete, und als eine der wenigen Explosionen eines absterbenden Sterns, die jemals in der gesamten Geschichte mit dem bloßen Auge gesichtet wurde.[50]

Entdecken, so lernen wir von der Geschichte Brahes neuen Sterns, ist eine spezifische Eingeschaft des Wissens – und wir können nie wissen, wonach wir suchen sollen, bis wir es sehen, sei es ein schlafender Mann in einem Hochgeschwindigkeitszug oder die Bewegung von sich unaufhörlich an einem Felsen brechenden Wellen.[XII]

Erscheinen, rechnen, blinzeln, entdecken

1   «Die Verteilung der Anordnungen dieser natürlichen Bilder stimmt (auf der Ebene der Rangkorrelation) sehr eng mit der charakteristischen Verteilung der menschen-gemachten optischen Zeichen überein.» Mark A. Changizi, Qiong Zhang, Hao Ye und Shinsuke Shimojo, «The Structures of Letters and Symbols throughout Human History Are Selected to Match Those Found in Objects in Natural Scenes,» *The American Naturalist 167 (2006): E117–E139,* http://www.journals.uchicago.edu/doi/pdf/10.1086/502806 (zuletzt aufgerufen am 22.05.2016).
2   Ebd.
3   Ebd.
4   Ebd.
5   «Das Auge scheint unabhängig von der semantischen, syntaktischen oder orthographischen Vorhersehbarkeit eines Textes, individuelle Buchstaben zu verarbeiten … Störungen der Bewegung der Augen erwachsener Leser lassen darauf schließen, dass das visuelle System normalerweise minimalste Schreibfehler zur Kenntnis nimmt.» M. J. Adams, *Beginning to Read: Thinking and Learning About Print* (Cambridge, MA: MIT Press, 1990), 101.
6   Cognition and Brain Sciences Unit, http://www.mrc-cbu.cam.ac.uk/people/matt.davis/cmabridge/ (zuletzt aufgerufen am 22.05.2016).
7   Frank Wilczek, *A Beautiful Question: Finding Nature's Deep Design* (New York, NY: Penguin Press, 2015), 21.
8   Herodot, *Historien,* 4. Buch, (Stuttgart: Reclam, 2013), 189–191
9   Vladimir Pletser, «Does the Ishango Bone Indicate Knowledge of the Base 12? An Interpretation of a Prehistoric Discovery, the First Mathematical Tool of Humankind,» http://arxiv.org/pdf/1204.1019.pdf (zuletzt aufgerufen am 22.05.2016).
10 Ebd.
11 Vladimir Pletser und Dirk Huylebrouck, «The Ishango Artefact: the Missing Base 12 Link,» *Forma 14* (1999): 339–346, hier: 339, http://citeseerx.ist.psu.edu/viewdoc/download?doi=10.1.1.543.7981&rep=rep1&type=pdf (zuletzt aufgerufen am 22.05.2016).
12 Ebd.
13 Ebd.
14 Wolfram MathWorld, http://mathworld.wolfram.com/PrimeQuadruplet.html (zuletzt aufgerufen am 22.05.2016).
15 Vladimir Pletser und Dirk Huylebrouck, «The Ishango Artefact: the Missing Base 12 Link,» 343.
16 Michael Tennesen, «Some Ability to Count: Counting may be innate in many species,» *Scientific American* (2009), http://www.scientificamerican.com/article/how-animals-have-the-ability-to-count/ (zuletzt aufgerufen am 22.05.2016).
17 Ebd.
18 Ebd.
19 Ewen Callaway, «Eight animals that can count,» *New Scientist* (June 2009), https://www.newscientist.com/gallery/mg20227131600-animals-that-count/ (zuletzt aufgerufen am 22.05.2016).
20 «Wir blinzeln spontan alle paar Sekunden – im Durchschnitt 15–20 mal pro Minute. Man glaubt, dass diese spontanen Lidschläge dazu da sind, die Hornhaut zu befeuchten, aber die Frequenz ist viel höher als sie für die reine Befeuchtung der Augen sein müsste.» Tamami Nakano, Makoto Kato, Yusuke Morito, Seishi Itoi und Shigeru Kitazawa, «Blink-related momentary activation of the default mode network while viewing videos,» *Proceedings of the National Academy of Sciences of the United States of America* 110 (2012): 702–706, http://www.pnas.org/content/110/2/702.full (zuletzt aufgerufen am 22.05.2016).
21 Anatomy of the Human Body, http://www.bartleby.com/107/106.html (zuletzt aufgerufen am 22.05.2016).
22 Joseph Stromberg, «Why do we blink so frequently?,» *Smithsonian.com* (2012), http://www.smithsonianmag.com/science-nature/why-do-we-blink-so-frequently-172334883/#dyX6cTegsyErGBUR.99 (zuletzt aufgerufen am 22.05.2016); Tamami Nakano et al., «Blink-related momentary activation of the default mode network while viewing videos».
23 Tamami Nakano et al., «Blink-related momentary activation of the default mode network while viewing videos». Eric Ponder und W. P. Kennedy, «On the Act of Blinking,» *Experimental Physiology* 18 (1927): 89–110.
24 Siehe auch Joseph Stromberg, «Why do we blink so frequently?».
25 Eric Ponder und W. P. Kennedy, «On the Act of Blinking».
26 Tamami Nakano et al., «Blink-related momentary activation of the default mode network while viewing videos».
27 Joseph Stromberg, «Why do we blink so frequently?». Neugeborene blinzeln im Durchschnitt zwei Mal pro Minute, Erwachsene fünfzehn bis zwanzig Mal pro Minute.
28 The Collapsed Wavefunction, «Researchers bring new focus to the science of blinking» (2012), http://www.thecollapsedwavefunction.com/2012/12/researchers-bring-new-focus-to-science.html (zuletzt aufgerufen am 22.05.2016).
29 Ebd.
30 Dieter Ebert, Roland Albert, Gerhard Hammon, Bernhard Strasser, Albrecht May und Antje Merz, «Eye-Blink Rates and Depression: Is the Antidepressant Effect of Sleep Deprivation Mediated by the Dopamine System?,» *Neuropsychopharmacology* 15 (1996): 332–339, http://www.nature.com/npp/journal/v15/n4/pdf/1380477a.pdf?origin=publication_detail (zuletzt aufgerufen am 22.05.2016); Hideoki Tada, Yasuko Omori, Kumi Hirokawa, Hideki Ohira und Masaki Tomonaga, «Eye-Blink Behaviors in 71 Species of Primates,» *PLoS ONE* (2013).
31 The Collapsed Wavefunction, «Researchers bring new focus to the science of blinking».
32 Randy L. Buckner, Jessica R. Andrews-Hanna und Daniel L. Schacter, «The Brain's Default Network: Anatomy, Function, and Relevance to Disease,» *New York Academy of Sciences* 1124 (2008): 1–38, http://psych.colorado.edu/~hannaje/publications_%26_cv_files/buckner_et_al_anyas_2008.pdf (zuletzt aufgerufen am 22.05.2016).
33 The Collapsed Wavefunction, «Researchers bring new focus to the science of blinking»; The Powerstates Blog, «Eye Movement and Blinking – New Evidence Suggests Links to Thought and Emotion,» http://powerstates.com/eye-movement-and-blinking-new-evidence-suggests-links-to-thought-and-emotion/ (zuletzt aufgerufen am 22.05.2016).
34 Ebd.: «Anders ausgedrückt: Jedes Mal, wenn wir blinzeln, erreicht unser Gehirn einen Zustand wachsamer Ruhe – ein flüchtiger Tagtraum.»
35 Eric Ponder und W. P. Kennedy, «On the Act of Blinking».
36 Ebd.
37 Martin Rolfs, «Microsaccades: Small steps on a long way,» *Vision Research* 49 (2009): 2415–2441, http://www.sciencedirect.com/science/article/pii/S0042698909003691 (zuletzt aufgerufen am 22.05.2016).
38 Hermann von Helmholtz, *Handbuch der physiologischen Optik,* (Leipzig: Leopold Voss, 1866), 389. Auch zitiert in Martin Rolfs, «Microsaccades: Small steps on a long way».
39 Martin Rolfs, «Microsaccades: Small steps on a long way».
40 The Powerstates Blog, «Eye Movement and Blinking – New Evidence Suggests Links to Thought and Emotion».
41 B.J. Frost, «The Optokinetic Basis of Head-bobbing in the Pigeon», *Journal of Experimental Biology* 74 (1978): 187–195, http://jeb.biologists.org/content/jexbio/74/1/187.full.pdf (zuletzt aufgerufen am 22.05.2016).
42 Nikolaus F. Troje und Barrie J. Frost, «Head-bobbing in Pigeons: How Stable is the Hold Phase?,» *Journal of Experimental Biology* 203 (2000): 935–940.
43 Ebd.
44 B.J. Frost, «The Optokinetic Basis of Head-bobbing in the Pigeon,» 188.
45 Ebd., 187.
46 Ebd., 190.
47 Jordi Jose, *Stellar Explosions: Hydrodynamics and Nucleosynthesis* (Boca Raton, Fl.: Taylor and Francis, 2016).
48 Siehe Stephen Trombley, *A Very Short History of Western Thought* (London: Atlantic Books, 2011).
49 Siehe Universe Today, http://www.universetoday.com/19850/cassiopeia/ (zuletzt aufgerufen am 22.05.2016).
50 Ebd.

I   João Maria Gusmão & Pedro Paiva, *Cassowary*, 2010
II   *Triangles and squares*, 2013; *Fruit polyhedron*, 2009
III   *Ping pong*, 2013
IV   *Camel in Egypt*, 2016
V   Ein Haufen von Kartoffeln und Lauch zu einer Kopfform zusammengesteckt wäre ein Beispiel.
VI   *Chopping fruits and vegetables*, 2016
VII   *Darwin's apple, Newton's monkey*, 2012
VII   *Blinking buddha*, 2016
IX   *Darwin's apple, Newton's monkey*, 2012
X   *Getting into bed*, 2011
XI   *Eye model*, 2006
XII   *Sleeping in a bullet train*, 2015 und *Wave*, 2011

    Erscheinen, rechnen, blinzeln, entdecken

Staring out into a dense canopy of branches, or at the white blindness of the frozen tundra, ancestral humans would have seen a variety of shapes overlapping with an irregular geometry. Contours and assemblages of leaves and bushes swaying in the wind to form combinations of intersecting shapes for a passing moment, before once again changing form.[I] Sinewy lines of trees contrasting against the open and infinitely receding horizon, like veins crawling across the skin of a clear sky.

The random fractal patterns caused by the entropic processes of nature – the wind that rustles trees, or the rain that slowly scoops out rocks – distort straight lines and surfaces into skeins of contorted and receding planes, jumbles of triangles and arcs.[II] Straight lines are topologically distinct.

The figure ∟, for example, is more commonly found in nature than is the figure ✕:

> L junctions are typically the result of contiguous contours, T junctions are the result of partial occlusions, and X junctions are the result of object surface adjacencies (such as stacks or tiling of objects or partial transparency …[1]

The ability to detect the presence of ·· to process ‾‾‾‾⹁. is an evolutionary competence,[III] one for which homo sapiens are particularly apt – like counting or gossiping. We have evolved a remarkable ability to rapidly process these configurations;[IV] and it turns out, they are fairly invariant:

> the configuration distribution for natural scenes appears to be highly robust across very different environmental settings … [W]hereas the distribution of geometrical shapes may well vary considerably across ecological settings, the distribution of topological shapes is much more invariant. Informally, nearly any environment with opaque, macroscopic objects strewn about (and thereby partially occluding one another) will possess strong correlations with this signature configuration distribution.

The capacity to visually process such scenes might in fact explain the shape of visual signs, including letters.[2] Their structure seems selected to match those found in nature, as Mark A. Changizi's research suggests. Visual signs seem to "disproportionately possess" such naturally common configurations, their structure optimized for visual recognition "because we have evolved to be competent at processing the configuration types found in natural scenes."[3] These configurations correlate closely with visual signs employed by humans.

These signs themselves have been subject to a process of selection that taps into our ability to recognize objects, including the ability to tell whether they are the result of human intervention.[V] "The lack of correlation between shorthand and visual signs and the lack of correlation between motor complexity and visual signs – suggest that visual sign topological shape is not strongly selected for the motor system." Rather, these are visual signs that humans have, through evolution, become particularly good at processing. The forms have of course been adapted to be distinguished or delineated on surfaces, such as papyrus, walls, or screens.[4] Easily seen and clearly detected.

This adaption has created a complex capacity for visual processing, in which the eye seems to process the shapes of letters with orthographic or syntactic complexity,[5] such that it deosn't mttaer in waht oredr the ltteers in a wrod are, the olny iprmoetnt tihng is taht the frist and lsat ltteer be at the rghit pclae.[6]

COUNTING

The ability to distinguish or to divide objects according to their size brings with it a significant advantage: the biggest fish, the shortest climb, an even number of females. So far, so good. From there, things begin to get a bit complicated. From the simple equivalence of 1 apple is worth 6 grapes, it is not at all clear that 2 apples are worth ½ a peach, which would then be worth, at least at first deduction, 12 grapes.[VI] III does not necessarily follow from II – though "many" seems to follow clearly from more than II. Enumeration is, to put it plainly, not just mere counting; number evinces the size and shape of the things that inhabit the world.[7]

Herodotus, in his *History*, recounts an encounter between the Carthaginians and a tribe in Libya trying to sort this kind of thing out:

> There is a country in Libya, and a nation, beyond the Pillars of Heracles, which they are wont to visit,

Figuring, counting, blinking, noting
João Ribas

where they no sooner arrive but forthwith they unlade their wares, and having disposed them after an orderly fashion along the beach, leave them, and returning aboard their ships, raise a great smoke. The natives, when they see the smoke, come down to the shore, and, laying out to view so much gold as they think the worth of the wares, withdraw to a distance. The Carthaginians upon this come ashore and look. If they think the gold enough, they take it and go their way; but if it does not seem to them sufficient, they go aboard ship once more, and wait patiently. Then the others approach and add to their gold, till the Carthaginians are content. Neither part deals unfairly by the other; for they themselves never touch the gold till it comes up to the worth of their goods, nor do the natives every carry off the goods till the gold is taken away.[8]

Till it comes to the worth is a rather glib way of putting it. What kind of counting is actually taking place here?

The oldest record of prime numbers (2, 3, 5, 7, 11, 13, 17, 19, 23, 29, 31, 37 etc.) is believed to be the 25 000-year-old baboon bone found in the Congo in 1960:

The Ishango bone is a 10-cm long curved bone, first described by its discoverer, Prof. J. de Heinzelin. He found the tiny bone about fifty years ago, among harpoon heads at a certain depth in stratified sand in the area of the Ishango fishermen village on the shores of the Semliki river, not far from the present border between Congo and Uganda. ... the bone carries 167 or 168 notches distributed in three columns along the bone length.[9]

We start off with a counting problem: 167 *or* 168 notches on the bone, in three columns along their length.[10] These columns are called M, G and D respectively, following the French (Left [*Gauche*], Right [*Droite*], and Middle [*Milieu*]).[11] The middle column, from top to bottom, contains groups of 3, 6, 4, 8, 9 or 10, 5, 5, and 7 notches; The G and D columns have four groups of 11, 13, 17, 19 and of 11, 21, 19, 9 notches respectively.[12] These are "consistent with a numeration system based on 10, since the notches are grouped as 20 + 1, 20 − 1, 10 + 1, and 10 − 1." The first four groups of the middle column evince a form of duplication, or multiplication by 2.[13] It is the left, or G column, that contains the primes between 10 and 20, or 11, 13, 17, and 19 (a prime quadruplet). The frequency of these primes is calculated by the following formula:[14]

$$P_x\,(p,\,p+2,\,p+6,\,p+8) \sim \frac{27}{2} \prod_{p\geq5} \frac{p^3\,(p-4)}{(p-1)^4} \int_2^x \frac{dx}{(\ln x)^4}$$

$$= 4.151180864 \int_2^x \frac{dx}{(\ln x)^4},$$

Prime numbers notched into the fibula of a baboon 25 000 years ago. What kind of counting is going on here?

... the Ishango number system would have involved the number 12 in particular. Now one of the many African counting methods, similar to the ones given above, uses the base 12: the thumb of a hand counts the bones in the fingers of the same hand. Four fingers, with each three little bones, evidently yield 12 as a counting unit. Also, each dozen is counted by the fingers of the other hand, now including the thumb, and the multiple 5 × 12 = 60 provides an additional indication of the often simultaneous occurrence of the duodecimal and sexagesimal base.[15]

The baboon at Ishango[VII] would have been hard pressed to keep up with this duodecimal system – the thumb counting out the three bones of each finger of the hand to twelve – but not entirely lost. Animals possess an *innate* sense of number. Many can sum sets of objects without actually counting: falling apples.[16] Bees can differentiate between varying quantities, whereas rhesus monkeys can match "the number of sounds they hear to the number of shapes they see," while also differentiating between the larger of two flashing dots.[17] Elizabeth Brannon suggests this likely evolved from the need of territorial animals "to access the different sizes of competing groups and for foraging animals to determine whether it is good to stay in one area given the amount of food retrieved versus the amount of time invested."[18] There might be, however, a threshold of number: salamanders can differentiate 1, 2, 3 flies, but not between 3 and 4.[19]

BLINKING

Every few seconds, nerve cells between the base and outer surface of the brain release the triangular muscle that elevates the upper eyelid (*levator palpebrae superioris)* as another muscle (*orbicularis oculi*) tenses involuntarily.[20] The eyes close and then suddenly reopen.[VIII] The skin around them draws into folds radiating from the angle of the eyelids, before the frontal ball of the eye is once again instantaneously exposed to light.[21] A black spot is inserted into the ongoing perception of the world for about 300–400 milliseconds – an abrupt *cut-to-black* repeated 7–15 times per minute, making up nearly ten percent of the brain's waking hours.[22] The ostensible function of this largely imperceptible yet constant interruption of vision is to lubricate or clean the ocular surface, conjunctiva and the epithelium. This opening and closing is also a protective reflex – a response to anything suddenly approaching the face.[23]

None of this is either random or particularly obvious. Evolution has modulated the rapid closing and opening of the human eye to a particular amplitude and frequency.[24] Even after 24 hours in total darkness, the rate of blinking does not vary significantly from that while sitting in a well-lit room.[25] The fact is, the human eye blinks much more than it ought to.[26] The mean rate of other primates is nearly half of that of humans, for whom the frequency of blinking increases tenfold from infancy onward.[27] The human eye blinks at the metric end of sentences (waiting for punctuation),[28] or in implicit breakpoints during the attentive act of listening or looking. Sounds of a certain amplitude and pitch effect an increase, as do variations in dopamine levels.[29] Schizophrenics blink more often than patients with Parkinson's.[30]

      Figuring, counting, blinking, noting

The evolutionary advantage of this isn't entirely clear. Blink. Threat. *You're dead*.

> Imagine yourself as one of the early humans. You need to seek food and shelter to stay alive, but you also need to be wary of predators ... If a blink lasts nearly half a second, that half a second could be the difference between life and death. What, then, would be the evolutionary pressure to select for keeping our eyes closed longer than we need to? If we blink for nearly half a second every 3–4 seconds we spend over an hour and a half of our waking day with our eyes closed. Wouldn't there be a stronger pressure for keeping our eyes open?[31]

What accounts for the constant and imperceptible opening and closing of the human eye?[IX]

Each of the hundreds of daily blinks in fact function as a form of cognitive release. They disengage attention by momentarily deactivating the dorsal attention network that allocates focus to locations, objects, or features.[32] Cortical activity during these blinks include the regions of the brain associated with introspection.[33] The blink is not merely a black frame inserted into the pulsing film of experience, by the relaxing and contracting of complementary muscles. Each blink is both like an instant daydream and a second look.[34] Blink. Threat. *Focus*.

There are various ways to test the rate and reflex of these passing daydreams and double takes. Experimental set-ups employed have included: irritating the eyes with cigarette smoke, ("the subject was given a cigarette to smoke and instructed to hold it continuously between the lips."); measuring the blinking periods of a cocainised eyeball; making the subject watch episodes of Mr. Bean on video to measure the rate of blinking (which is strangely convergent, since subjects *blinked at the same time*)[35]; and experimentally producing "sudden and impotent anger," to increase the frequency of blinks.[36]

With an increase in anger, the frequency of blinking also increases in relation to vergence, so that eyes fixed on a near point blink faster than those moving from one point to another, or with the eye following a moving object while the head remains still.[37] This allows the eyes to follow movement in its periphery though the head remains stationary. "It requires requires extraordinary effort and attention to focus the gaze perfectly sharply on a definite point of the visual field even for 10 or 20 seconds," wrote Hermann von Helmholtz in his *Treatise on physiological optics* (1866).[38] This "wandering of the gaze" consisted of continual miniature eye movements we now know as microsaccades: rapid shifts a couple of times per second, like sudden jerks of the eyeball even while fixed.[39] The eye never stops moving. Our visual perception relies on this retinal image motion.[40] These sudden jerks of the eye ensure that we see a non-moving image, the eye moving even as the scene itself remains still.[41]

A striking aspect of the movement of many birds, such as chickens and pigeons (who blink at rapid rates), is a distinctive bobbing back and forth of the head *while* moving.[42] "Like many other birds, pigeons show a very characteristic motion pattern during walking, running and landing flight: the head appears to move rhythmically forwards and backwards,"[43] as Nikolaus F. Troje and Barrie J. Frost describe.

In order to determine the exact character of this movement, Frost put male white Carneaux pigeons on a treadmill, and filmed them using with a 16 mm camera:

> It was found that the pigeons quickly adapted to the treadmill apparatus and could be readily induced to walk when the motor speed was set to an average walking speed ... Head-bobbing records were made by motion photography with a Bolex Hi 16 reflex 16 mm camera using Kodak Tri-X film typically shot at 64 frames/s. Head, breast, wingtip and foot positions were measured by projecting single frames of the movie, at exactly twice life size, onto a tracing paper screen with a LW Photo-Optical Data Analyzer Model 224–A projector equipped with a frame counter and single frame advance mechanism.[44]

Like Muybridge slowing down the movement of the human gait,[X] or the gallop of a horse to empirically confirm its movement, Frost found that the head-bobbing of pigeons in fact consists of two phases. In the first phase, the head is "locked" in space, relative to the body moving forward; in the second, the head "thrusts," rapidly, in order to catch up. Jerking back and forth, the pigeon tries to hold onto a retinal image of the world, hurling forward toward it a split second later. The "hold" phase allows the pigeon to stabilize this retinal image, taken at the point in space where its head was previously relative to the forward-moving body – adding, in the process, information about depth from parallax.[45]

On the treadmill, Frost could get the pigeons to walk without bobbing, in fact, by equalizing the speed of the belt with their walking. Slowing down the speed of the treadmill made the pigeon's head push so far forward that the pigeon "eventually toppled over."[46]

NOTING

Gazing up at the sky one November evening in 1572, the astronomer Tycho Brahe noted "a new and unusual star," in the heavens above:[XI]

> (I)n the evening after sunset, I was contemplating the stars in a clear sky.
>
> I noticed that a new and unusual star, surpassing the other stars in brilliancy, was shining almost directly above my head; and since I had, from boyhood, known all the stars of the heavens perfectly, it was quite evident to me that there had never been any star in that place of the sky, even the smallest, to say nothing of a star so conspicuous and bright as this. I was so astonished of this sight that I was not ashamed to doubt the trustworthyness of my own eyes. But when I observed that others, on having the place pointed out to them, could see that there was really a star there, I had no further doubts.

This new star ("nova") appeared just outside the distinctive W-shape of the constellation Κασσιέπεια, or Cassiopeia, one of the 48 constellations identified by Ptolemy.[47] The significance of the blinking presence did not escape

Brahe. This new star, shining as bright as Venus, was "a miracle indeed," since it had never previously been seen before our time, in any age since the beginning of the world." Brahe's star, described in his *De nova et nullius aevi memoria prius visa stella* (Concerning the Star, new and never before seen in the life or memory of anyone) published in 1573,[48] evinced a new event in the supposedly immutable, fixed heavens of Aristotle.[49] It remained visible in the night sky for nearly 16 months before declining in brightness and eventually disappearing. We now know Brahe's *stella nova* as SN1572, or Tycho's Supernova, 15 000 light years from earth, and one of a few explosions of a dying star ever noted in historical records as observed with the unaided eye.[50]

Noting, Brahe's new star tells us, is a distinct feature of knowing — and we never know what to look for until we see it, be it a sleeping man on a high-speed train or the movement of waves breaking continuously against a rock.[XII]

    Figuring, counting, blinking, noting

1   "Configuration distribution for these natural images matches (at the level of rank correlation) very closely the signature distribution for human visual signs." Mark A. Changizi, Qiong Zhang, Hao Ye, and Shinsuke Shimojo, "The Structures of Letters and Symbols throughout Human History Are Selected to Match Those Found in Objects in Natural Scenes," *The American Naturalist 167* (2006): E117–E139, http://www.journals.uchicago.edu/doi/pdf/10.1086/502806 (last accessed on 22/05/2016).

2   Ibid.

3   Ibid.

4   Ibid.

5   "Regardless of semantic, syntactic, or orthographic predictability, the eye seems to process individual letters … Disruptions in adult readers' eye movements indicate that the visual system tends to catch the slightest misspelling." M. J. Adams, *Beginning to Read: Thinking and Learning About Print* (Cambridge, MA: MIT Press, 1990), 101.

6   Cognition and Brain Sciences Unit, http://www.mrc-cbu.cam.ac.uk/people/matt.davis/cmabridge/ (last accessed on 22/05/2016).

7   Frank Wilczek, *A Beautiful Question: Finding Nature's Deep Design* (New York, NY: Penguin Press, 2015), 21.

8   Herodotus, *Histories*, transl. by George Rawlinson (Hertfordshire: Wordsworth Editions, 1996), 373.

9   Vladimir Pletser, "Does the Ishango Bone Indicate Knowledge of the Base 12? An Interpretation of a Prehistoric Discovery, the First Mathematical Tool of Humankind," http://arxiv.org/pdf/1204.1019.pdf (last accessed on 22/05/2016).

10 Ibid.

11 Vladimir Pletser and Dirk Huylebrouck, "The Ishango Artefact: the Missing Base 12 Link," *Forma 14* (1999): 339–346, here: 339, http://citeseerx.ist.psu.edu/viewdoc/download?doi=10.1.1.543.7981&rep=rep1&type=pdf (last accessed on 22/05/2016).

12 Ibid.

13 Ibid.

14 Wolfram MathWorld, http://mathworld.wolfram.com/PrimeQuadruplet.html (last accessed on 22/05/2016).

15 Vladimir Pletser and Dirk Huylebrouck, "The Ishango Artefact: the Missing Base 12 Link," 343.

16 Michael Tennesen, "Some Ability to Count: Counting may be innate in many species," *Scientific American* (2009), http://www.scientificamerican.com/article/how-animals-have-the-ability-to-count/ (last accessed at 22/05/2016).

17 Ibid.

18 Ibid.

19 Ewen Callaway, "Eight animals that can count," *New Scientist* (June 2009), https://www.newscientist.com/gallery/mg20227131600-animals-that-count/ (last accessed on 22/05/2016).

20 We spontaneously generate an eyeblink every few seconds—15–20 per minute, on average. These spontaneous eyeblinks are believed to occur to lubricate the cornea, but the rate is several times more than required for ocular lubrication." Tamami Nakano, Makoto Kato, Yusuke Morito, Seishi Itoi, and Shigeru Kitazawa, "Blink-related momentary activation of the default mode network while viewing videos," *Proceedings of the National Academy of Sciences of the United States of America* 110 (2012): 702–706, http://www.pnas.org/content/110/2/702.full (last accessed on 22/05/2016).

21 Anatomy of the Human Body, http://www.bartleby.com/107/106.html (last accessed on 22/05/2016).

22 Joseph Stromberg, "Why do we blink so frequently?," *Smithsonian.com* (2012), http://www.smithsonianmag.com/science-nature/why-do-we-blink-so-frequently-172334883/#dyX6cTegsyErGBUR.99 (last accessed on 22/05/2016); Tamami Nakano et al., "Blink-related momentary activation of the default mode network while viewing videos".

23 Tamami Nakano et al., "Blink-related momentary activation of the default mode network while viewing videos". Eric Ponder and W. P. Kennedy, "On the Act of Blinking," *Experimental Physiology* 18 (1927): 89–110.

24 See also Joseph Stromberg, "Why do we blink so frequently?". Eric Ponder and W. P. Kennedy, "On the Act of Blinking," Experimental Physiology 18 (1927): 89–110, DOI: 10.1113/expphysiol.1927.sp000433

25 Eric Ponder and W. P. Kennedy, "On the Act of Blinking".

26 Tamami Nakano et al., "Blink-related momentary activation of the default mode network while viewing videos".

27 Joseph Stromberg, "Why do we blink so frequently?". Newborns blink on average 2 times per minute, adults 15–20 times per minute.

28 The Collapsed Wavefunction, "Researchers bring new focus to the science of blinking" (2012), http://www.thecollapsedwavefunction.com/2012/12/researchers-bring-new-focus-to-science.html (last accessed on 22/05/2016).

29 Ibid.

30 Dieter Ebert, Roland Albert, Gerhard Hammon, Bernhard Strasser, Albrecht May, and Antje Merz, "Eye-Blink Rates and Depression: Is the Antidepressant Effect of Sleep Deprivation Mediated by the Dopamine System?," *Neuropsychopharmacology* 15 (1996): 332–339, http://www.nature.com/npp/journal/v15/n4/pdf/1380477a.pdf?origin=publication_detail (last accessed on 22/05/2016); and Hideoki Tada, Yasuko Omori, Kumi Hirokawa, Hideki Ohira, and Masaki Tomonaga, "Eye-Blink Behaviors in 71 Species of Primates," *PLoS ONE* (2013).

31 The Collapsed Wavefunction, "Researchers bring new focus to the science of blinking".

32 Randy L. Buckner, Jessica R. Andrews-Hanna, and Daniel L. Schacter, "The Brain's Default Network: Anatomy, Function, and Relevance to Disease," *New York Academy of Sciences* 1124 (2008): 1–38, http://psych.colorado.edu/~hannaje/publications_%26_cv_files/buckner_et_al_anyas_2008.pdf (last accessed on 22/05/2016).

33 The Collapsed Wavefunction, "Researchers bring new focus to the science of blinking"; The Powerstates Blog, "Eye Movement and Blinking – New Evidence Suggests Links to Thought and Emotion," http://powerstates.com/eye-movement-and-blinking-new-evidence-suggests-links-to-thought-and-emotion/ (last accessed on 22/05/2016).

34 Ibid: "In other words, every time we blink our brain enters a state of wakeful rest – a momentary daydream."

35 Eric Ponder and W. P. Kennedy, "On the Act of Blinking".

36 Ibid.

37 Martin Rolfs, "Microsaccades: Small steps on a long way," *Vision Research* 49 (2009): 2415–2441, http://www.sciencedirect.com/science/article/pii/S0042698909003691 (last accessed on 22/05/2016).

38 Cited in ibid.

39 Ibid.

40 The Powerstates Blog, "Eye Movement and Blinking – New Evidence Suggests Links to Thought and Emotion".

41 B.J. Frost, "The Optokinetic Basis of Head-bobbing in the Pigeon," *Journal of Experimental Biology* 74 (1978): 187–195, http://jeb.biologists.org/content/jexbio/74/1/187.full.pdf (last accessed on 22/05/2016).

42 Nikolaus F. Troje and Barrie J. Frost, "Head-bobbing in Pigeons: How Stable is the Hold Phase?," *Journal of Experimental Biology* 203 (2000): 935–940.

43 Ibid.

44 B.J. Frost, "The Optokinetic Basis of Head-bobbing in the Pigeon," 188.

45 Ibid., 187.

46 Ibid., 190.

47 Jordi Jose, *Stellar Explosions: Hydrodynamics and Nucleosynthesis* (Boca Raton, Fl.: Taylor and Francis, 2016).

48 See Stephen Trombley, *A Very Short History of Western Thought* (London: Atlantic Books, 2011).

49 See Universe Today, http://www.universetoday.com/19850/cassiopeia/ (last accessed on 22/05/2016).

50 Ibid.

I   João Maria Gusmão & Pedro Paiva, *Cassowary*, 2010.
II   *Triangles and squares*, 2013; *Fruit polyhedron*, 2009.
III   *Ping pong*, 2013.
IV   *Camel in Egypt*, 2016.
V   A heap of potatoes or leeks stacked to form the shape of a head would be an example.
VI   *Chopping fruits and vegetables*, 2016.
VII   *Darwin's apple, Newton's monkey*, 2012.
VIII *Blinking buddha*, 2016.
IX   *Darwin's apple, Newton's monkey*, 2012.
X   *Getting into bed*, 2011.
XI   *Eye model*, 2006.
XII   *Sleeping in a bullet train*, 2015 and *Wave*, 2011.

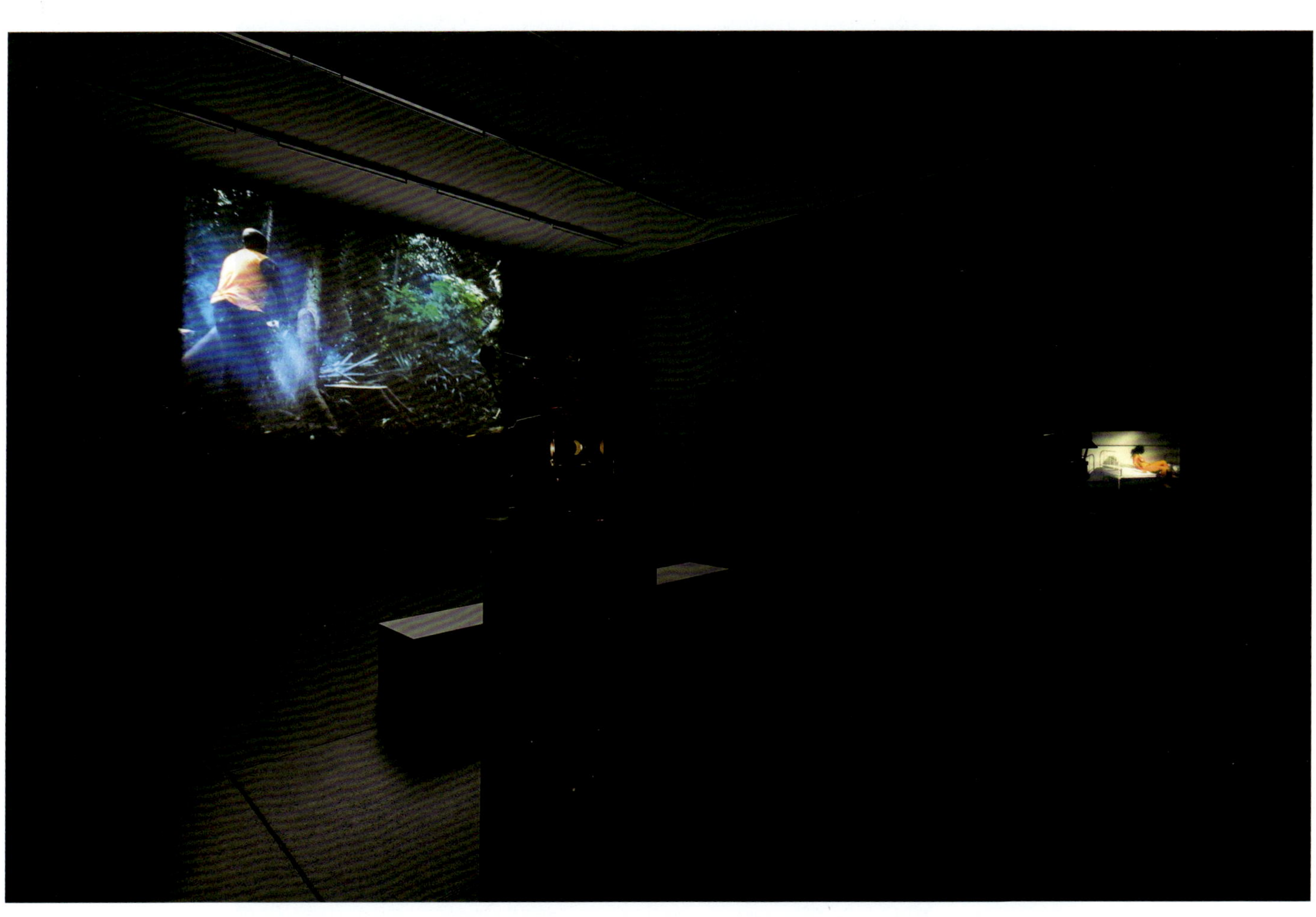

101 Exhibition view Aargauer Kunsthaus

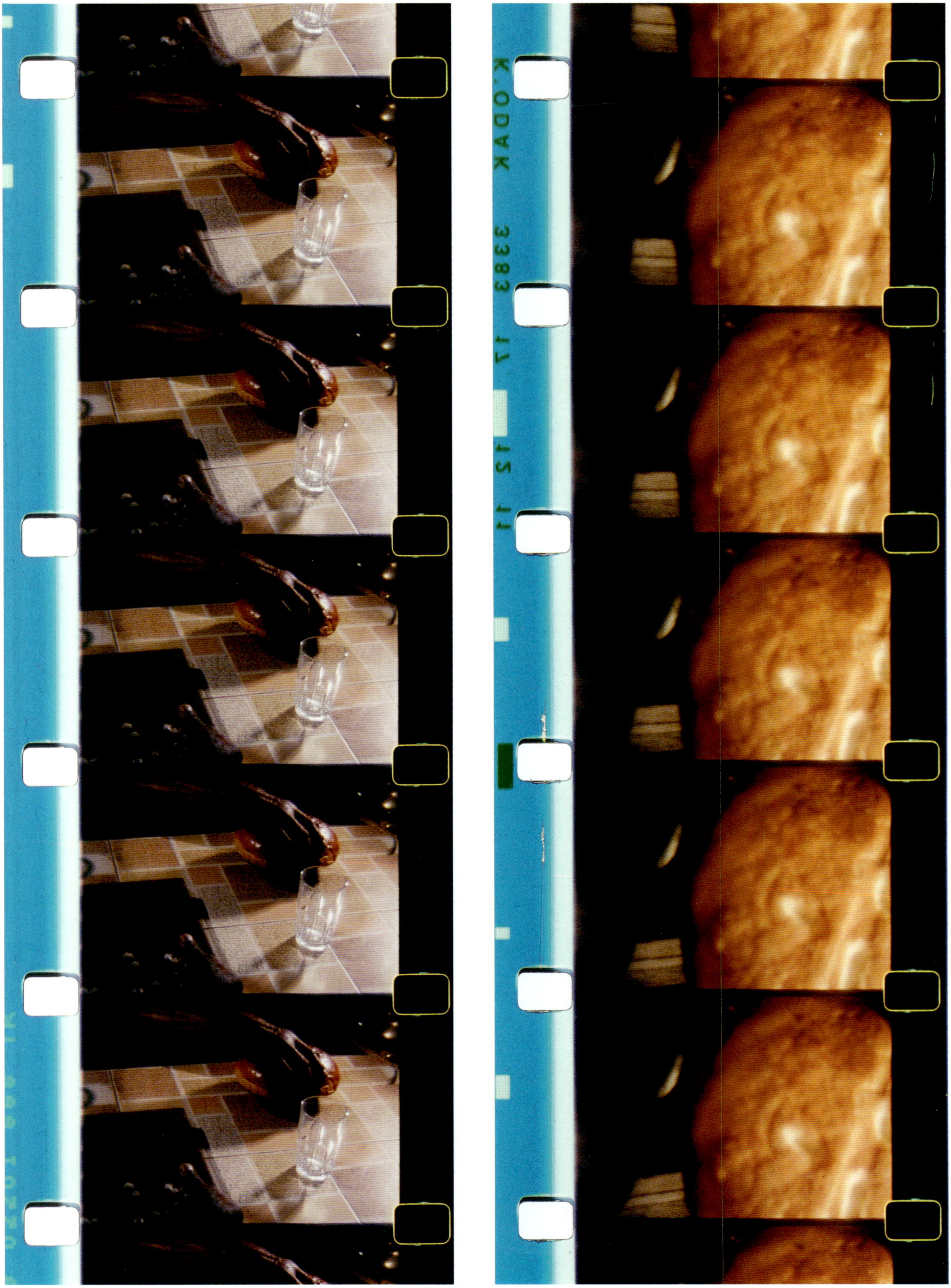

          Bread, tea and bao game, 2011

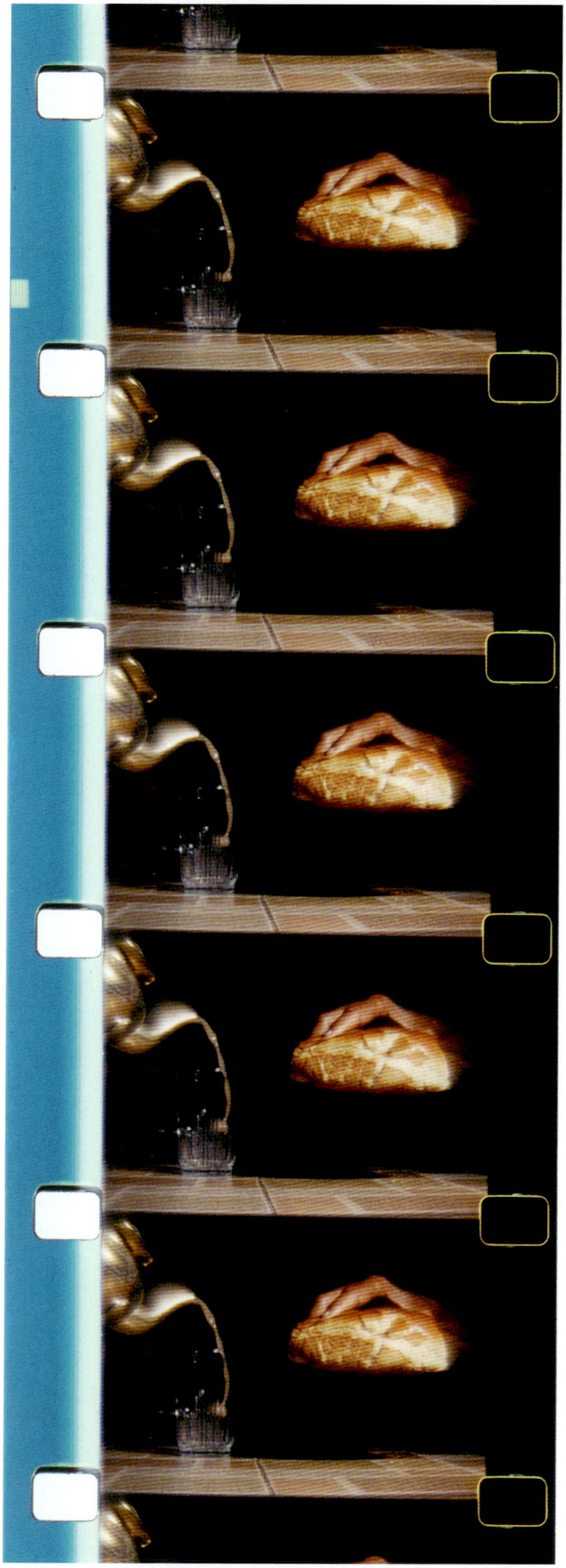

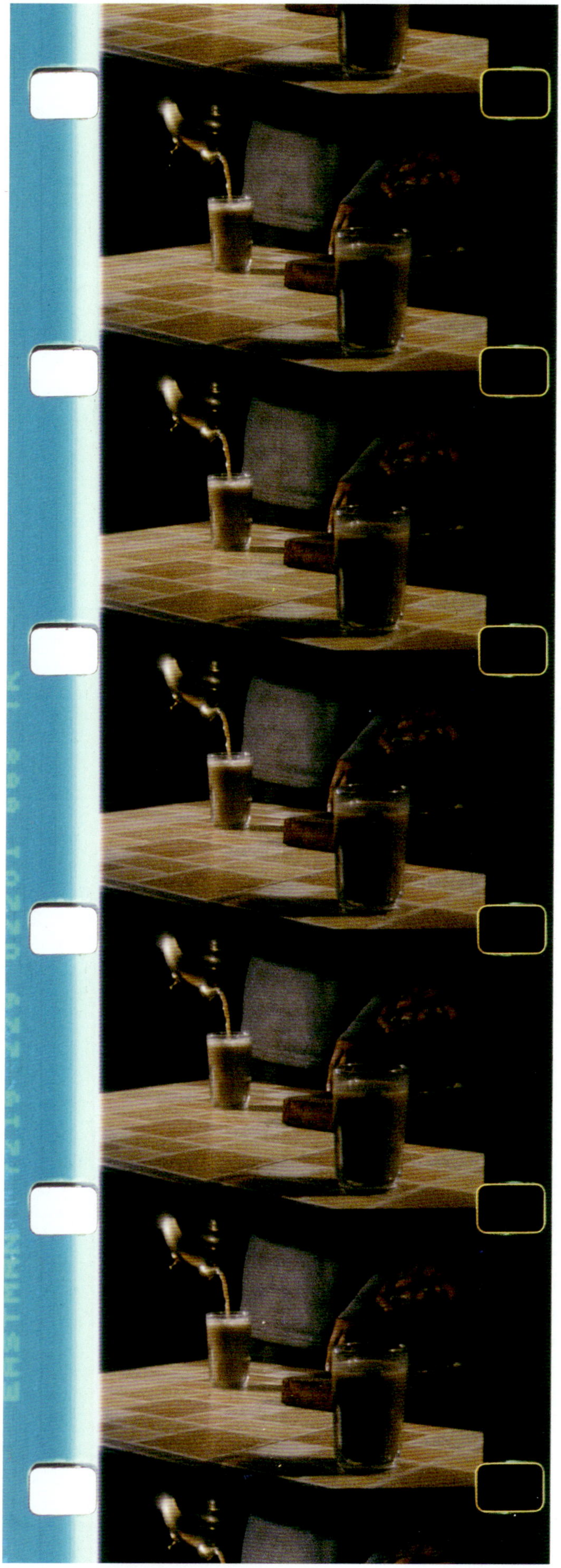

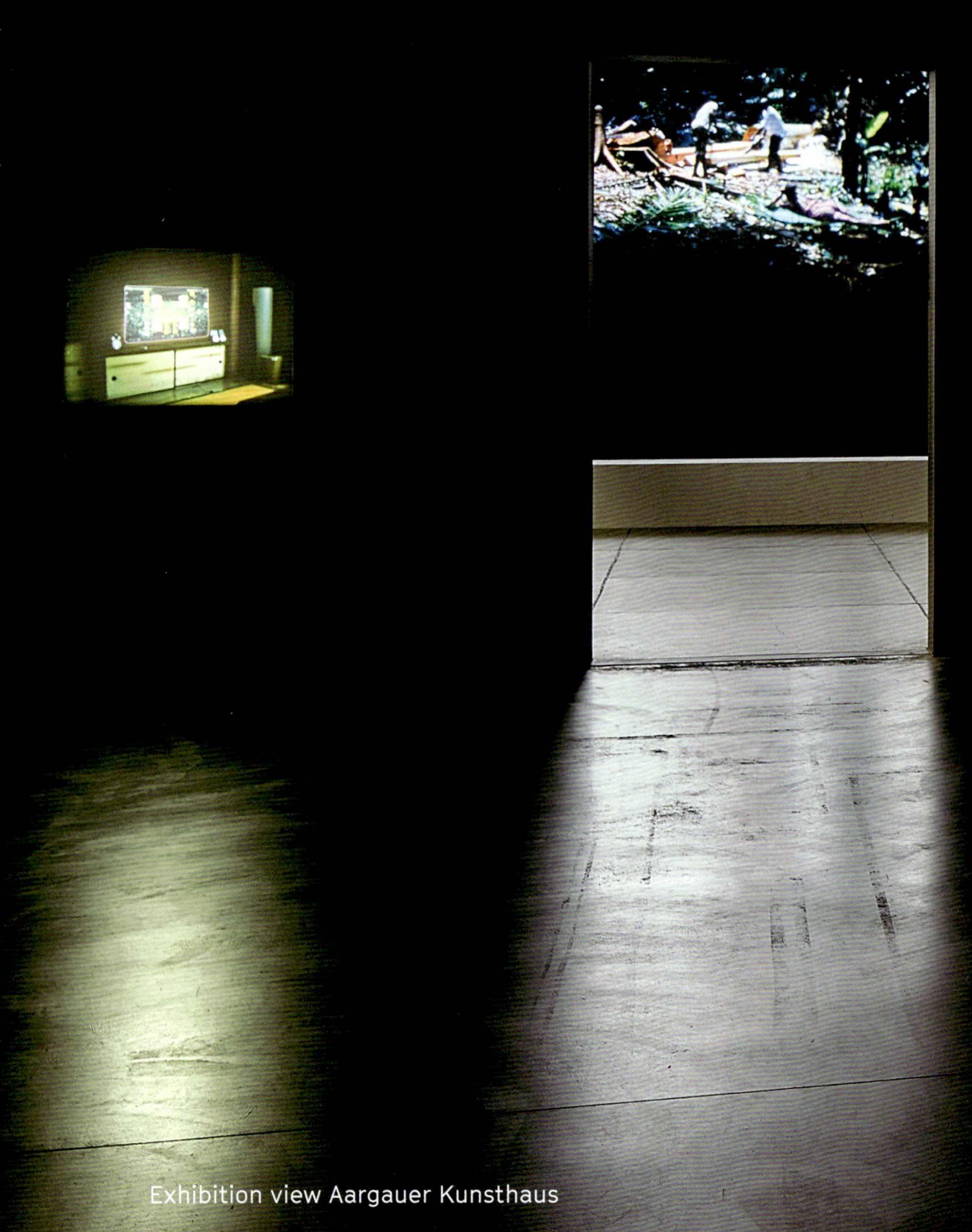

 Exhibition view Aargauer Kunsthaus

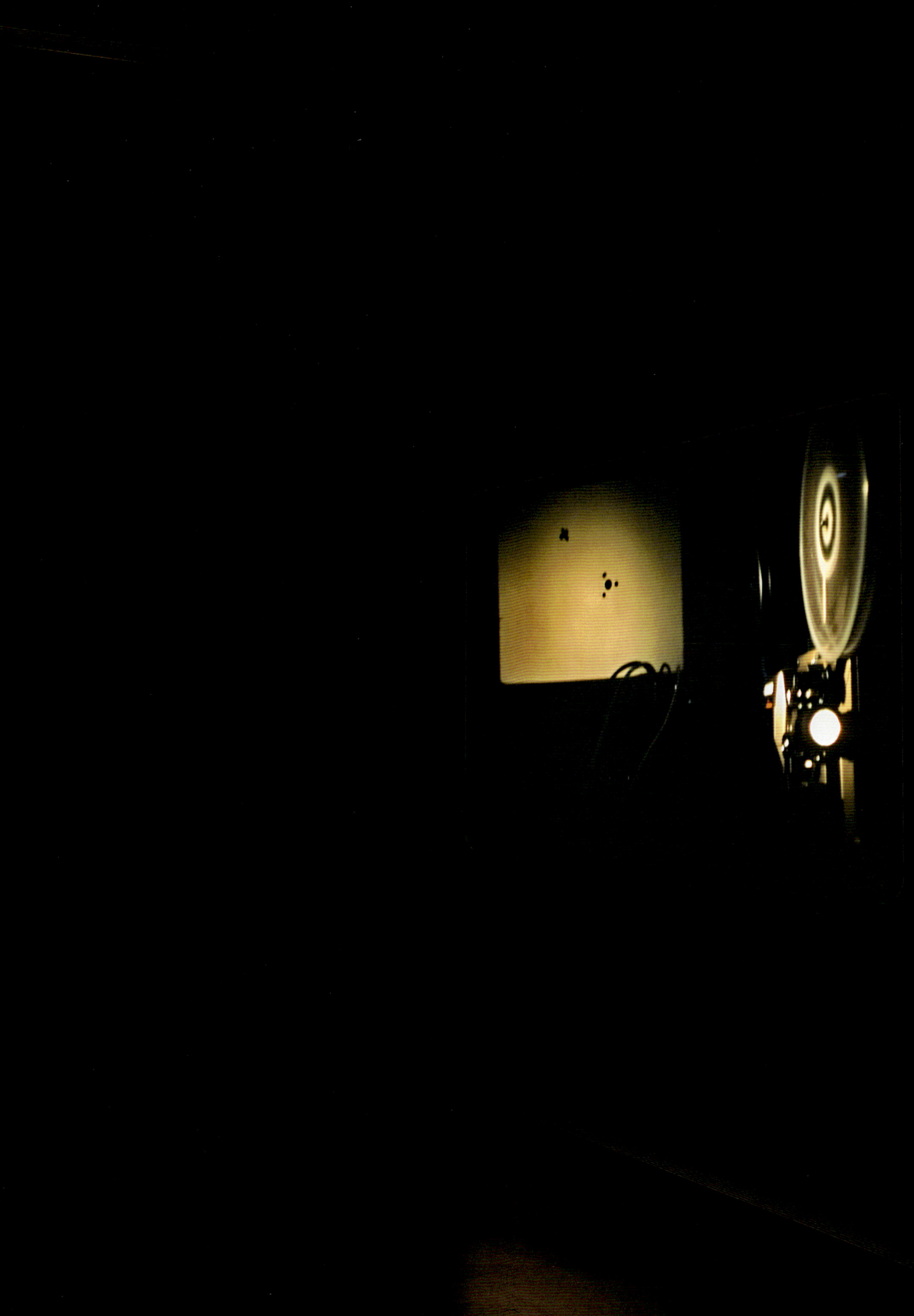

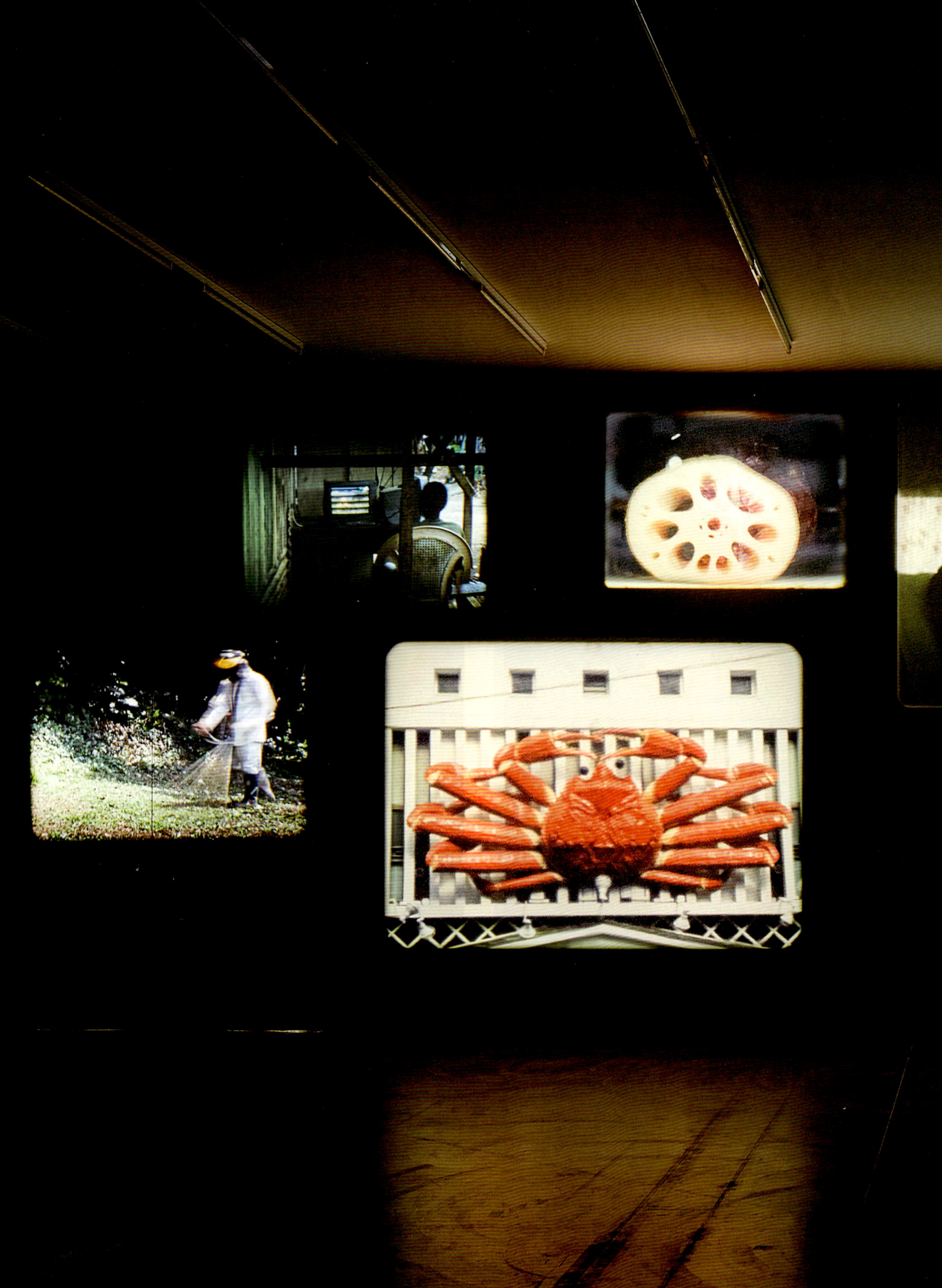

 Exhibition view Aargauer Kunsthaus

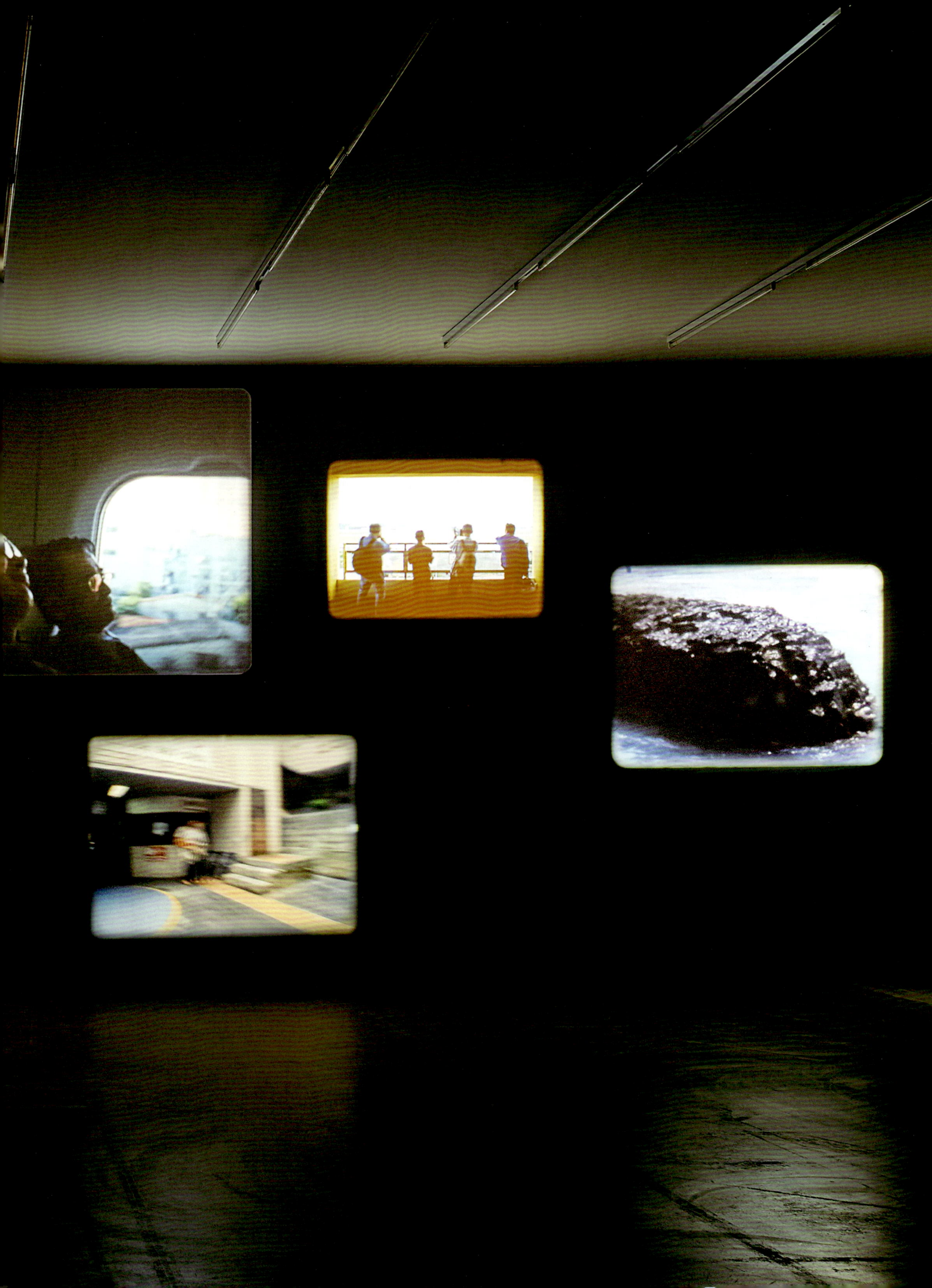

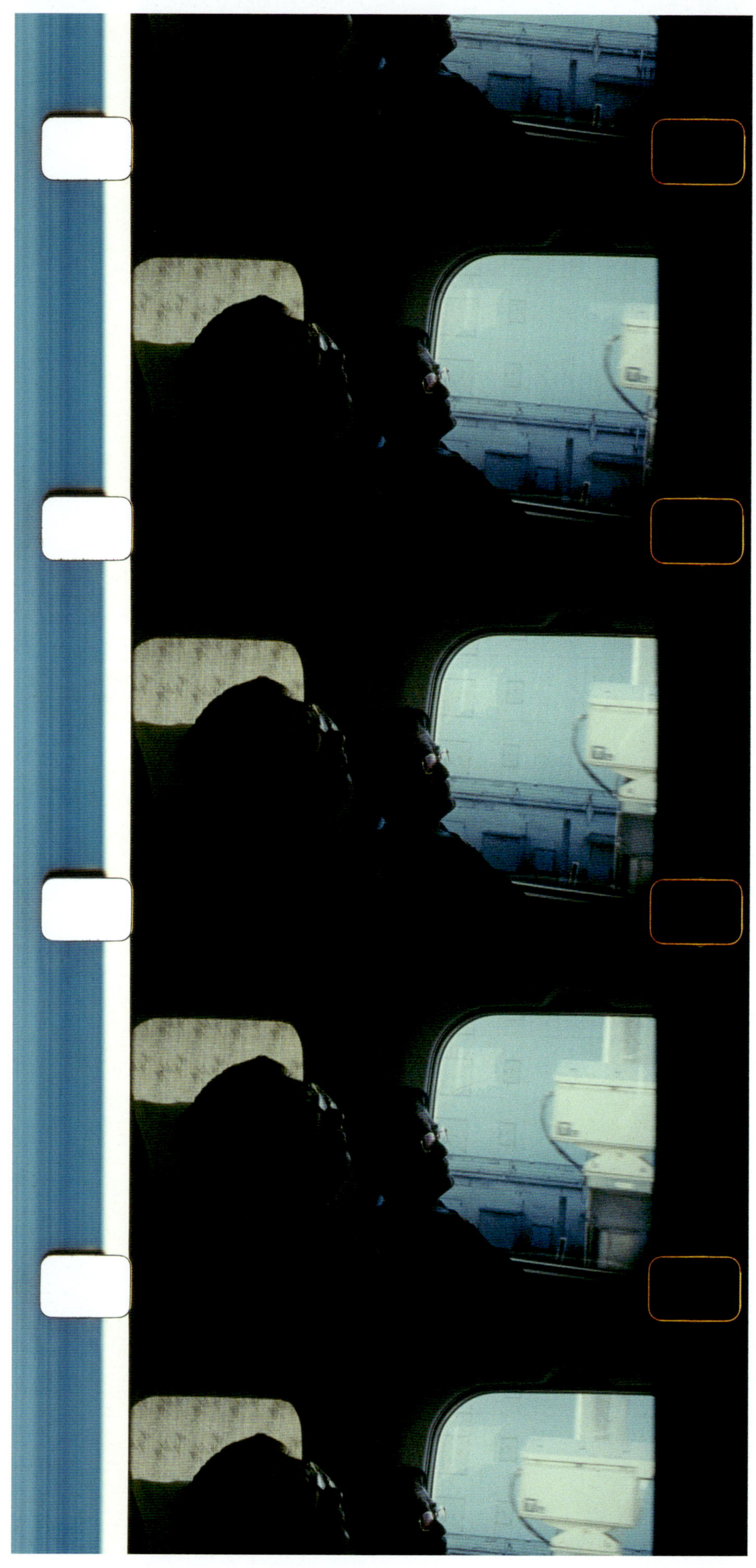

118 Sleeping in a bullet train, 2015

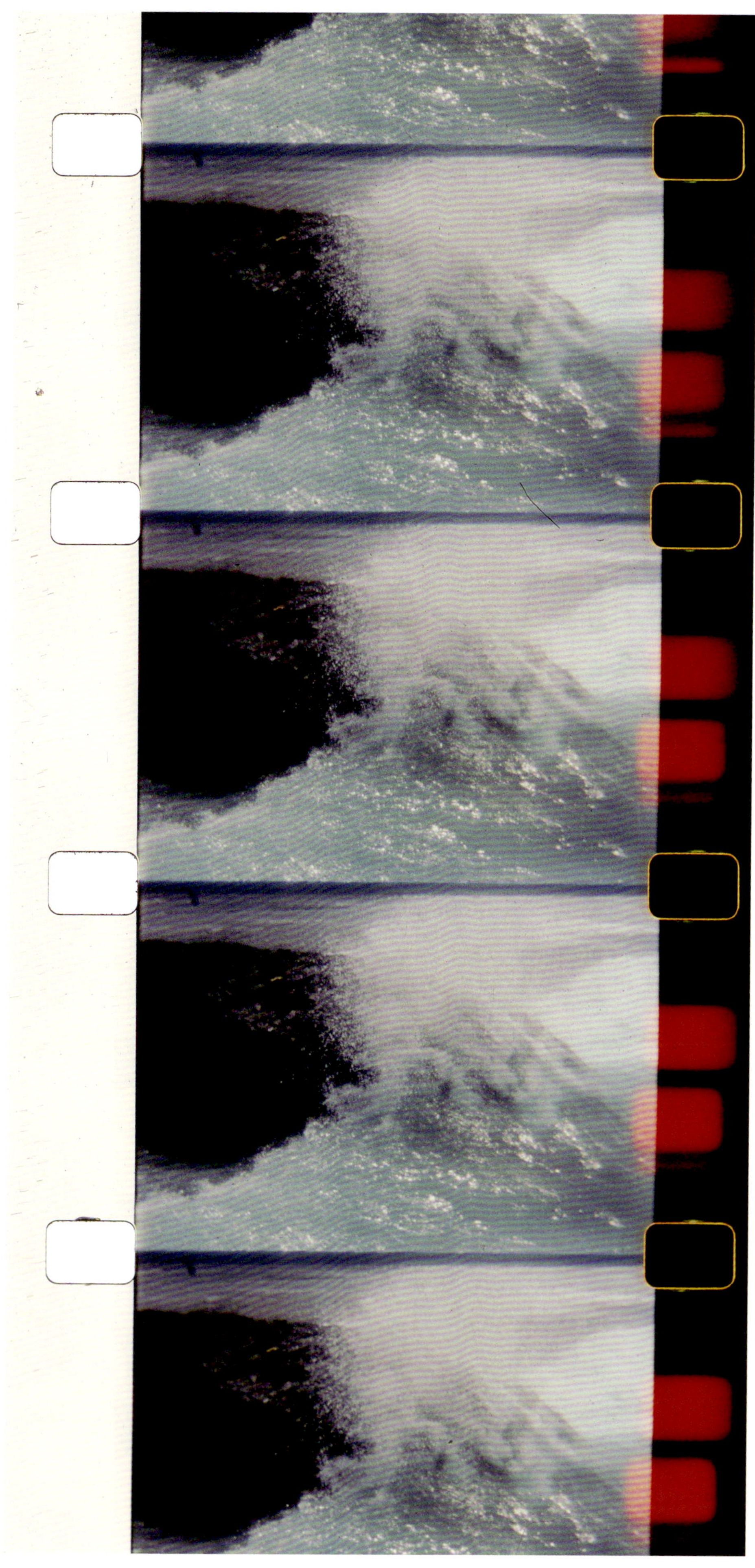

 Wave, 2011

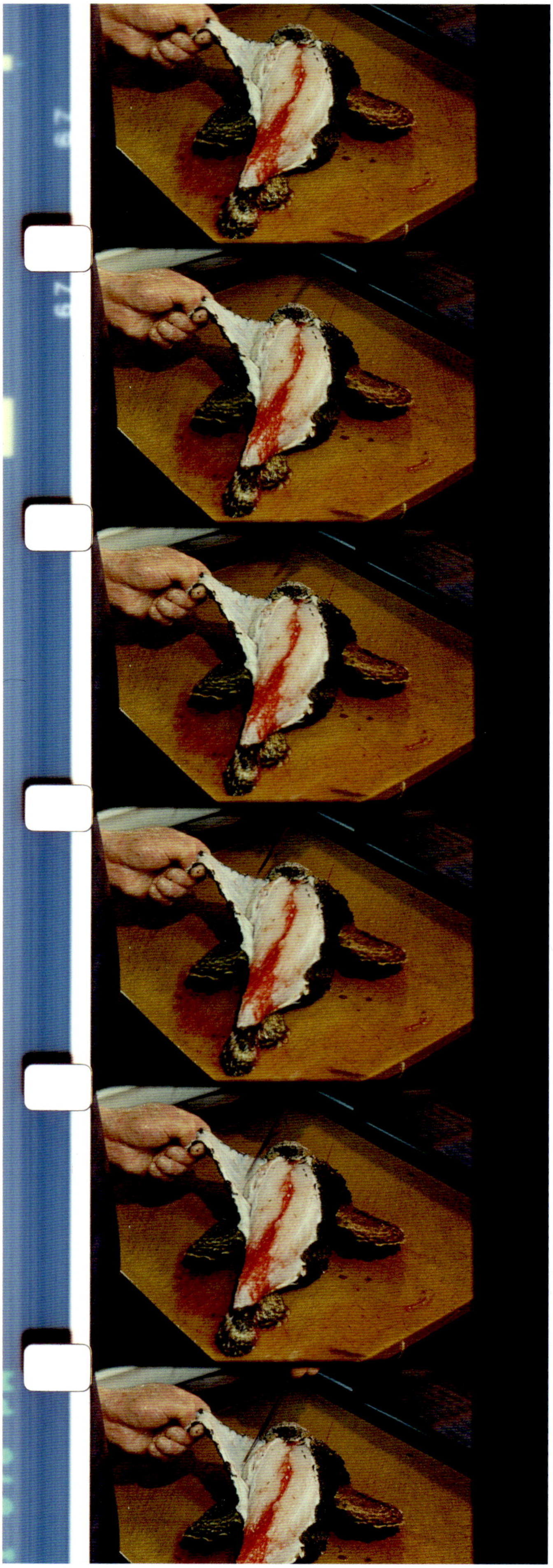

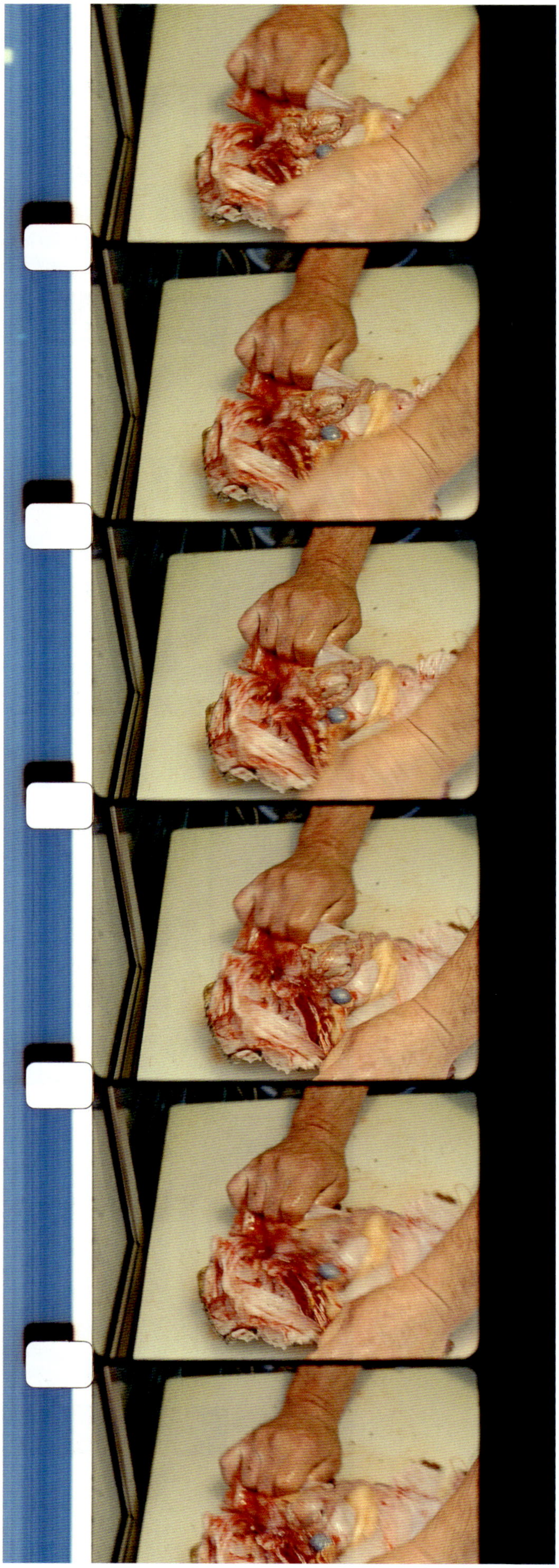

 Stonefish and round table, 2015

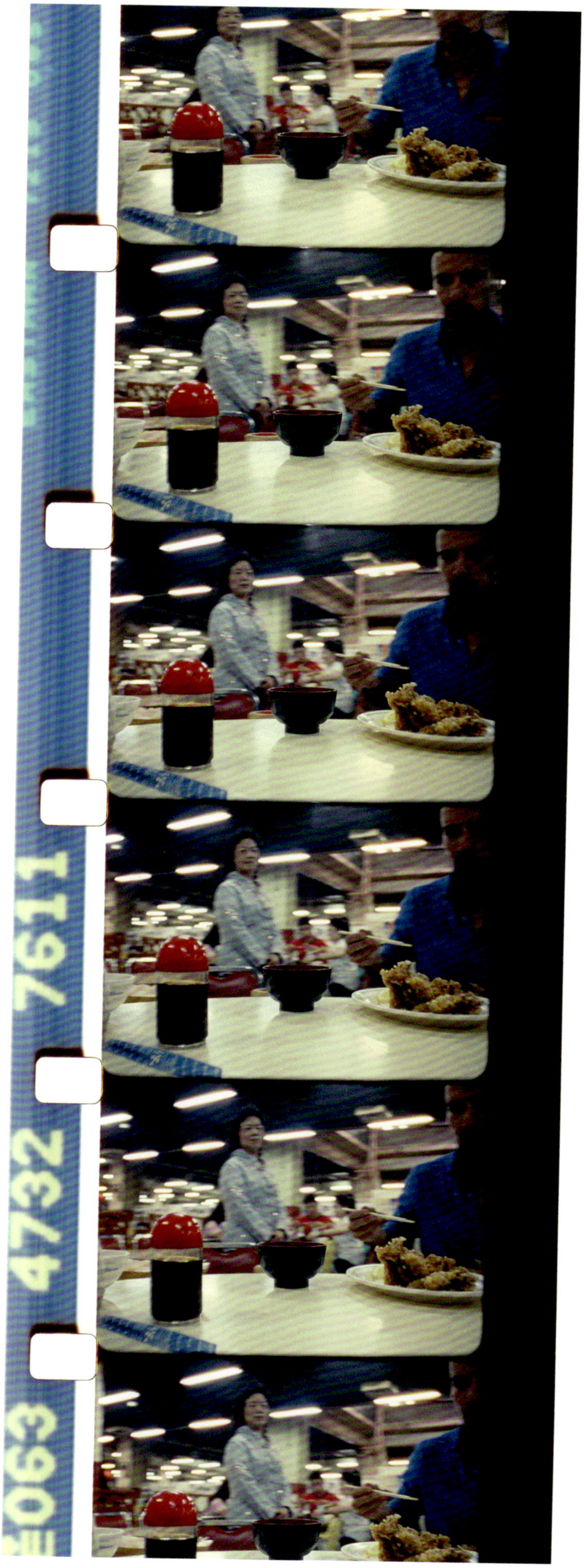

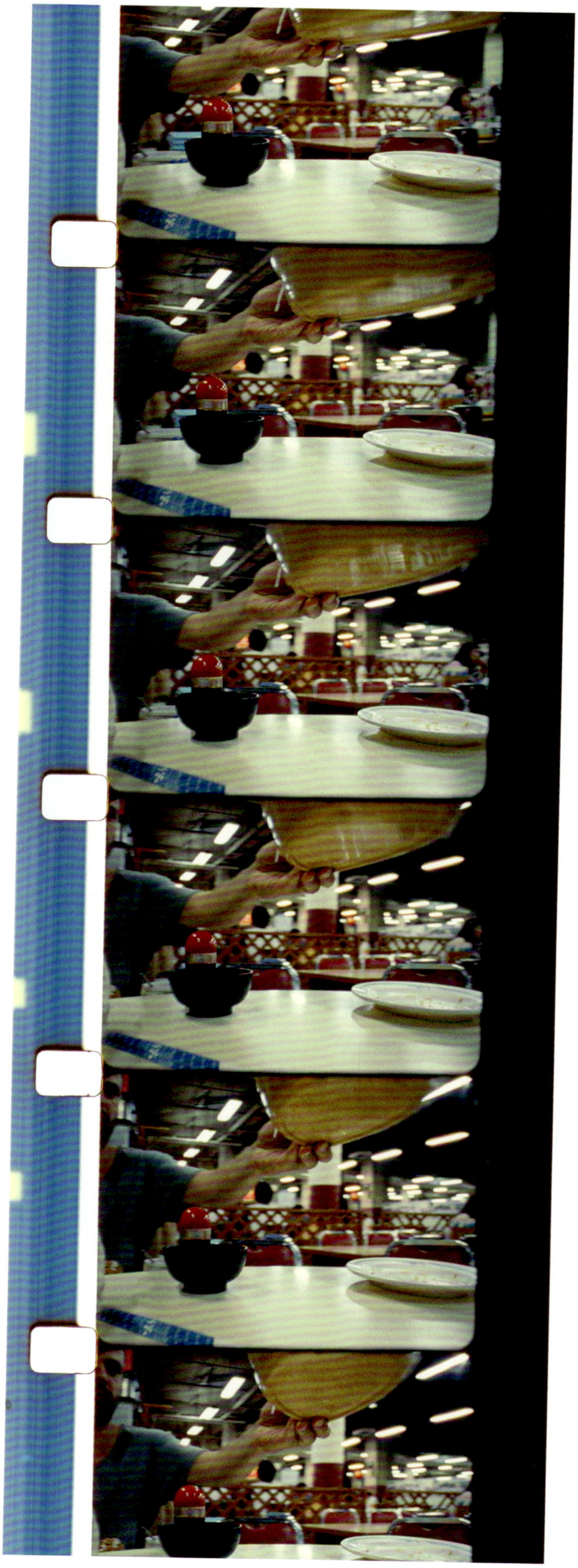

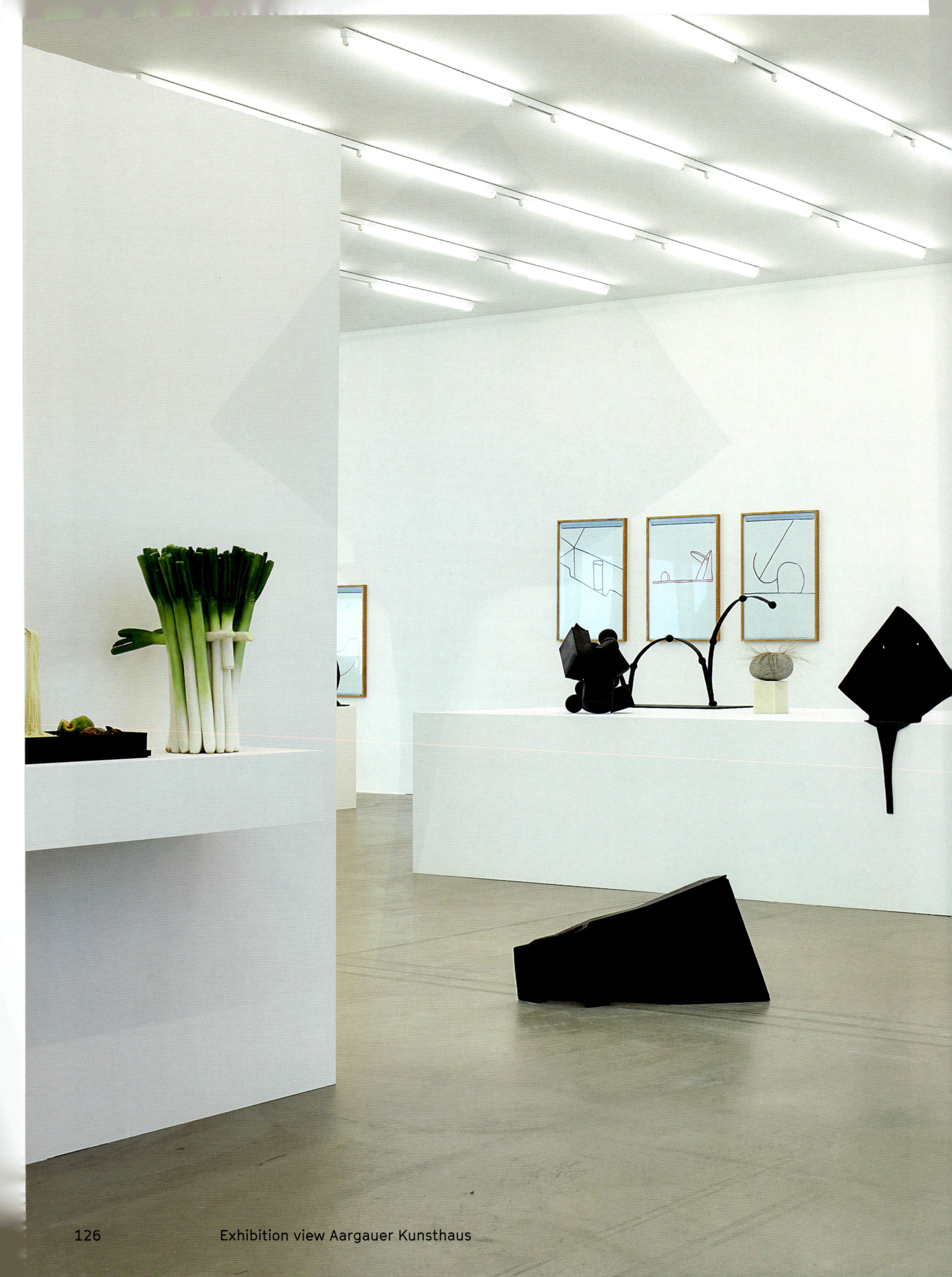

Exhibition view Aargauer Kunsthaus

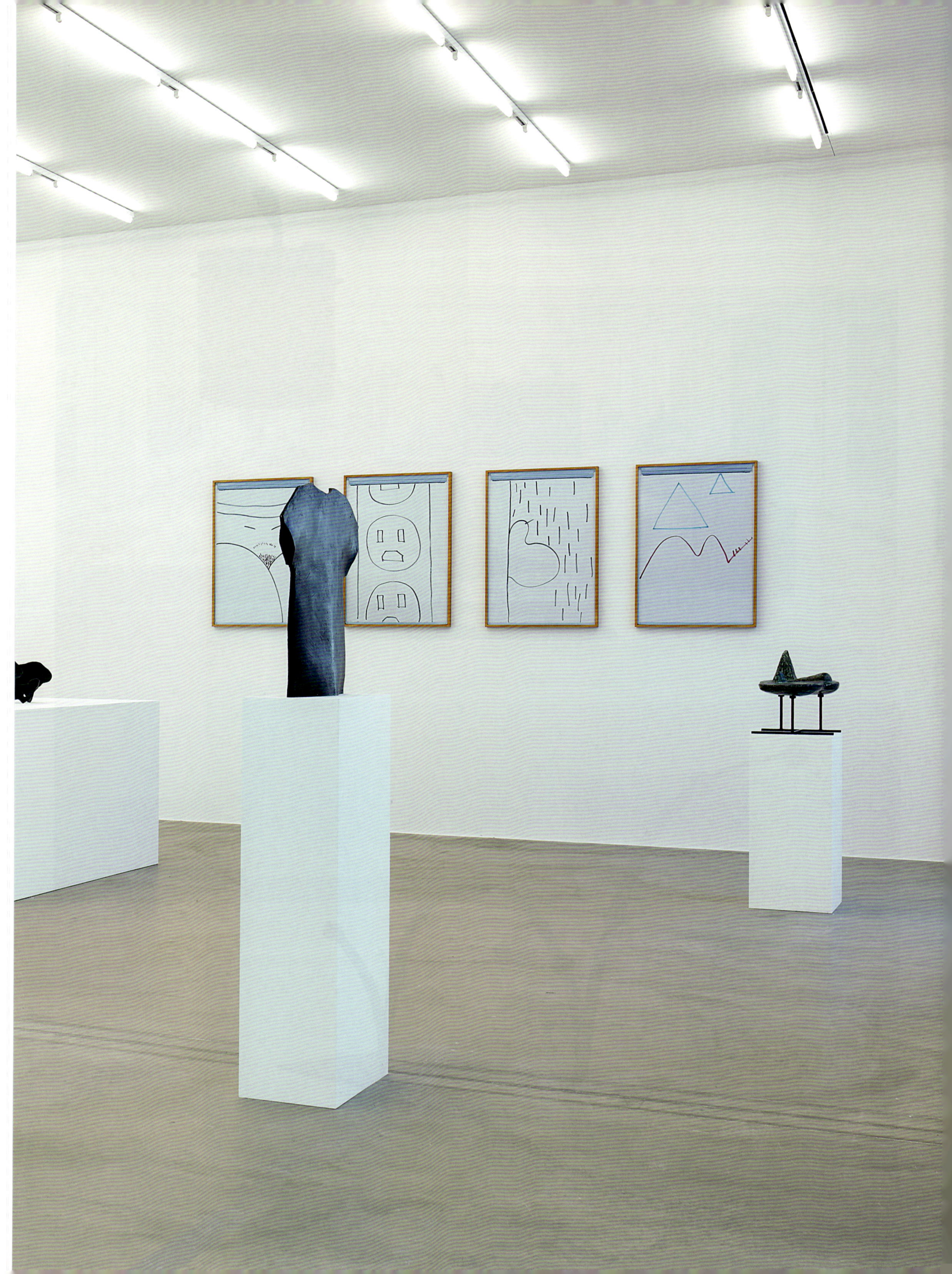

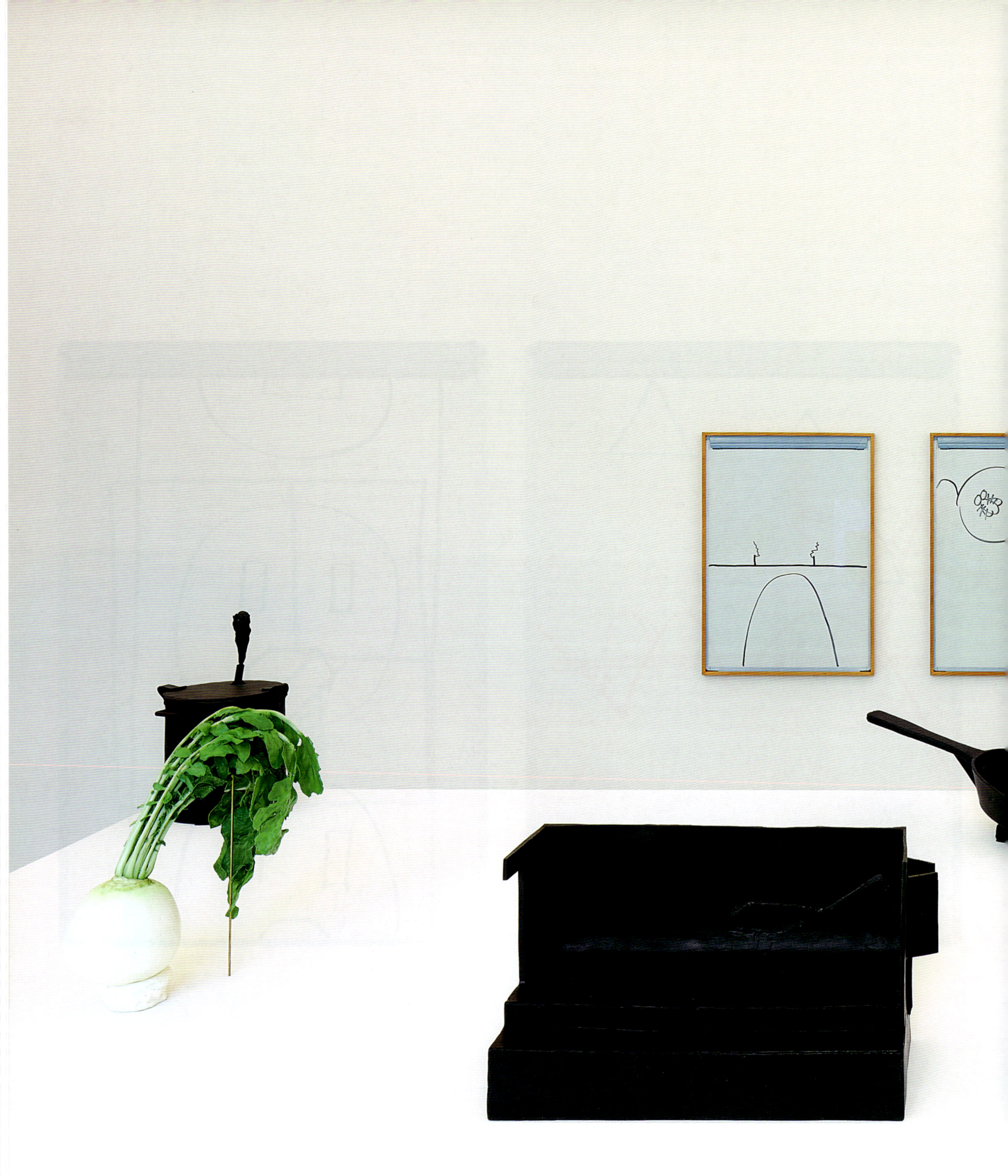

     Exhibition view Aargauer Kunsthaus

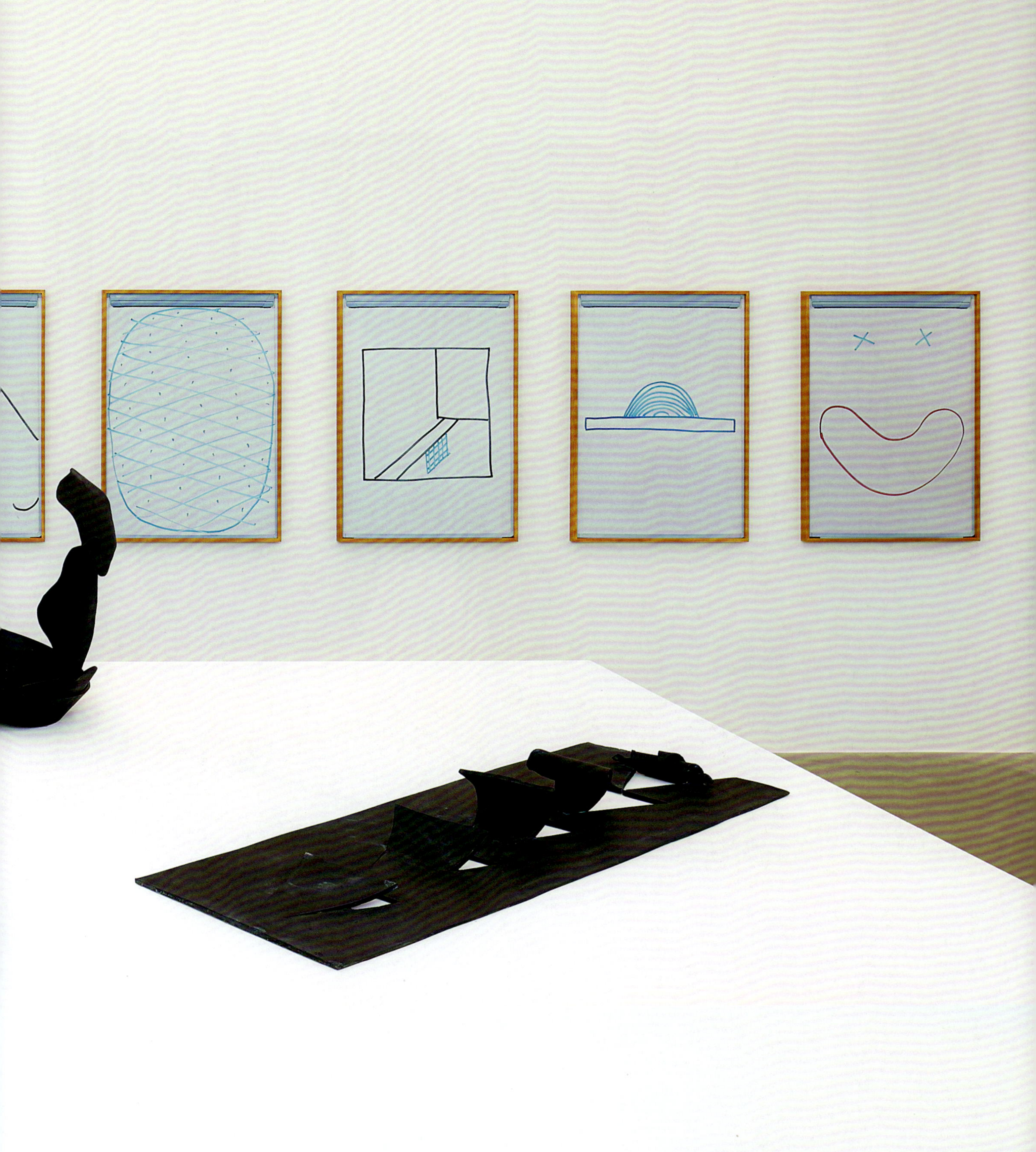

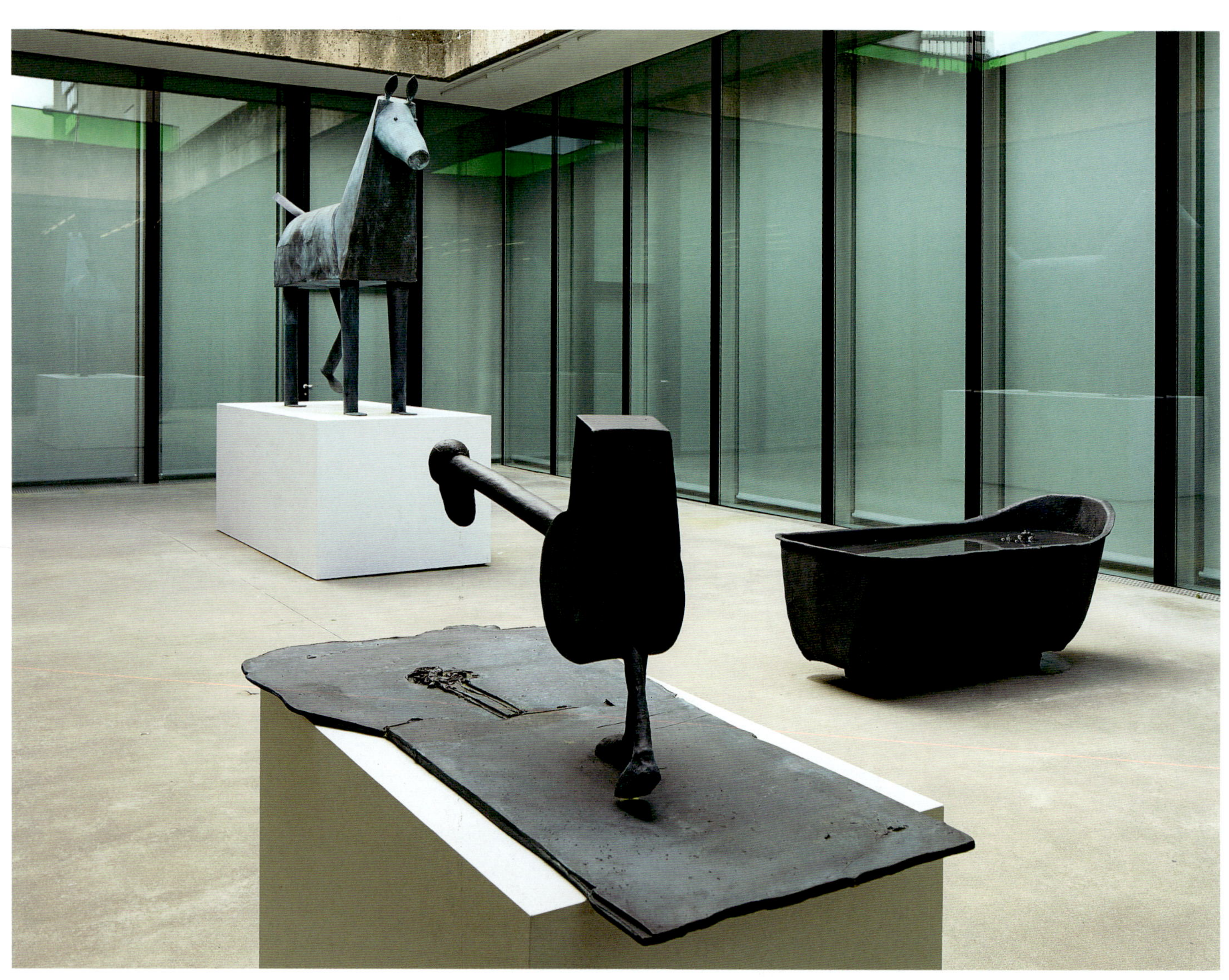

 Exhibition view Aargauer Kunsthaus

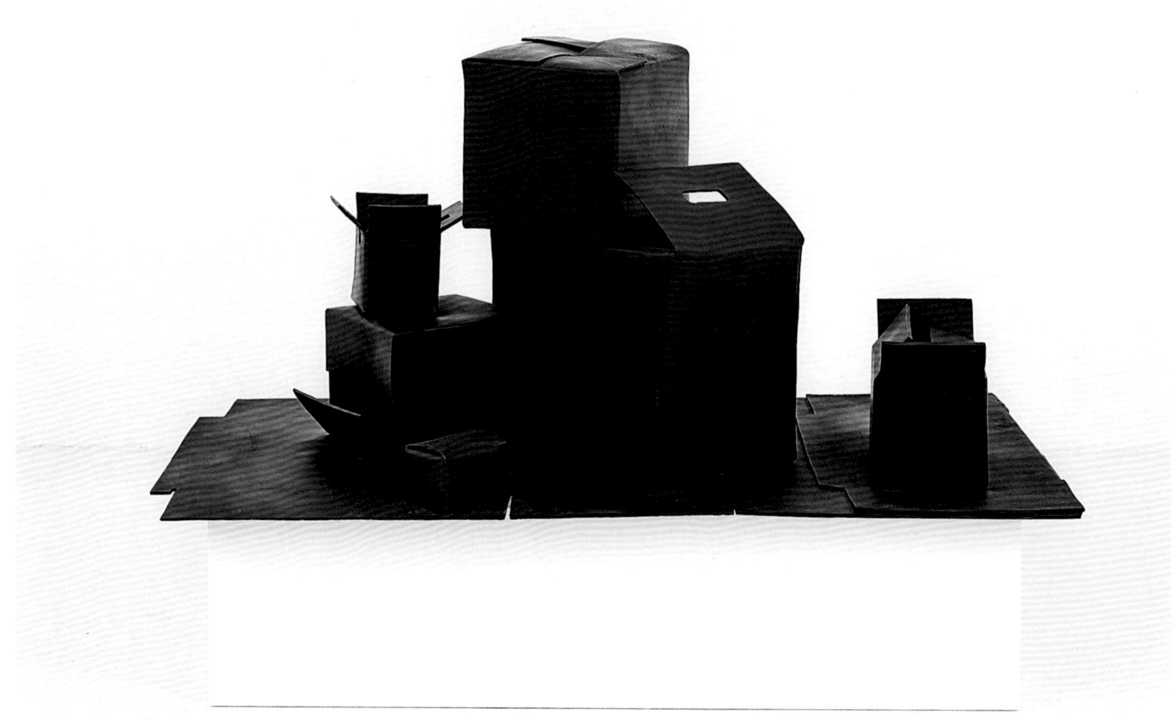

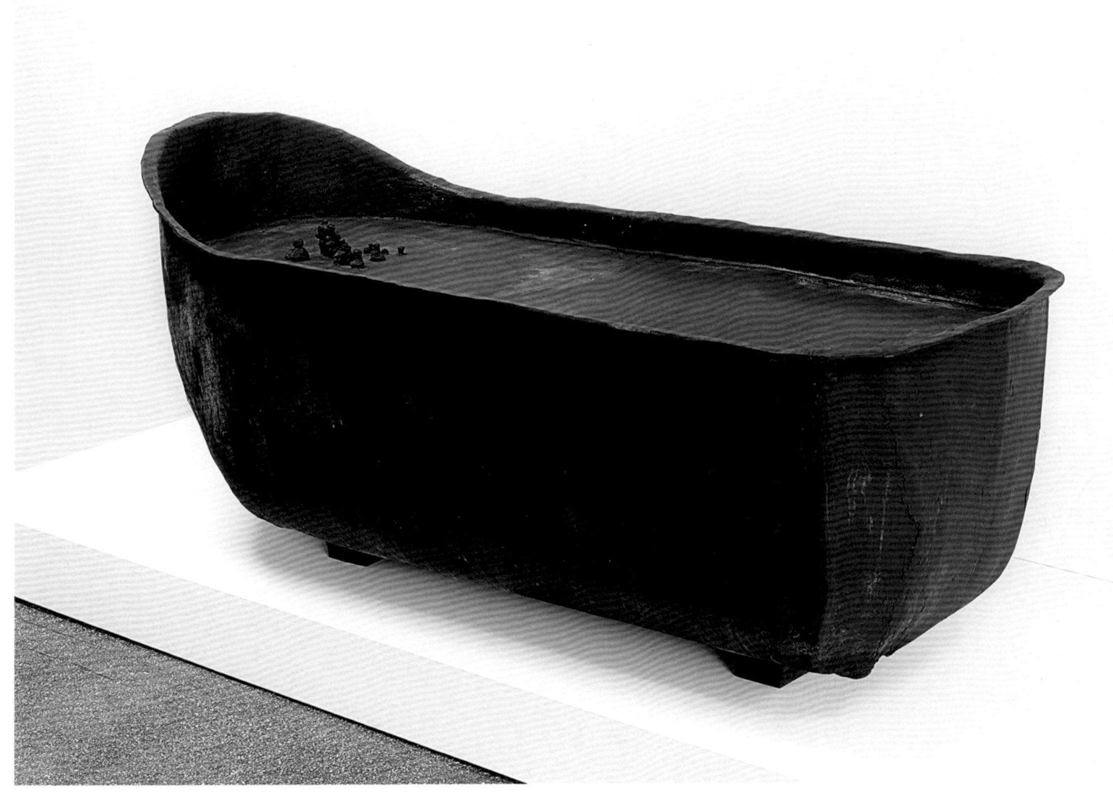

↗ Box outside boxes, 2015
↑ Bathtub, 2015

Horse, 2015

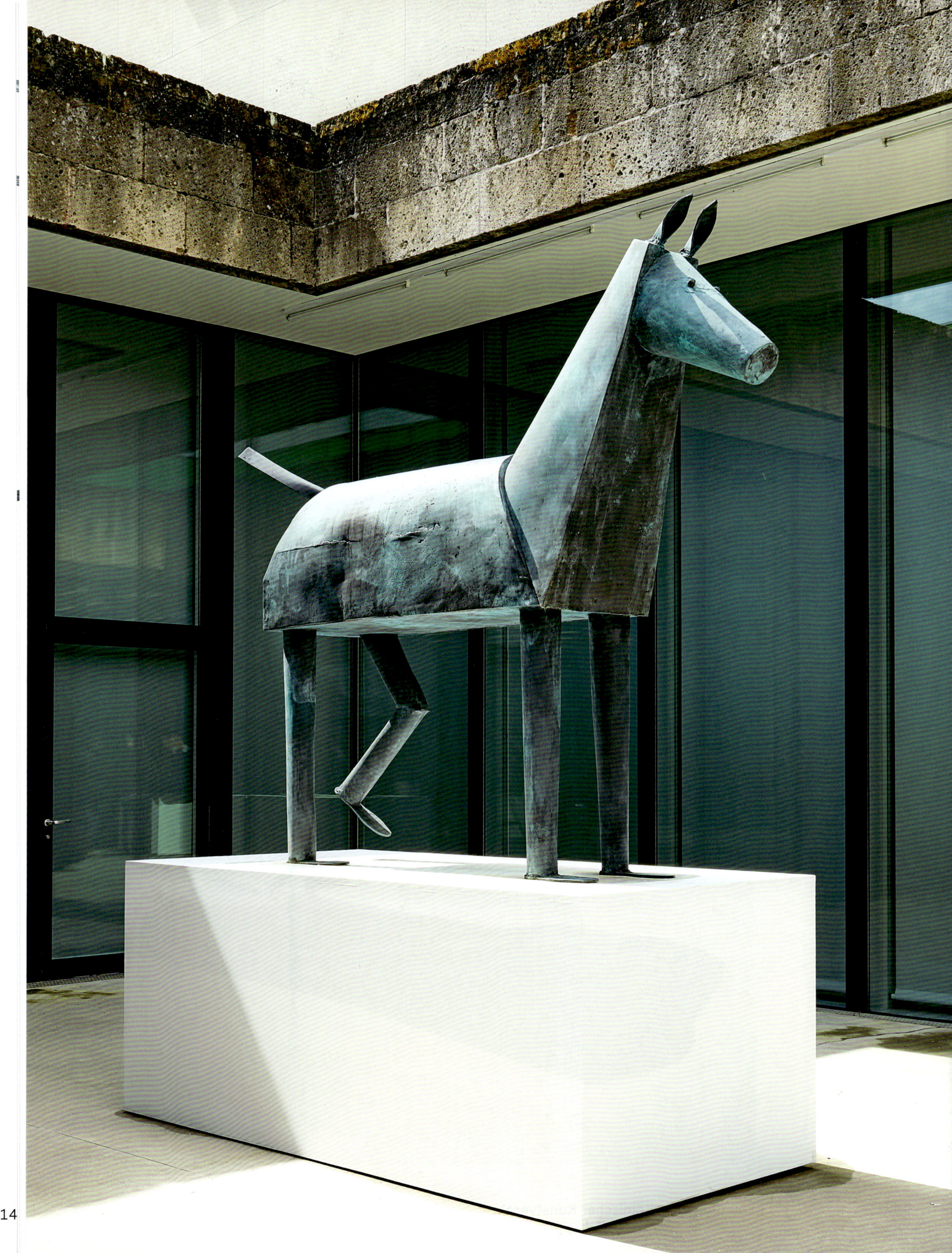

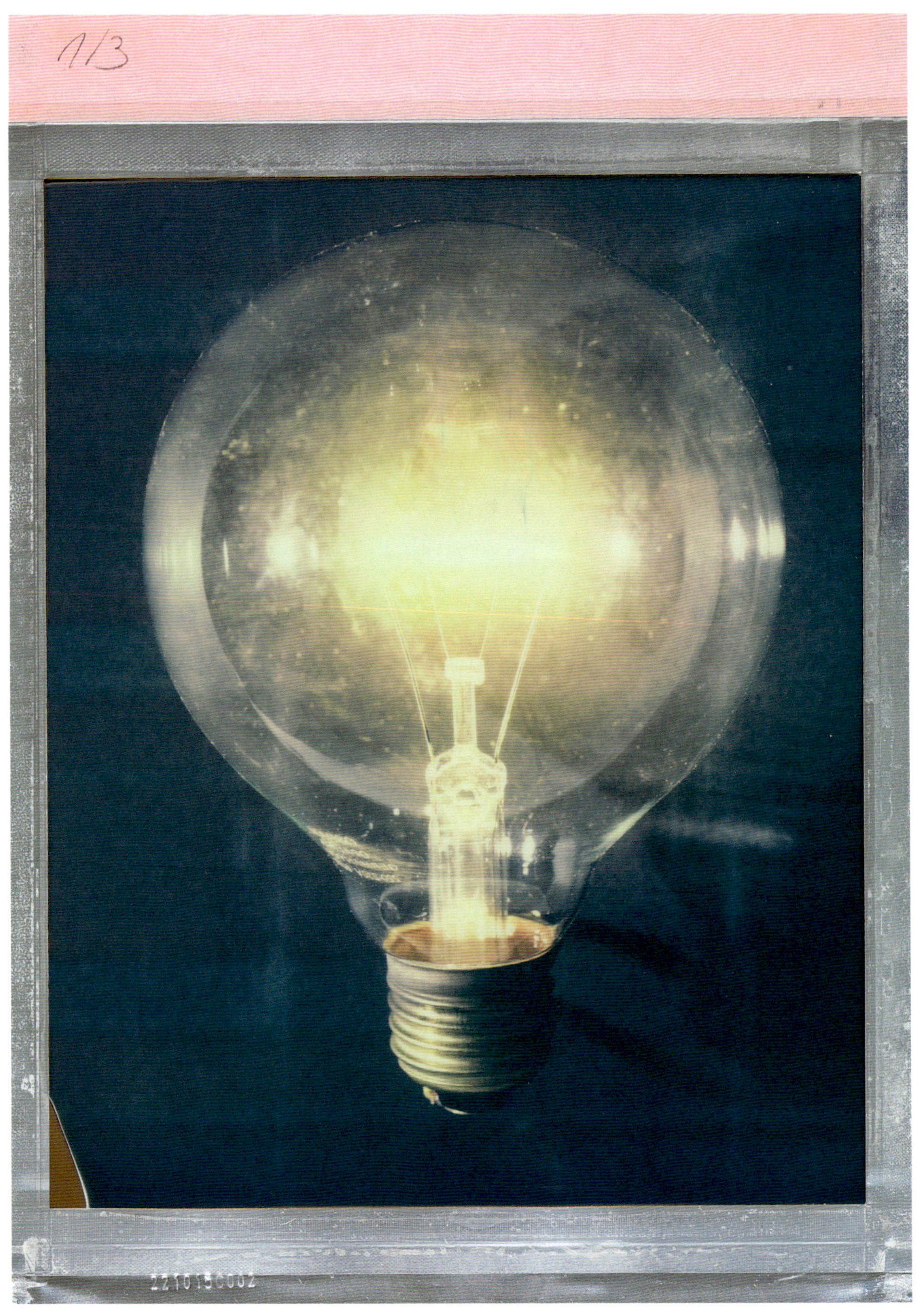

Lightbulb, 2016

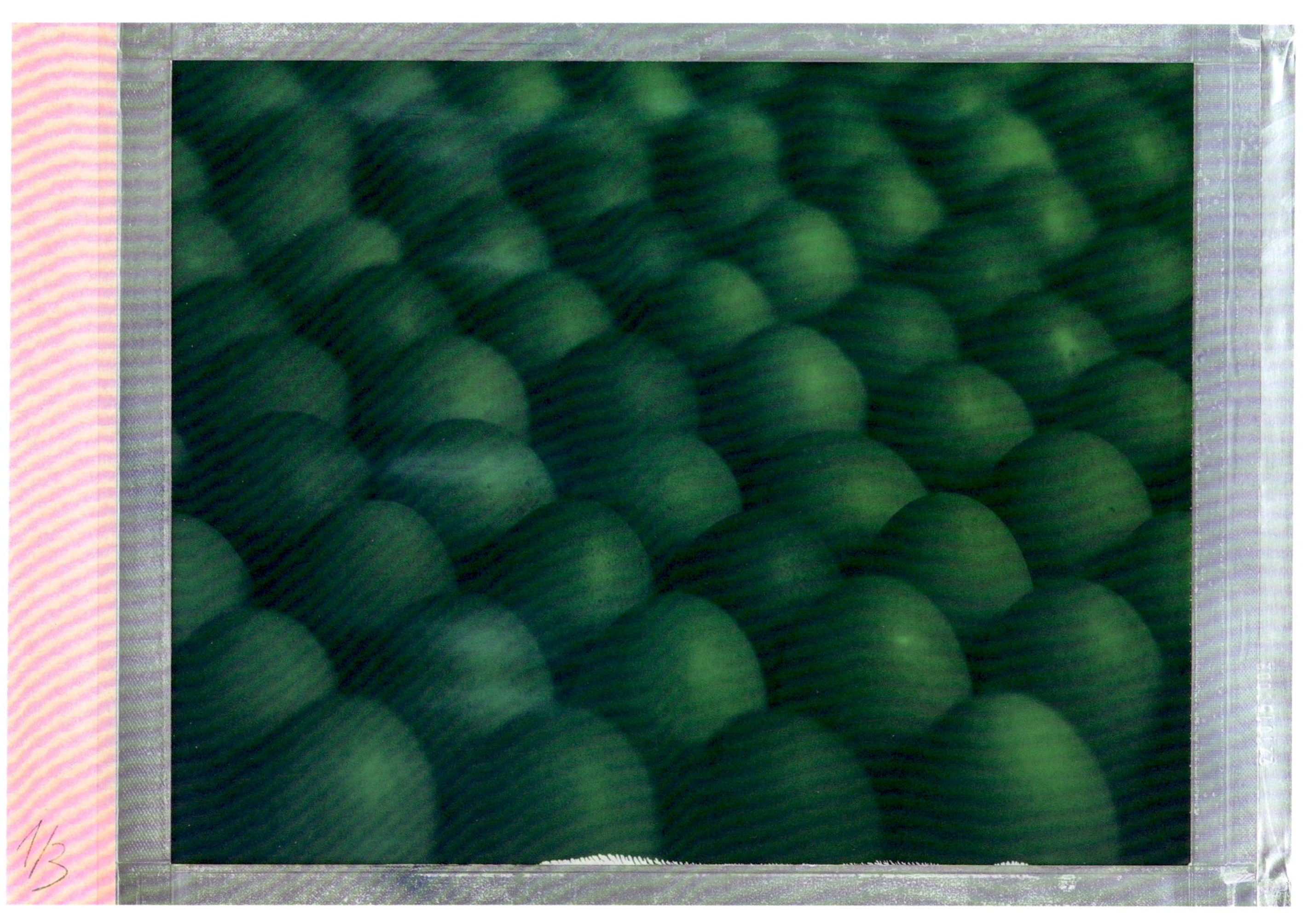

Rotten eggs, 2016

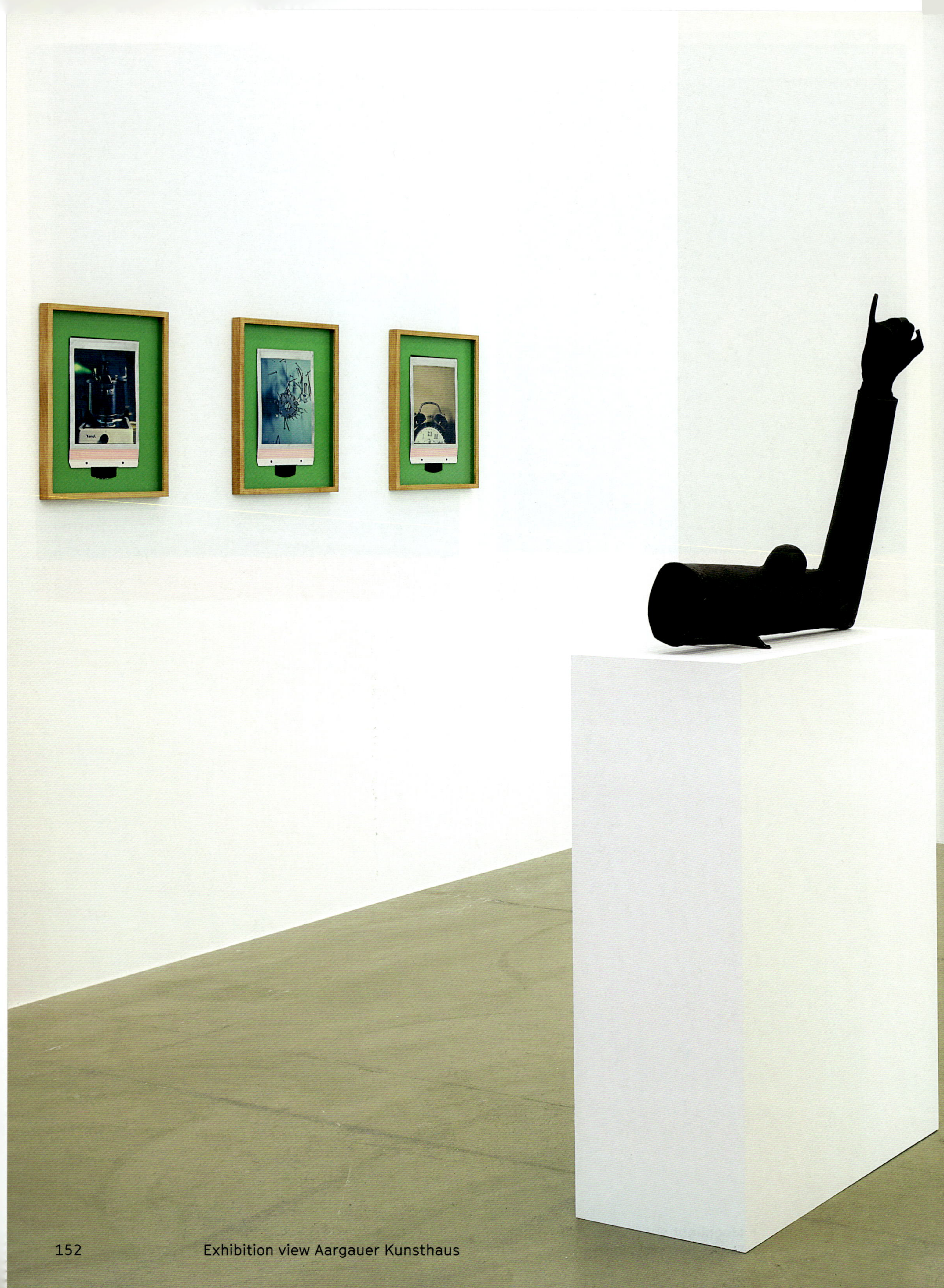

 Exhibition view Aargauer Kunsthaus

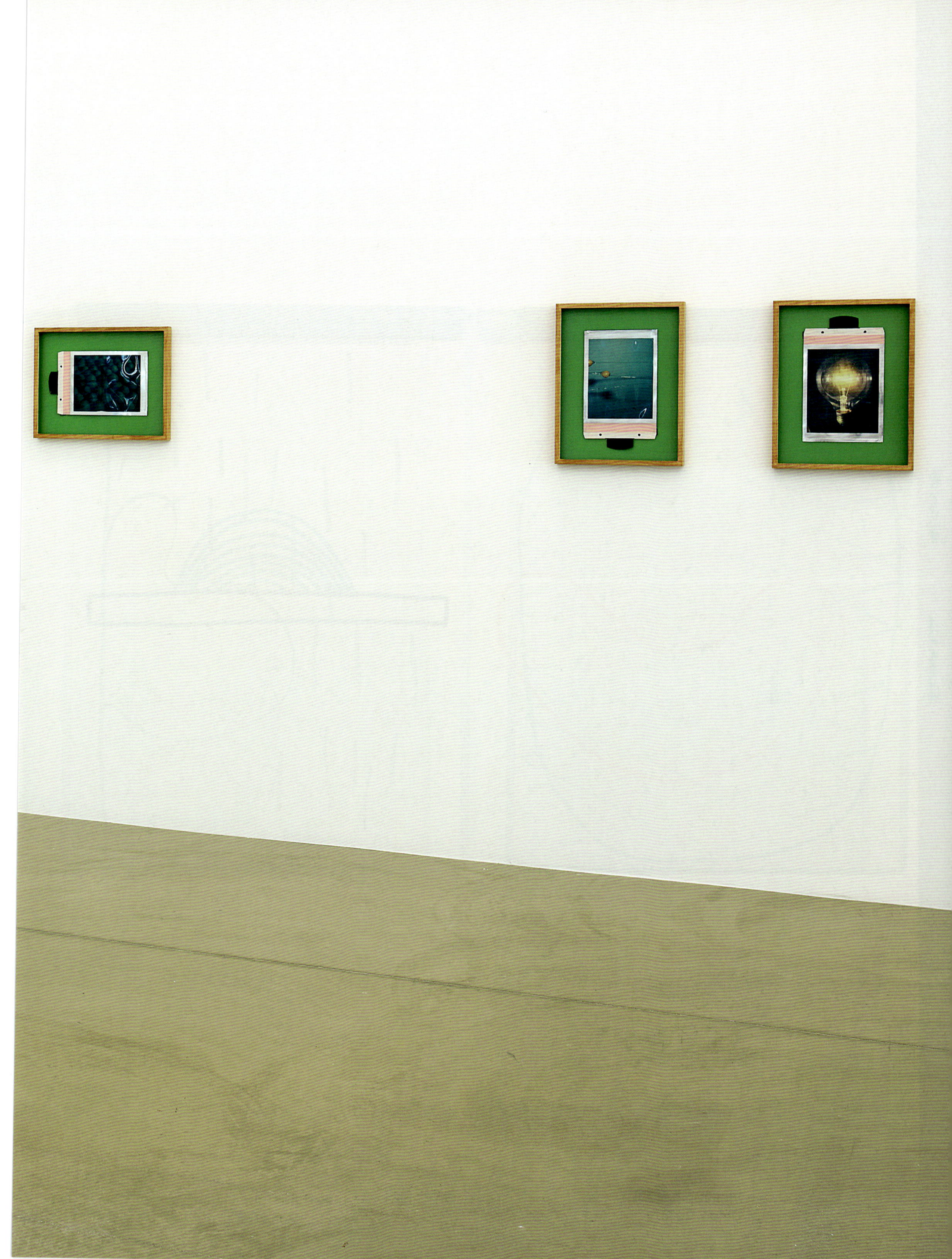

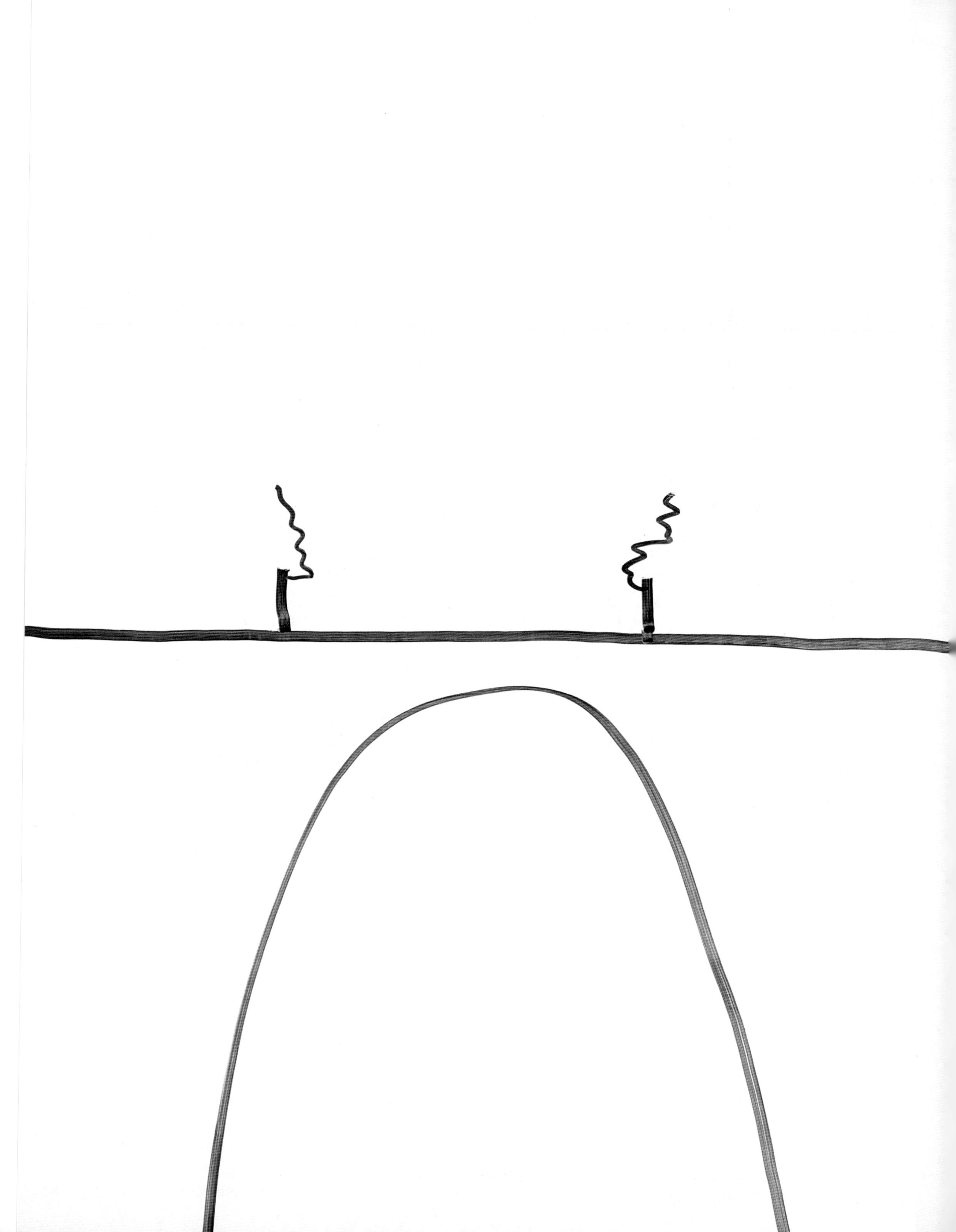

Wir schalten den Fernseher ein, bitte Papa, nur dies eine Mal, setz dich zu mir, sagt sie, du musst diese Folge unbedingt sehen. Ich schaue zum Sofa, sie klopft mit der Hand zweimal auf das Sitzkissen, hier, neben mich. Ich sitze in der Falle, Cartoons, dann das Abendessen fertig machen, also setze ich mich. Der Vorspann läuft, und der Titel der aktuellen Folge leuchtet auf, in psychedelischen Buchstaben, *Cup O'Universe*, der Kontext ist im Wesentlichen unverständlich, am besten, man akzeptiert einfach die mangelnde Kongruenz der Geschichte, so, wie sie hier erzählt wird: Drei Kinder und eine Schlange spielen zusammen in einem Raum, Sanjay, Craig, das ist Sanjays Haustierschlange, Megan und eine weitere Figur, deren Name ich mir nie merken kann, die aber eine Augenklappe trägt, wie ein Pirat, außerdem zeigt sie allen immer ihren blanken Hintern. Einer von ihnen, ich weiß nicht mehr genau wer, findet dann in dem Haufen von Sanjays schmutziger Wäsche einen Becher, der an einem T-Shirt klebt, dann sagt einer von ihnen, und in dem Fall weiß ich auch wer, nämlich Craig, das ist der Erbeermilchshake, den du letzte Woche verloren hast, Sanjay!, dann zupfen sie den Milchshakebecher von der dreckigen Wäsche, und alle sagen, was für ein Glück sie doch hätten, dass sie den Milchshake gefunden hätten, denn jetzt könnten sie ihn ja endlich trinken, sie nehmen also den Deckel ab und … Baahhhh!, da sind sie ganz überrascht und angewidert, weil von dem Becher ein entsetzlicher Gestank ausgeht, Bääh!, nur dem Jungen mit der Piratenklappe scheint das nichts auszumachen, er freut sich immer noch über den Anblick des Milchshakes, der schimmligen Verfärbung des Schaumes zum Trotz, und er greift nach dem Becher, ich finde das super, wenn du den nicht haben willst, nehm ich ihn!, und damit dreht er sich um und geht in die Ecke, fasziniert von dem Inhalt des Bechers, dabei glotzt er mit seinem Auge unheimlich drein, dann kommen die anderen hinzu, von ihrer Neugier angezogen, was findet er denn an diesem absolut widerwärtigen Ding so verlockend?, und trotz des Gestanks sind die vier jetzt wie verhext von dem phosphoreszierenden Strudel, die Kamera zeigt eine Nahaufnahme vom Schimmel, aus übel riechende Glibber steigen alle möglichen chemischen Dämpfe, blub, blub, der giftige Schwefelcocktail stinkt vor sich hin, nimmt verschiedene bunte Farben an und blubbert wie ein Hexenkessel, Wow!, sagen sie. Dann zoomt die Kamera näher heran auf die Oberfläche des Milchshakes, sie inhalieren tief, atmen die kosmischen Dämpfe dieser Ursuppe ein, der Stoff, aus dem Galaxien gemacht werden, und mit einem mal werden sie vom Becher eingesaugt, und im Becher wird ihnen das Mysterium aller Mysterien offenbart: Sie erhalten einen flüchtigen Blick auf die Szene, die sie gerade sehen, oder, nein, ich muss noch einmal neu ansetzen und das verständlicher erklären, sie sehen sich selbst, aber nicht wie in einem Spiegel, sie sehen sich vielmehr so, als ob sie von oben herab auf sich selber schauen würden, denn in dem schimmligen Erdbeermilchshake befindet sich ein weiterer Raum, voll mit Spielsachen und einem Berg schmutziger Wäsche, es ist ein anderes Universum, fast genau so wie das ihre, nur kleiner, hier stehen vier weitere klitzekleine Figuren wie betäubt vor einem winzigen stinkenden Becher schimmligen, sieben Tage alten Erdbeermilchshakes, Peng!, *Mise en abyme*, du Penner. Ich finde, dass diese Geschichte zum Missbrauch von Psychopharmaka ermuntert, ich bin mir nicht sicher, ob das wirklich für Kinder geeignet ist, ich schau meine Tochter an, das ist doch lustig, oder? Ein schimmliger Becher, in dem eine Mikro-Welt verborgen ist, in die, ob jetzt durch Zufall, Fügung oder Parallelismus, die gleichen Mini-Figuren auch einen schimmligen Becher haben, in den schauen sie rein und sehen einen dritten Becher, Mini-Mini-Sanjays und Mini-Mini-Craigs, und das geht immer weiter so, bis zur Unendlichkeit, so weit, wie sich die Vorstellungskraft hinaus wagt, *Stopp!* … und siehe da!, in einer zweiten Szene mit der gleichen Halluzination, anstatt des Blicks in Sanjays Milchshakebecher, auf den Milchshakebecher von Mini-Sanjay und dann Mini-Mini-Sanjays Milchshakebecher und so weiter … schauen alle Sanjays gleichzeitig in die entgegengesetzte Richtung, nach oben, und sehen sich mit der furchterregendsten Vorstellung konfrontiert, könnte es sein, dass selbst in dem ersten Universum, also dem, in dem unsere Geschichte begann, als der Becher noch normal groß war, nicht in verkleinerter Version, an einem T-Shirt klebend, mitten in Sanjays schmutziger Wäsche, könnte es vielleicht sein, dass dieses erste Universum in Wahrheit in einem noch größeren verschimmelten Becher enthalten ist, wo es vier riesige Kinder gibt, einschließlich eines Riesen mit Piratenaugenklappe, bei dem das Auge hervorquillt und finster aussieht wie bei einem Zyklopen, und über ihm ist ein noch größerer einäugiger Riese, der immer allen seinen riesigen blanken Hintern zeigt, und ich frage mich, warum eigentlich in jeder Folge diese Figur, die so unsympathisch ist, so eindrucksvoll furzen muss, um seinen Freunden sozusagen die *Anima* seiner Eingeweide auszustellen, mit gespreizten Beinen und einem Feuerzeug in der Hand, Bäm!, wenn er einen fahren lässt und

Das verschwundene Nilpferd
João Maria Gusmão

← Two guys smoking cigarettes on a bridge, 2016

einen Feuerkugelfurz in sämtliche Paralleluniversen krachen lässt.

Ich frage meine Tochter, wie der einäugige Junge heißt, Hector, sagt sie. Hmm …

Nach Trojas Fall gibt es für Odysseus, Homers Held, nichts Schwierigeres, als in sein Heimatland zurückzukehren. Die Götter des Olymps vollziehen ihre Rache, Poseidon ist wutentbrannt, Zeus ist wutentbrannt, und die arme Athene und ihr geliebter Odysseus durchleben zahlreiche Irrungen und Wirrungen. Es ist weithin bekannt, dass die griechischen Götter viel Zeit damit verbracht haben, sich fortzupflanzen, hin und wieder kam dann ein außergewöhnlicher Nachkomme zur Welt, für den sie besonders starke Gefühle hegten, den sie besonders beschützen wollten, und das bringt Odysseus dazu, sich um die Gastfreundschaft von Polyphem zu bemühen, was zu einer verheerenden Begegnung mit dem Gott der Meere führt … Odysseus' Schiffe irren im Ägäischen Meer herum und gehen schließlich an einem Land vor Anker, das aus unbewohnter Wildnis besteht, in der Nähe der Inselgruppe, auf der die Zyklopen leben, Buch IX der Odyssee, hier machen sie halt, um ihre Vorräte aufzufrischen und sich von den übernatürlichen Stürmen auf See zu erholen, aber Odysseus' Neugier gewinnt die Oberhand: Nur ein paar Seemeilen entfernt sieht er die Insel, auf der die einäugigen Monster leben, und er beschließt, dorthin aufzubrechen. Die Morgenröte, Aurora, mit ihren rosigen Fingern ist zusammen mit Odysseus in aller Frühe bereit, Odysseus, der Entdecker und Plünderer, sowie ein Dutzend auserwählter mutiger Gefährten, machen sich auf den Weg zu Polyphem, dem riesigen Zyklopen, der an einem Hang liegt und schläft und so eine Herde Ziegen und Schafe hütet, wie sie sehen können. Sie dringen in Polyphems Höhle ein, aber er lässt auf sich warten, also entscheiden sie sich zu warten und in der Zwischenzeit ihre Mägen mit Ziegenkäse zu füllen. Als der Zyklop zu seiner Höhle zurückkehrt, versperrt er den Eingang mit einem gewaltigen, unüberwindbaren Felsbrocken. Jetzt ist es aus mit uns, denken sie, und unsere Helden zittern vor Angst, denn dieses einäugige Monster ist verärgert über diesen Überraschungsbesuch und er scheint sich mehr auf den Geschmack von Menschenfleisch zu freuen als auf menschliche Gesellschaft, und so entschließt sich der Zyklop die Eindringlinge in seiner Vorratskammer zu lassen, um sie dann, einen nach dem anderen, oder vielmehr Stück für Stück zusammen mit seiner ovolacto-vegetarischen Kost einzuverleiben. Am zweiten Tag dieser misslichen Lage, und nachdem sechs von Odysseus' Gefährten bereits lustvoll verspeist worden waren, und, wie Homer berichtet, während Polyphem da sitzt und seine Finger abschleckt und Hirnmasse überall auf dem Boden der Höhle verteilt liegt, analysiert Odysseus noch einmal die Lage und kommt dann auf eine Idee. Nach dem Abendessen bietet er Polyphem an, in großzügigen Schlucken von dem Wein zu trinken, den er mitgebracht hat, trink, Polyphem, trink, ich offeriere dir diesen köstlichen Göttertrank und bitte dich um Gnade, und der Riese findet Gefallen an dem einschläfernden Trunk, schenk mir mehr davon ein, sagt er zufrieden, sag mir, wie du heißt und ich belohne dich mit einem Geschenk, da du der höflichste meiner Gäste bist, ich heiße Niemand, sagte Odysseus, gut, ich werde dich als letzten verspeisen, Niemand, ich werde alle anderen vor Niemand verspeisen, tolles Geschenk, denkt sich Odysseus,

aber bald schon werde ich einen brennenden Furz fahren lassen und dir mit deinem Olivenbaumknüppel ins Auge stechen, nachdem ich ihn vorher ordentlich angespitzt und im Feuer hart gemacht habe.

Als das Monster schläft, ergreifen die mutigen noch lebenden Männer von Ithaka den Knüppel und stoßen ihn auf das geschlossene Augenlid des Monsters, dabei drehen sie ihn hin und her, um das Auge so schwer wie nur möglich zu verletzen.

Verdammt, zur Hölle, Oh weh, Oh weh, klagt Polyphem, Niemand, das war Niemand!, schreit er, und er ruft seine Verwandten in den benachbarten Höhlen, Hilfe, Freunde, Niemand will mich töten!, Niemand kam in meine Höhle, aß meinen Käse und stach mir das Auge aus. Wo ist Niemand? Bitte sucht Niemand. Und blind, wie er ist, grabscht der Riese in seiner Höhle umher, um Odysseus und seine tapferen Männer zu ergreifen, die sich hinter dem Pelz des größten Schafes versteckt halten. Natürlich kommt niemand Polyphem zu Hilfe, denn wenn Niemand ihn belästigt, würden nur die Götter ihm beistehen können.

Bertrand Russel hat einmal in einem Hörsaal gesagt, es ist ein Nilpferd in diesem Raum, aber wir können es weder sehen, noch können wir es riechen, und berühren können wir es schon gar nicht, verstehen Sie, was ich Ihnen damit sagen möchte? Wittgenstein schaute unter das Pult, aber da war kein Nilpferd, die Biografen spendeten lang anhaltenden Applaus. Klatsch, Klatsch, Klatsch … Eine Anekdote. Niemand versteckt sich in einem sehr kleinen Becher, schaut hinein und sieht ganz viele Menschen und denkt sich, es ist ganz normal, dass in diesem Becher viele Menschen drin sind, die nach Nilpferden in anderen Bechern suchen, während sie sich vorstellen, dass Niemand sie von oben beobachtet. Auf dem Boden meines Bechers befindet sich ein Nilpferd, und Niemand schaut es an, als ob Nilpferde klein, groß, riesig oder unermesslich riesengroß wären, und jeder könnte Niemand sein. Eine bodenloser Boden, auf dem man Niemand neben Niemandem finden kann, mit Tausenden Nilpferden, die man nicht sehen kann, auch nicht riechen, die man vor allem nicht berühren kann, beinahe so, oder genau so, als ob sie in keiner Weise existierten.

Ist hier etwas in diesem Becher? Nein, Papa, er ist leer. Bist du sicher? Nun ja, voller Luft, möglicherweise?

Wir schalten den Fernseher aus, ich frage meine Tochter, ob sie weiß, was ein Rätsel ist, ja, natürlich weiß ich das, ein Rätsel ist ein Ei, sagt sie, bei dem Frage und Antwort vertauscht werden. Was schlüpft aus einem Nilpferd-Ei?, frage ich sie, Papa, das weiß doch jeder, ein Baby-Nilpferd, und was ist in dem Ei eines Baby-Nilpferds?, ein noch kleineres Baby-Nilpferd. Wann glaubst du hört es auf, möglich zu sein, dass noch weitere Baby-Nilpferde geboren würden? Wenn das Nilpferd kein Ei mehr legen kann, das ist doch klar, antwortet sie.

Als Ödipus kurz vor Theben war, stellte die Sphinx ihm ein Rätsel: «Was hat vier Beine am Morgen, zwei am Nachmittag und drei in der Nacht?» Er kannte die Antwort – was war zuerst da, das Huhn oder das Ei? Der Mensch, ich glaube, dass der Mensch vor dem Ei da war, und wo kam dann das Huhn her?, von dem Ei eines Baby-Nilpferds, das ist doch klar, als Kind kriecht er auf allen vieren, als Erwachsener läuft er auf zwei Beinen, und im hohen Alter braucht er einen Gehstock, um sich zu stützen, einen

Nilpferd-Gehstock. Im Lauf seines Lebens erfindet er 1001 Hühner und er legt viele Eier. Ingres hat diese Szene gleich zweimal gemalt: Ödipus 1 und 2. Freud hat einen Druck von einem der beiden Bilder an der Tür seines Besprechungszimmers gehängt. In der ersten Version des Gemäldes sehen wir Ödipus von der Seite, zur Linken, er antwortet der Sphinx, die sich Furcht erregend und bedrohlich im Halbdunkel auf der rechten Seite verbirgt, aber in der zweiten Version, die der ersten sehr ähnelt, nur spiegelverkehrt, versteckt sich die Sphinx in einer Höhle in den Steinen zur Linken. Im zweiten Gemälde sieht man menschlichen Überreste auf dem Boden liegen, die Überbleibsel derjenigen, die nicht in der Lage waren, die Rätsel aller Rätsel zu lösen: Wie viele Beine hat ein Nilpferd, am Morgen, am Nachmittag und in der Nacht? In der Ferne sieht man noch eine Figur, es ist jemand, der in der ersten Version des Bildes nicht zu sehen ist, er schreitet über den Schlund, er eilt voran, dabei gestikuliert er mit einem Arm, als ob er Ödipus warnen möchte, die Sphinx, sie existiert gar nicht, scheint er zu rufen, und fast scheint es, als ob die Sphinx sich weiter in den Schatten zurückzieht, denn sie ist in Wahrheit nichts anderes als ein Huhn …

Der Text wurde ursprünglich veröffentlicht im Rahmen der Ausstellung «The Missing Hippopotamus», Kölnischer Kunstverein, Köln, 2015.

     Das verschwundene Nilpferd

We switch on the television, please dad, just this once, sit here with me, she says, you have to see this episode. I look at the sofa, she pats the cushion twice, here, next to me. I've been trapped, cartoons, then I get dinner ready, so I sit down. The opening credits come on and the title of the episode flashes up, spelled out in psychedelic lettering, Cup O'Universe. The context is essentially indecipherable, it's best to just accept the incongruence of the story as it presents itself: three children and a snake are playing in a room, Sanjay, Craig, who is Sanjay's pet snake, Megan and another character, whose name I can never remember, but who has an eyepatch like a pirate and is always showing his bum. One of them, I'm not sure which, finds a cup stuck to a t-shirt in Sanjay's pile of dirty laundry, and one of them, and this time I do know which, it's Craig, the snake, says, that's the strawberry milkshake you lost last week, Sanjay! So they unstick the milkshake from the dirty laundry and say to one another how lucky they are to have found the milkshake, for now they can finally drink it, and they take off the lid and … Urghhh!, to their great surprise and disgust, a horrible smell emanates from the cup, Urghhh!, only the kid with the pirate eye seems not to mind, he still likes the look of the milkshake, despite the color of its putrid froth, and he picks up the cup and keeps hold of it. I think this is pretty cool, if you don't want it, I'll have it! And he heads off into the corner mesmerized by the contents of the cup, his one eye bulging and sinister, then the others approach, drawn by curiosity. What is it he finds so appealing about something so disgusting? And despite the smell, the four of them become bewitched by the milkshake's phosphorescent swirls, the camera focuses on the mould, the fetid goo simmering with all manner of chemical fumes, Blup Blup, the toxic sulphur stinks, it turns multi-colored and bubbles away like a cauldron, Wow! they say. Then the camera zooms in to the surface of the milkshake, they inhale deeply, breathing in the cosmic vapours produced by this primordial matter, the stuff galaxies are made of, and they find themselves being sucked into the cup, where the mystery of mysteries is revealed to them: they get to glimpse the scene they're seeing, or let me say that again and try and explain it more clearly, they see themselves, but not as in a mirror, rather they see themselves as if they were looking at themselves from above, because inside the rotting strawberry milkshake is another room full of toys and a pile of dirty laundry, another universe very much like their own, only smaller, where another four minuscule characters stand stupefied before a tiny stinking cup of mouldy week-old strawberry milkshake, Kabooom! *Mise en abyme*, you slob. And I think, this story is encouraging the use of psychotropic drugs, I'm not sure it's suitable for children. I look at my daughter, this is funny, isn't it? A mouldy cup containing a micro-world in which, whether by chance, coincidence or parallelism, the same microcharacters have a second mouldy cup. They peer into it and see a third cup, mini-mini-Sanjays and Craigs, and so on, into infinity, as far as the imagination is prepared to go, Stop! … and lo and behold, in a second scene of the same hallucination, instead of looking inside Sanjay's milkshake cup, at mini-Sanjay's milkshake cup, and min-mini-Sanjay's milkshake cup, etc., all the Sanjay's simultaneously look in the opposite direction, upwards, and are confronted by the most frightening hypothesis: Could it be that even in the first Universe, the one in which our story began, where there was a normal-sized cup, not a smaller version, stuck to a t-shirt, in amongst Sanjay's dirty laundry, could it be that this first Universe is in fact contained inside an even bigger mouldy cup, where there are four enormous children, including a giant with a pirate's eyepatch, his eye bulging and sinister like a Cyclops, and then above that one, an even bigger one-eyed giant, who's always showing his ginormous bum? And I wonder, why is it that in every episode, this character, who is so unappealing, farts spectacularly in order to show his friends the *anima* of his intestines, legs astride, lighter in hand, Kaboom, as he lets rip and sends a fireball fart into all parallel realities?

I ask my daughter, what's the name of the kid with the one eye, Hector, she replies? Hmmmm …

After the fall of Troy, nothing is more difficult than Ulysses, Homer's hero, returning to his homeland. Revenge is wreaked by the Gods of Olympus, Poseidon is furious, Zeus is furious, and poor Athena and her dear Ulysses experience numerous trials and tribulations. It's a well-known fact that the Greek Gods dedicated many hours to procreating, and every once in a while they gave birth to unusual offspring whom they felt particularly affectionate and protective towards, and this leads Ulysses to seek the hospitality of Polyphemus and results in a cataclysmic encounter with the God of the Seas … Lost in the Aegean, Ulysses' ships come across a land of uninhabited wilderness near the islands where the Cyclopes live, Book IX of the Odyssey, and they stop to gather supplies and gain respite from the supernatural storms, but Ulysses' curiosity gets the better of him: he sees, a few leagues away,

The Missing Hippopotamus
João Maria Gusmão

the island where the one-eyed monsters live and decides to set off in its direction. Dawn, the rosy-fingered Aurora, rises bright and early with Ulysses, explorer and pillager of cities, and a dozen of his hand-picked brave men, heading towards Polyphemus, the Cyclops giant, whom they can see sleeping on a hillside tending a herd of goats and sheep. They enter Polyphemu's cave, but he's not there, so they decide to wait and fill their bellies with goat's cheese. When the Cyclops returns to the cave, he blocks off the entrance with an enormous, impassable boulder. We're done for, they think, and our heroes tremble, for the one-eyed monster is unhappy at their surprise visit and seems to be rather more fond of the taste of human flesh than he is of its company, and so the Cyclops decides to keep them in his fridge and slowly, one-by-one, or rather bit-by-bit, incorporate them into his ovo-lacto-vegetarian diet. By the second day of this imbroglio, with six of Ulysses' companions having been feasted upon and, as Homer recounts, Polyphemus sitting there licking his fingers with brains scattered about the cave floor, Ulysses weighs up his options and comes up with a plan. After dinner, he offers Polyphemus a generous amount of the wine he'd brought with him. Drink Polyphemus drink, I offer you this delicate nectar and beg mercy of you, and the giant likes the soporific drink, pour me some more, he says satisfied, tell me your name and I will reward you for being the most polite of my guests with a gift. My name is Nobody, Ulysses replies. Then I will eat you last, Nobody, I'll eat all the others before Nobody. Some gift, thinks Ulysses, but later on I'll let rip with a flaming fart and poke you in the eye with that olive tree club of yours, having first sharpened and hardened it in the flame.

And when the monster slept, the surviving brave men of Ithaca took hold of the club and plunged it into the monster's closed eyelid, twisting it round to do as much damage as possible.

Damn and blast it, Ouch Ouch, Polythemus wailed, Nobody, it was Nobody!, he cried, calling out to his relatives in the neighboring caves, help, friends, Nobody is trying to kill me!, Nobody came into my cave, ate my cheese and blinded me. Where is Nobody! Somebody find Nobody? And blindly the giant groped around the cave trying to find Ulysses and his brave men, who were hiding beneath the fleece of the largest of the sheep. It goes without saying that nobody came to Polyphemus's aid, if Nobody was bothering him, only the gods could help.

Bertrand Russell said in a lecture room: there's a Hippopotamus in here, but we can neither see it nor smell it, let alone feel it. Does this statement make any sense? Wittgenstein peeked under the desk, the hippo wasn't there, the biographers gave a long round of applause. Clap, Clap, Clap … An anecdote. Nobody hides in a very tall cup, peeks inside it and sees lots of people, and then thinks it's only right that this cup contains lots of people looking for hippopotamuses inside other cups while imagining Nobody peeking down on them from above. There's a hippopotamus at the bottom of my cup and Nobody is peeking at it, as if hippopotamuses might be small, big, huge or immeasurably enormous, and anybody might be Nobody. A bottomless bottom where Nobody can be found alongside Nobody, with thousands of hippopotamuses that cannot be seen, nor smelled, and especially not felt, almost, or even as if they did not exist.

Is there anything inside the cup? No, dad, it's empty. Are you sure? Maybe it's full of air?

We switch the television off, I ask my daughter if she knows what a riddle is. Yeah, of course I do, a riddle is an egg, she says, mixing up the question and the answer. What's born out of a hippopotamus egg?, I ask her. Dad, everyone knows that, a baby hippopotamus. And what about a baby hippopotamu's egg? An even smaller baby hippopotamus. When do you think it stops being possible for more baby hippopotamuses to be born? When it becomes impossible for a hippopotamus to lay an egg, of course, she replies.

When Oedipus approached Thebes, the Sphinx presented him with an enigma: "What has four legs in the morning, two in the afternoon and three at night?" He knew the answer – what came first, the chicken or the egg? Man, I think Man came before the egg, where did the chicken come from then? From a hippopotamus egg, of course, as a child he crawls, as an adult he walks on two legs and in old age he uses a walking stick, a hippopotamus walking stick. In the course of a lifetime he invents a thousand and one chickens and lays lots of eggs. Ingres painted the scene twice: Oedipus 1 and 2. Freud hung a print of one of them at the door to his consultancy. In the first version of the painting we see Oedipus from the side, on the left, answering the sphinx, who hides terrifyingly and menacingly in the half-light on the right, while in the second version, which is very similar to the first but in mirror image, the sphinx hides in a hole in the rocks on the left. In the second painting, leftovers can be seen on the ground, the human remains of those who failed to solve the mystery of all mysteries: How many legs does a hippopotamus have, in the morning, in the afternoon and at night? In the distance, another character can be seen, one who's not present in the first version of the painting, making his way across a gorge, hurrying over with his arm raised as if wanting to warn Oedipus, the sphinx doesn't exist, he seems to be yelling, and you can almost see the sphinx retreating further into the shadows, for she's really just a chicken …

The text was originally published on occasion of the exhibition "The Missing Hippopotamus", Kölnischer Kunstverein, Cologne, 2015.

     The Missing Hippopotamus

All works unless otherwise noted:
courtesy of the artists and Galeria
Fortes Vilaça, São Paulo; Galeria
Graça Brandão, Lisbon; Sies + Höke,
Düsseldorf; ZERO, Milano

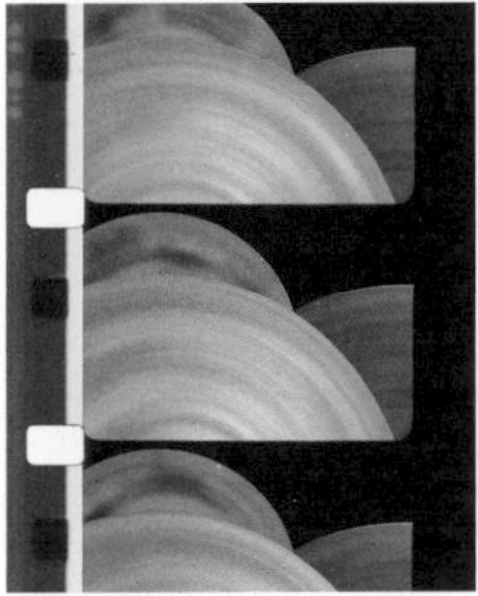

→ P. 22/23
Onça geométrica, 2013
Film installation, 5 projectors,
150 meters of 16 mm colour film,
no sound

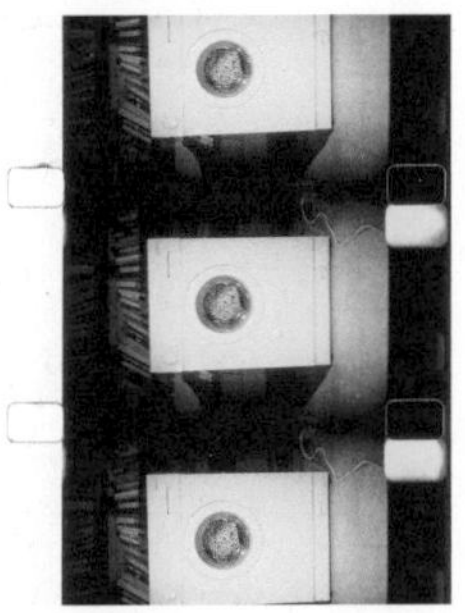

→ P. 25
Camera test (washing machine),
2014–15
16 mm film, colour, no sound, 2'40"

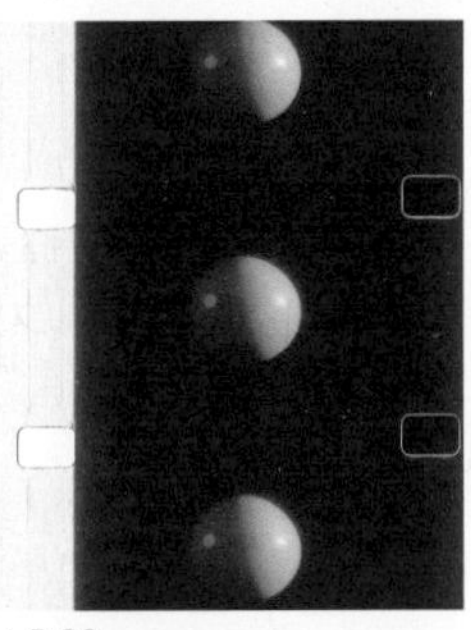

→ P. 26
Eye eclipse, 2007
16 mm film, colour, no sound, 2'40"
Produced by ZDB, Lisbon;
Thanks to: MUSAC, Leon

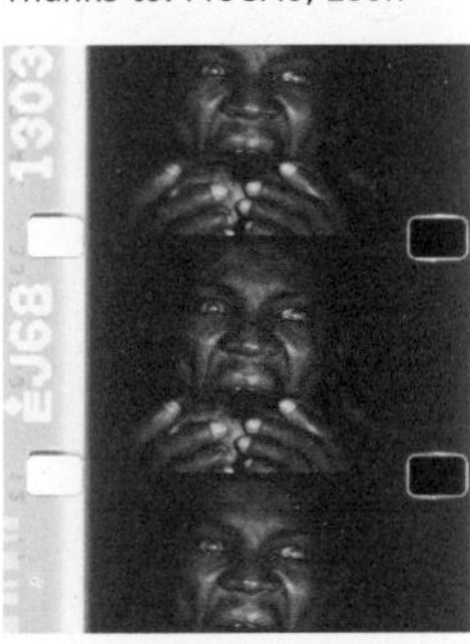

→ P. 26
*Solar, the blindman eating
a papaya,* 2011
16 mm film, colour, no sound, 2'35"
Produced by Frac Île-de-France/
Le Plateau, Paris, in collaboration
with Lamu Palm Oil Factory, Kenya

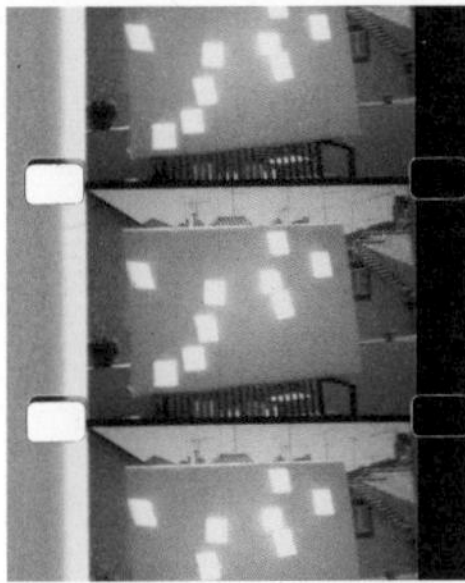

→ P. 27
Heat ray, 2010
16 mm film, colour, no sound, 2'27"

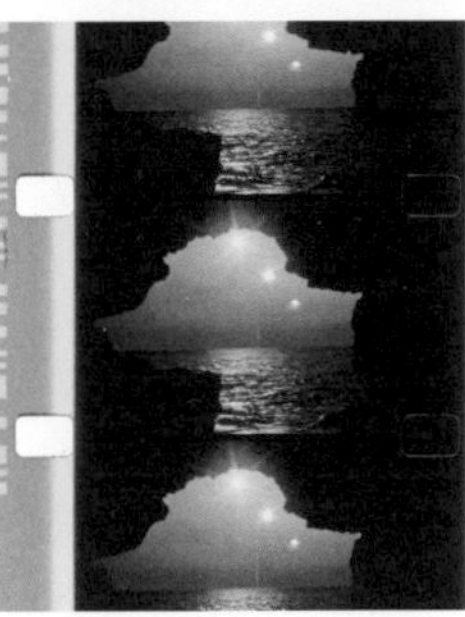

→ P. 27
3 Suns, 2009
16 mm film, colour, no sound, 0'50"
Official Portuguese Representation
of the 53rd Venice Biennale,
DGARTES, Ministry of Culture,
Portugal

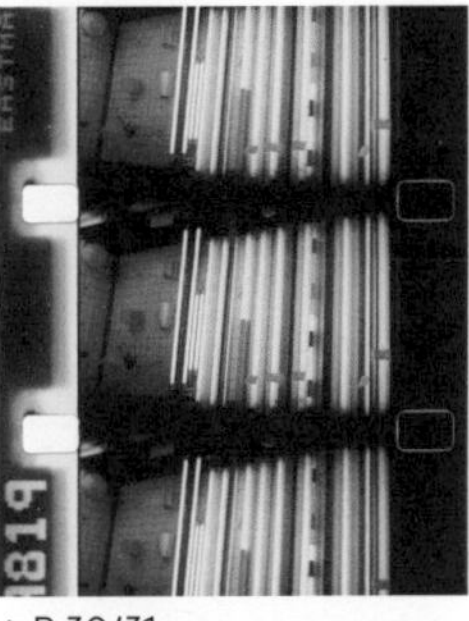

→ P. 30/31
Osaka lights, 2016
16 mm film, colour, no sound, 16'00"
Co-produced by Aargauer Kunsthaus
and SEMA, Seoul Media Art Biennale

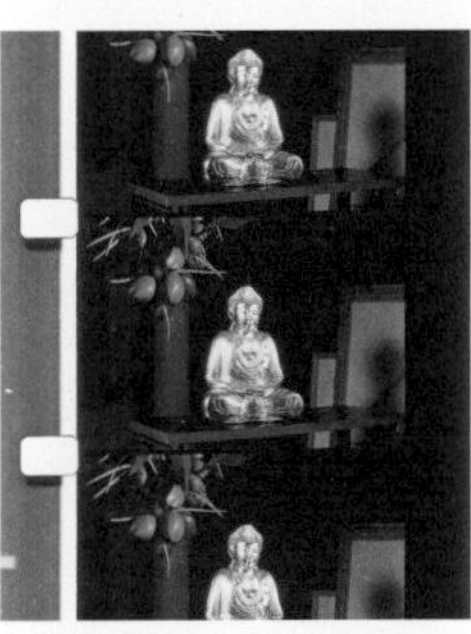

→ P. 32
Blinking buddha, 2016
16 mm film, colour, no sound, 2'30"
Co-produced by Aargauer Kunsthaus
and SEMA, Seoul Media Art Biennale

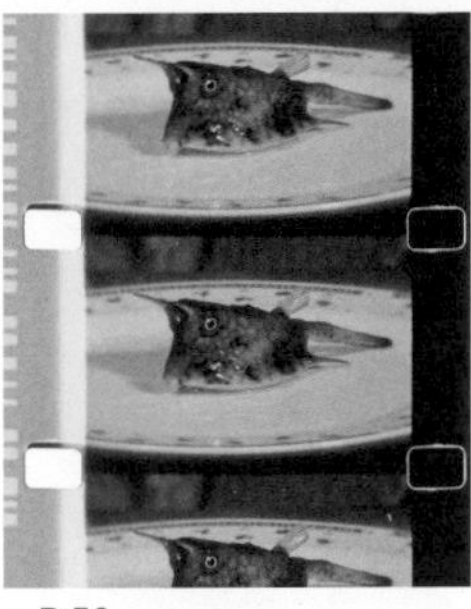

→ P. 36
Cowfish, 2011
16 mm film, colour, no sound, 2'18"
Produced by Museo Marino Marini,
Florence, in collaboration with Lamu
Palm Oil Factory, Kenya

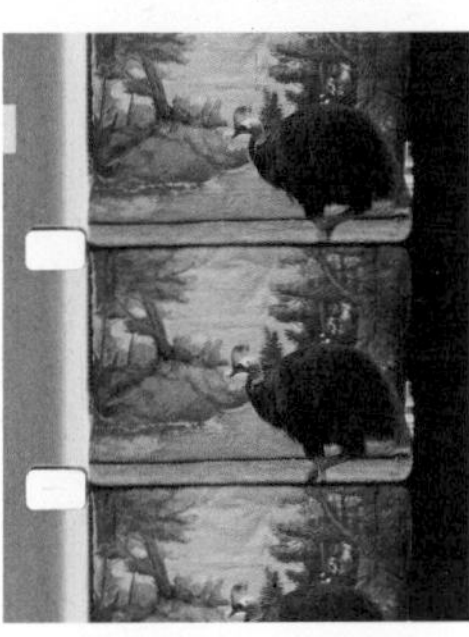

→ P. 36
Cassowary, 2010
16 mm film, colour, no sound, 4'37"
Thanks to: Jardim Zoológico, Lisbon

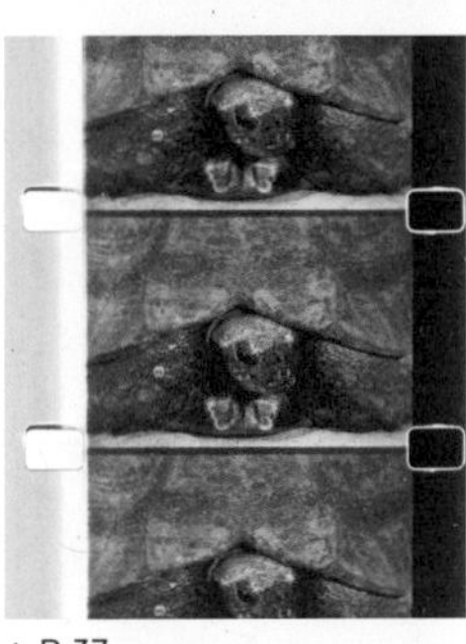

→ P. 37
Turtle, 2011
16 mm film, colour, no sound, 2'40"
Produced by Frac Île-de-France/
Le Plateau, Paris

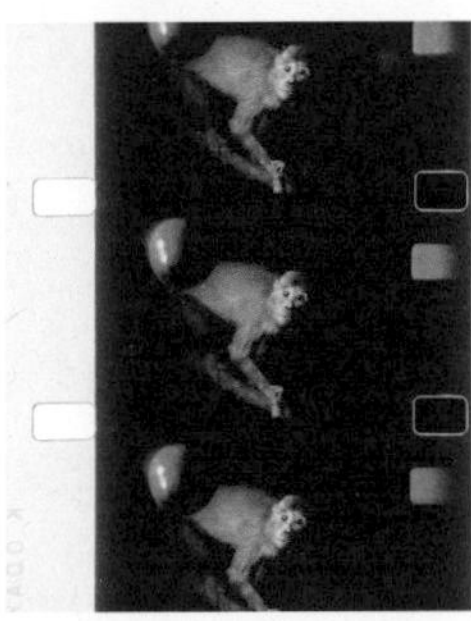

→ P. 37
Darwin's apple, Newton's monkey,
2012
16 mm film, colour, no sound, 1'00"
Co-Produced by Kunsthaus Glarus
and Galeria Fonseca Macedo
With the support of Presidência do
Governo dos Açores, Direcção
Regional da Cultura, Museu Carlos
Machado

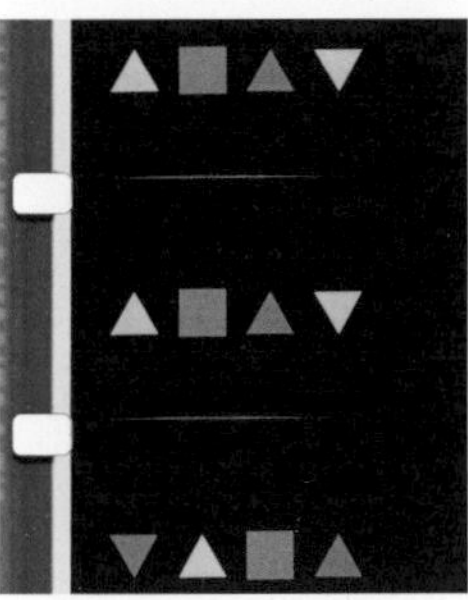

→ P. 38/39
Triangles and squares, 2013
16 mm film, colour, no sound, 1'25"

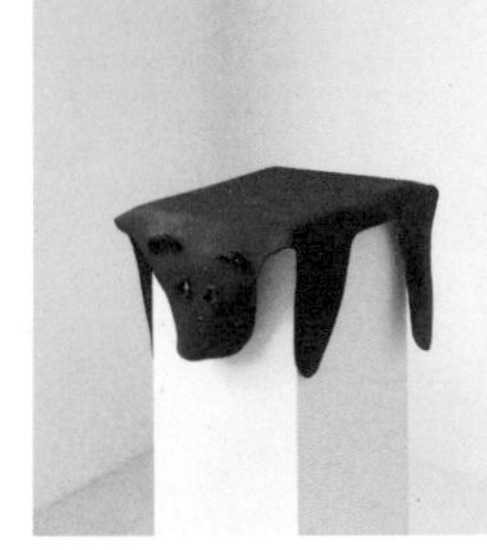

→ P. 41
Flayed animal, 2012
Patinated bronze, 40 × 45 × 65 cm
With the support of Fürstenberg
Zeitgenössisch
Private Collection, Düsseldorf

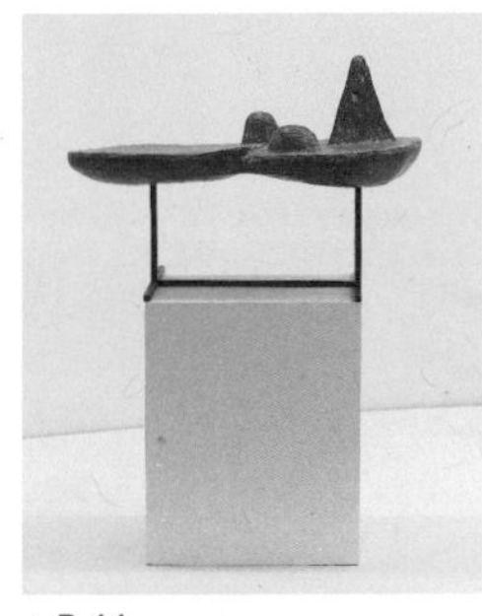

→ P. 44
The liver, 2008
Patinated bronze, 65 × 40 × 30 cm

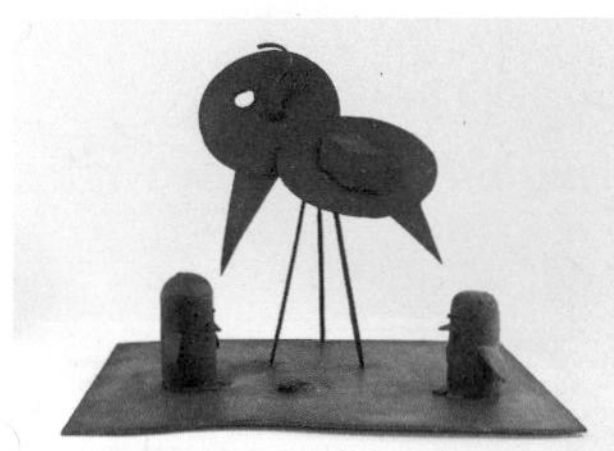

→ P. 45
Ice hole, 2015
Patinated bronze, 90 × 100 × 77 cm

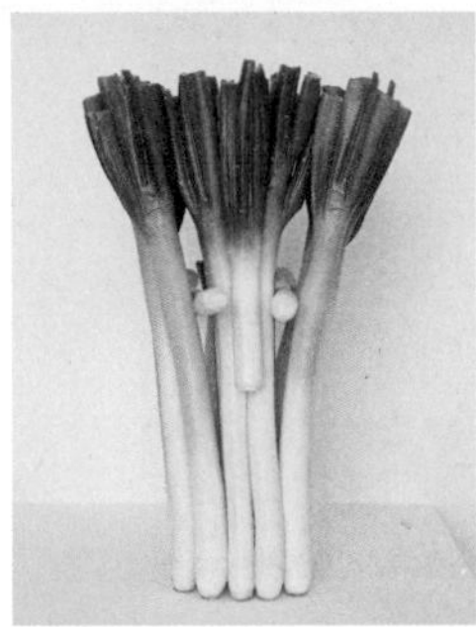

→ P.45 / 67
Leek head, 2016
Painted polyvinyl chloride,
58 × 47 × 35 cm

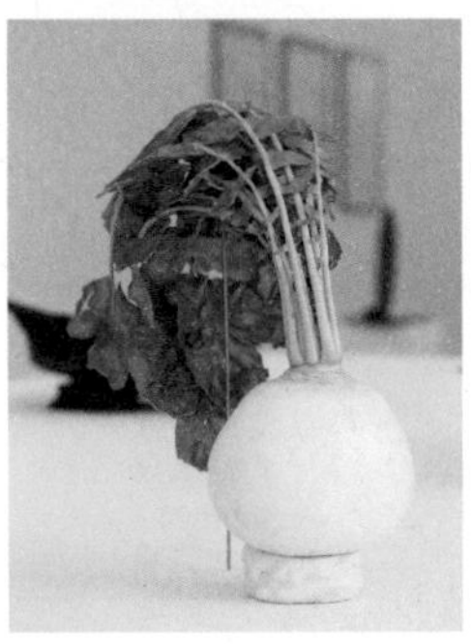

→ P.46
Radish, 2016
Painted polyvinyl chloride,
48 × 40 × 25 cm

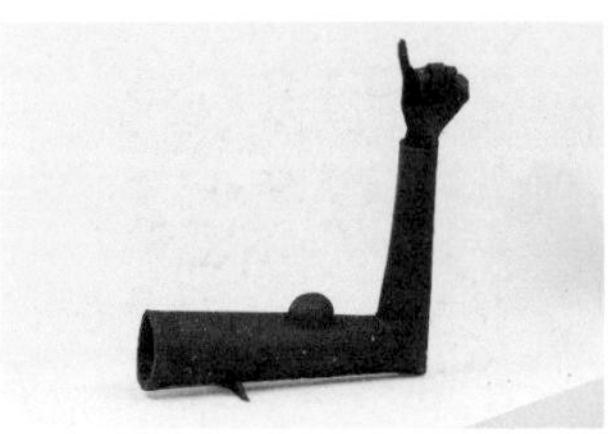

→ P.46
Pinky's muscle, 2016
Patinated bronze, 68.5 × 60 × 28 cm

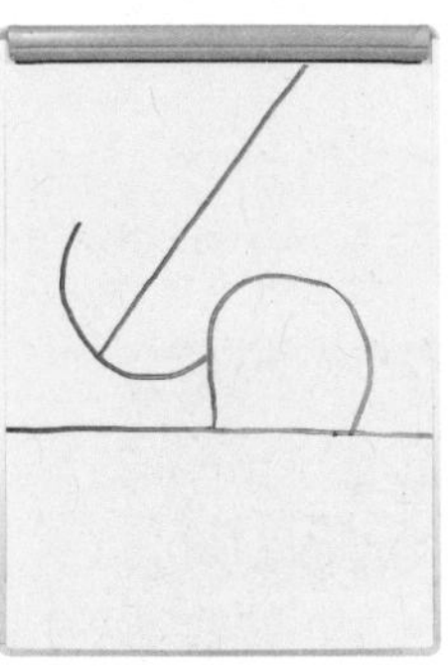

→ P.47
Anchor on a stone, 2016
Chromogenic colour print,
110 × 76 cm

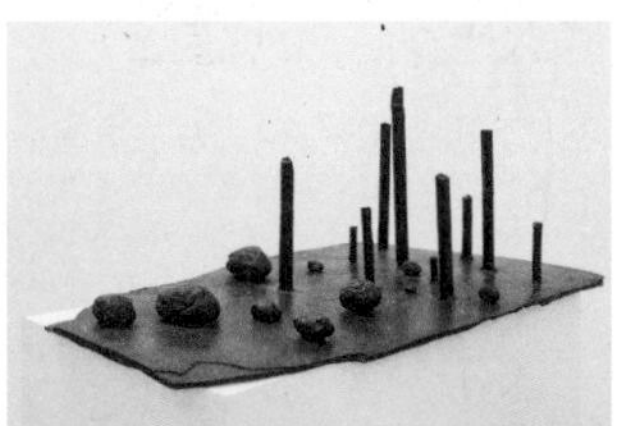

→ P.50
Eratosthenes theorem, 2013
Patinated bronze, 34.5 × 89 × 60 cm

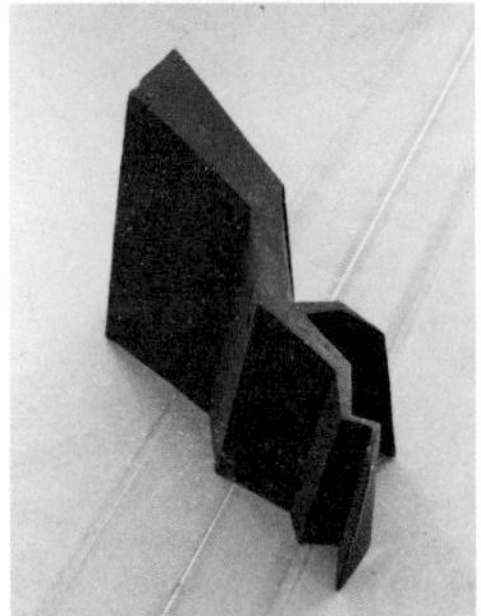

→ P.51
Lightning, 2016
Patinated bronze, 52 × 102 × 32 cm

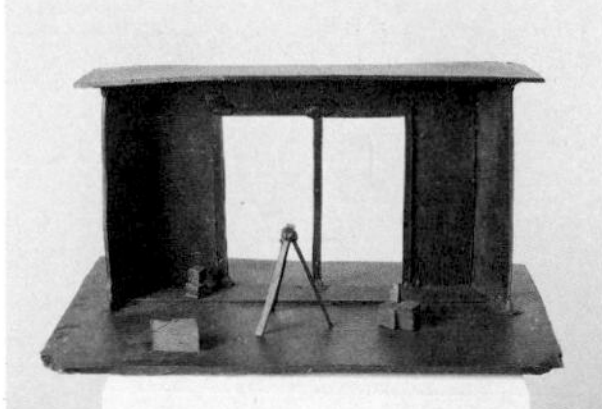

→ P.51
Camera inside camera, 2012
Patinated bronze, 30 × 60 × 25 cm
With the support of Fürstenberg
Zeitgenössisch

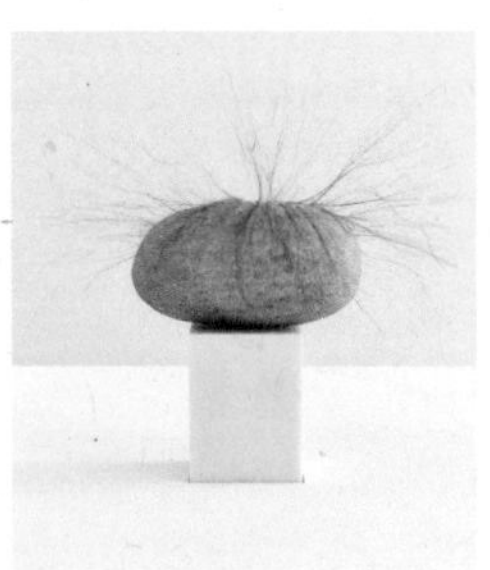

→ P.52
Hairy stone, 2011
Stone, hair and Van der Graaf
Generator, 45 × 30 × 30 cm

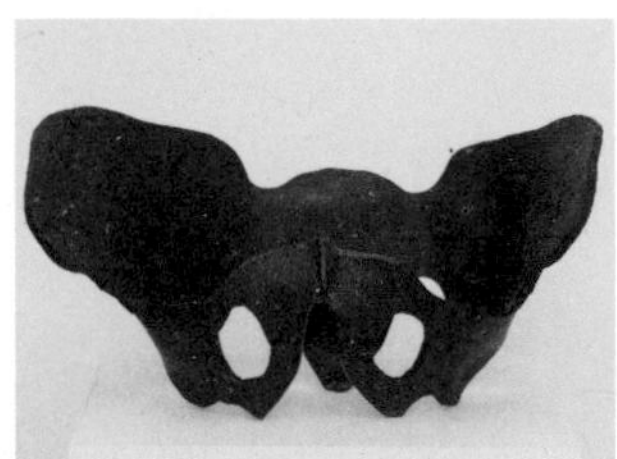

→ P.52
Pelvis, 2013
Patinated bronze, 24 × 46 × 22 cm

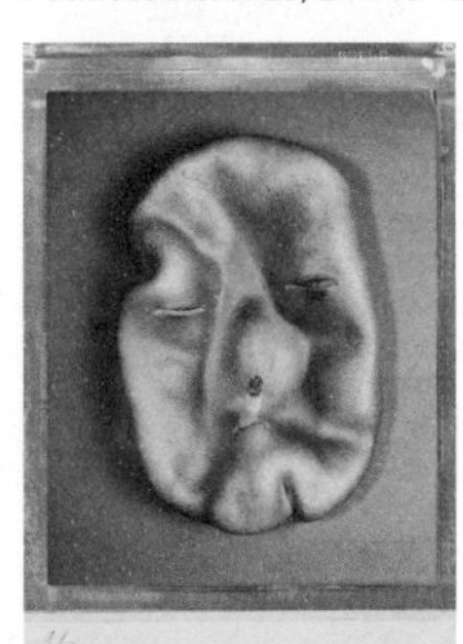

→ P.53
Smoking potato, 2016
Impossible color Polaroid film
for 8 × 10 large format camera,
36 × 21.5 cm

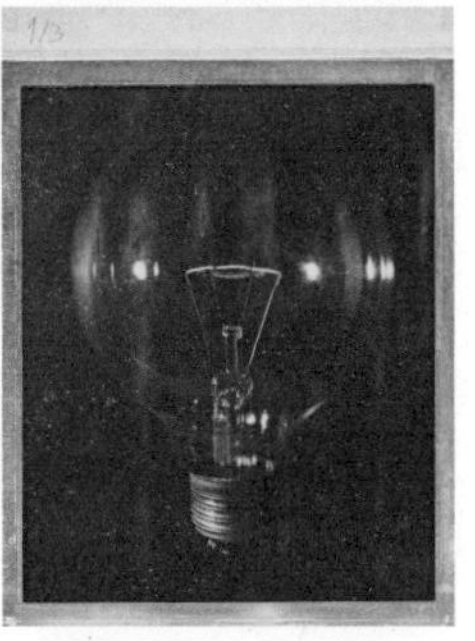

→ P.54
Another lightbulb, 2016
Impossible color Polaroid film
for 8 × 10 large format camera,
36 × 21.5 cm

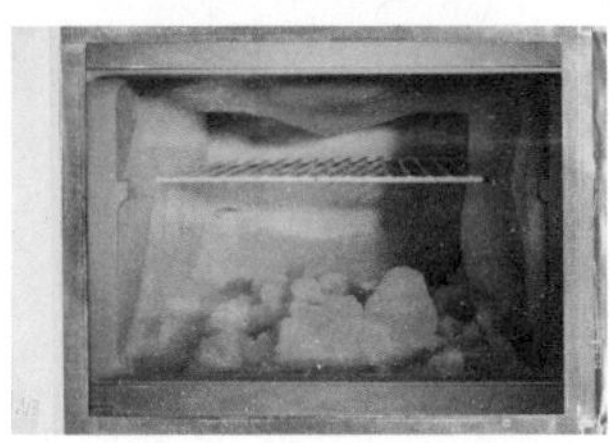

→ P.55
Frozen freezer, 2016
Impossible color Polaroid film
for 8 × 10 large format camera,
21.5 × 36 cm

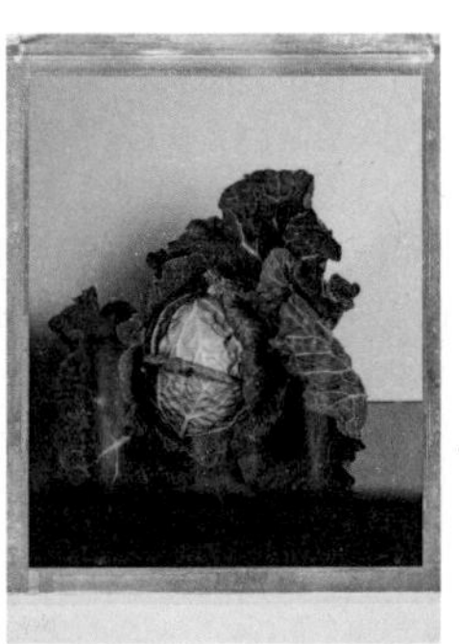

→ P.56 / 57
Camera test (vanishing cabbage),
2016
Impossible color Polaroid film
for 8 × 10 large format camera,
36 × 21.5 cm
Edition Aargauischer Kunstverein

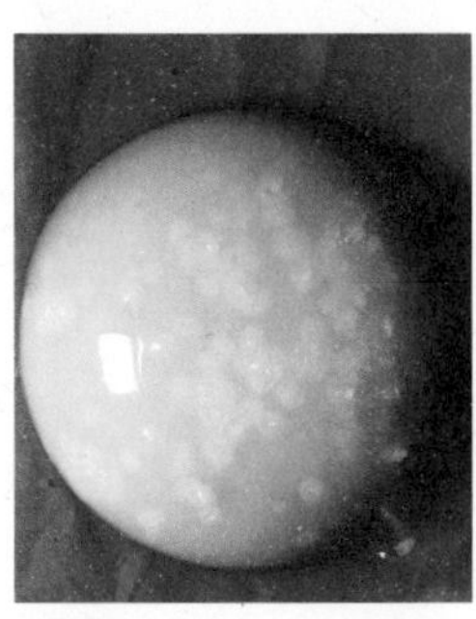

→ P.58
Seasoned Egg, 2013
Chromogenic colour print,
140 × 112 cm

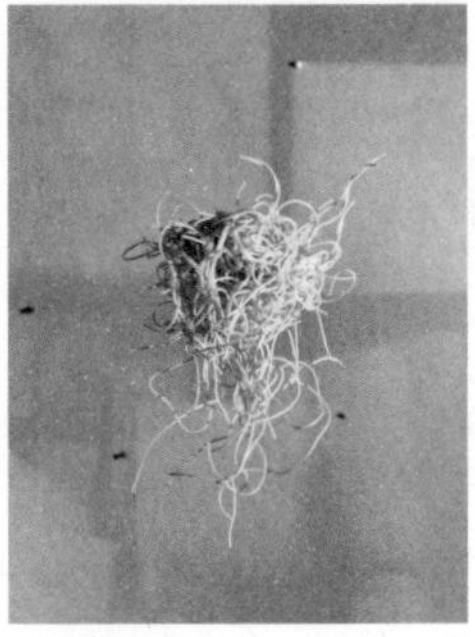

→ P.59
Flying Spaghetti, 2013
Chromogenic colour print,
140 × 112 cm

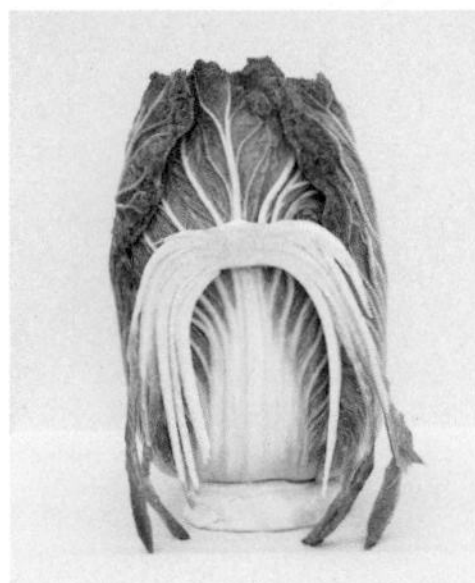

→ P.60 / 66
Cabbage head, 2016
Painted polyvinyl chloride,
38 × 22 × 24 cm

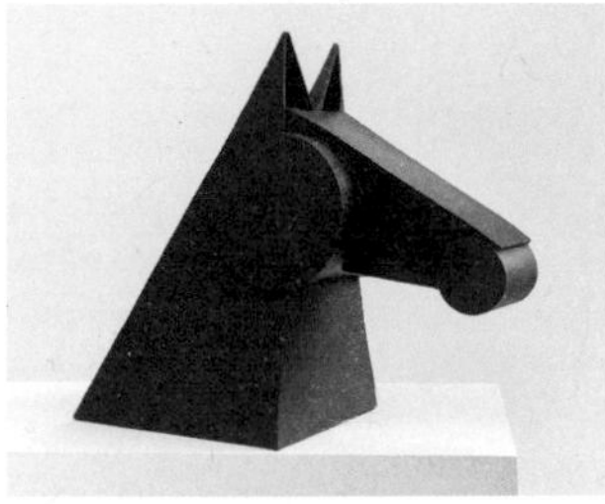

→ P.60
Horse head, 2015
Patinated bronze, 32 × 79 × 66 cm

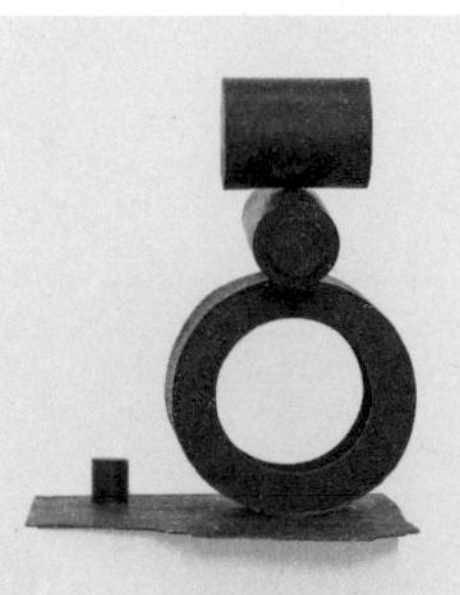

→ P.61
Round objects that appear square,
2013
Patinated bronze, 103 × 86 × 70 cm

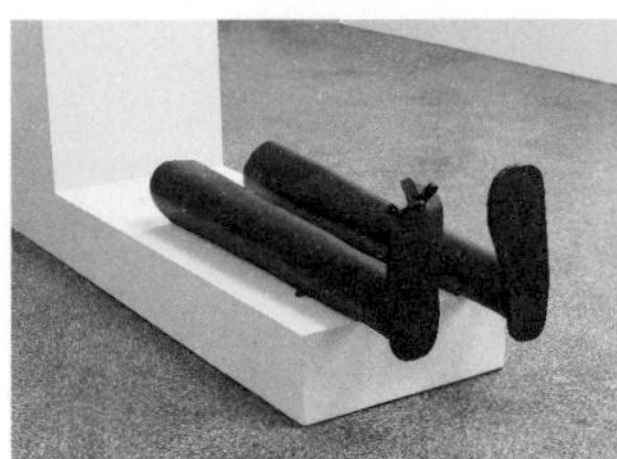

→ P.62
It tickles, 2015
Patinated bronze, 30 × 35 × 81 cm

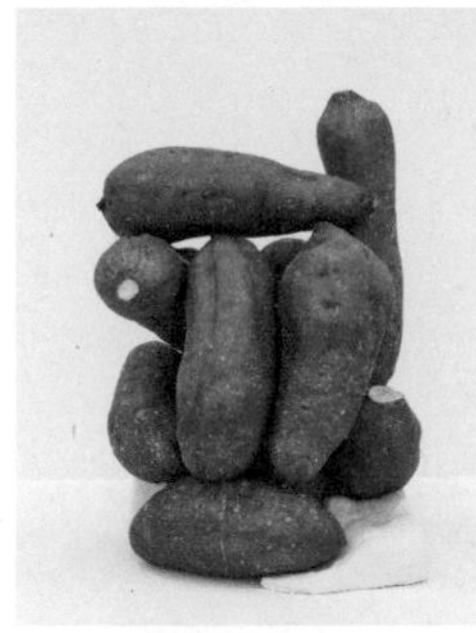

→ P. 62 / 66
Potato head, 2016
Painted polyvinyl chloride,
38 × 35 × 40 cm

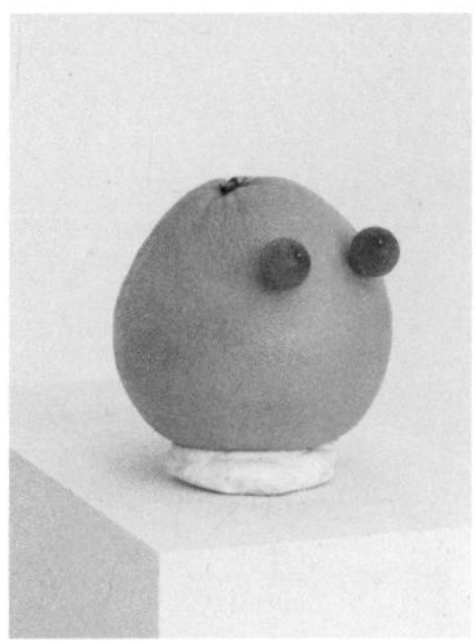

→ P. 64
Orange head, 2016
Painted polyvinyl chloride,
23 × 23 × 20 cm

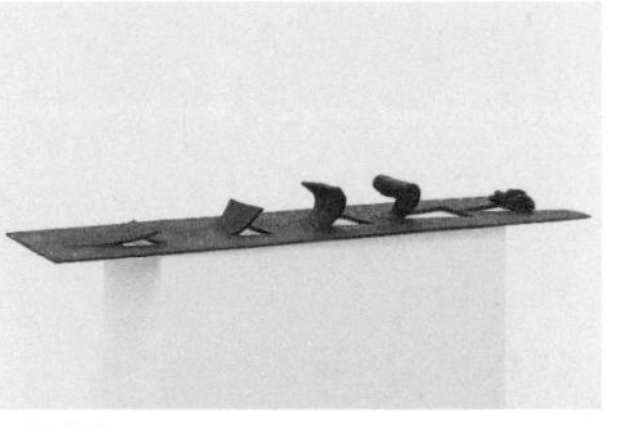

→ P. 64
Rolling croissants, 2013
Patinated bronze, 20 × 41 × 139 cm

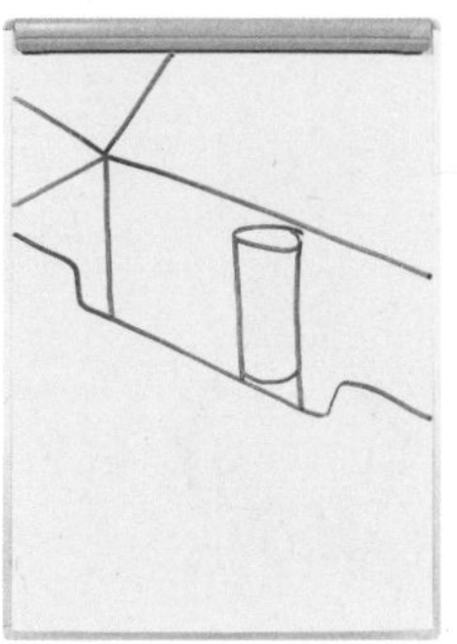

→ P. 65
Last cigarette, 2016
Chromogenic colour print,
110 × 76 cm

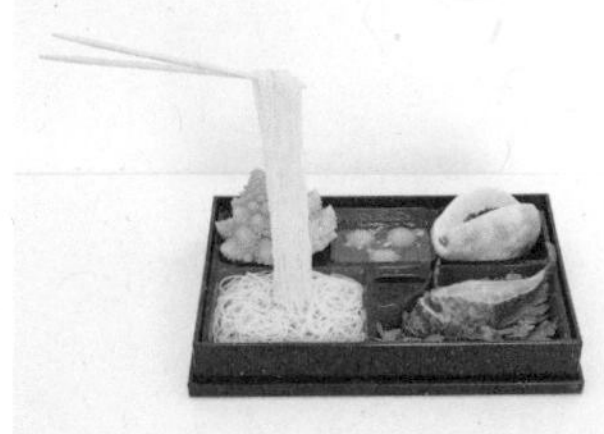

→ P. 67
Abissological bento box, 2016
Painted polyvinyl chloride, bento
box and chopsticks, 41 × 38 × 26 cm

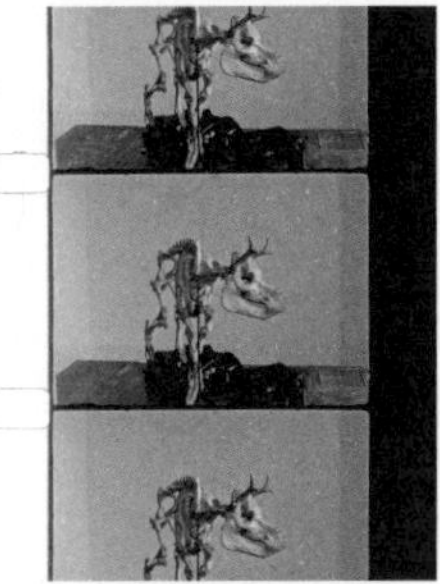

→ P. 68 / 69
Film on a skeleton, 2004–06
16 mm film, colour, no sound, 0'30"
Produced by ZDB, Lisbon

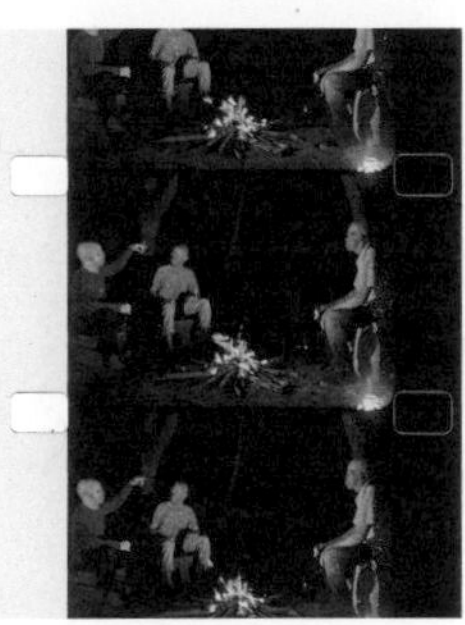

→ P. 71
Three albinos telling jokes by the fireplace, 2013
16 mm film, colour, no sound, 2'48"
With the support of Fundação
Calouste Gulbenkian

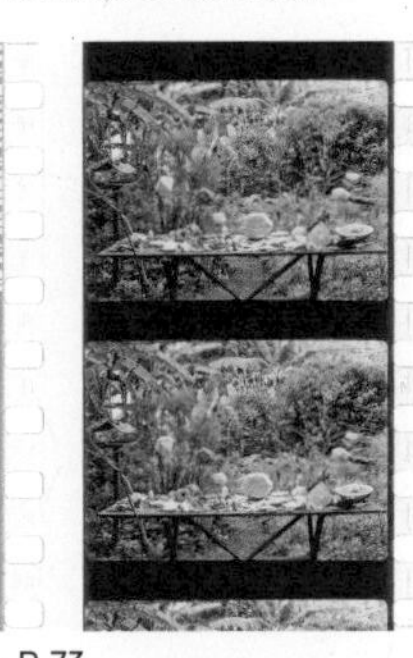

→ P. 73
Fruit polyhedron, 2009
35 mm film, colour, no sound, 2'42"
Produced by Inhotim Cultural
Center, Minas Gerais, Brazil

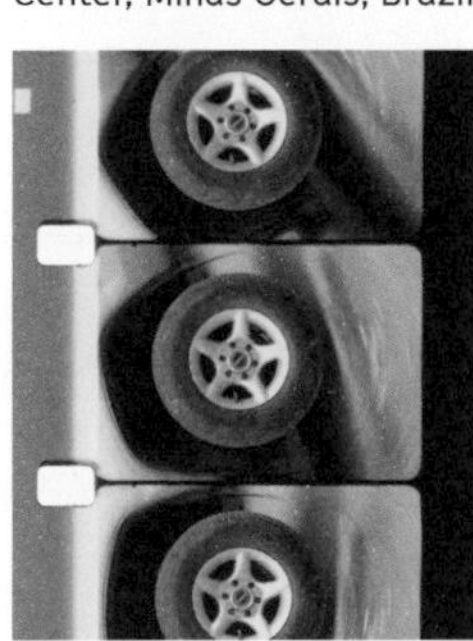

→ P. 74 / 75
Wheels, 2011
16 mm film, colour, no sound, 2'33"
Co-Produced by São Tomé and
Príncipe Biennale and Frac Île-de-
France/Le Plateau, Paris

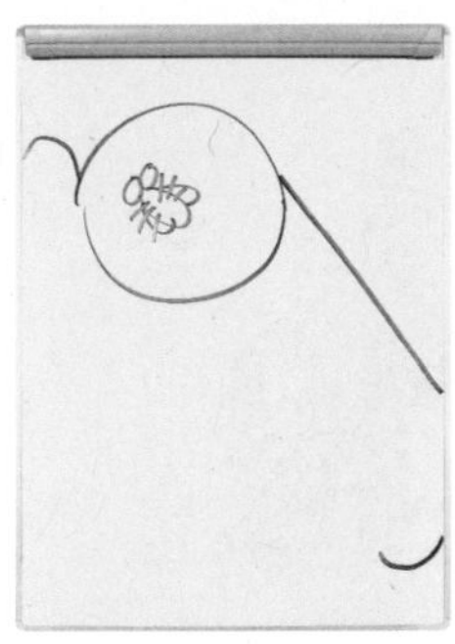

→ P. 76
Fly on glasses, 2016
Chromogenic colour print,
110 × 76 cm

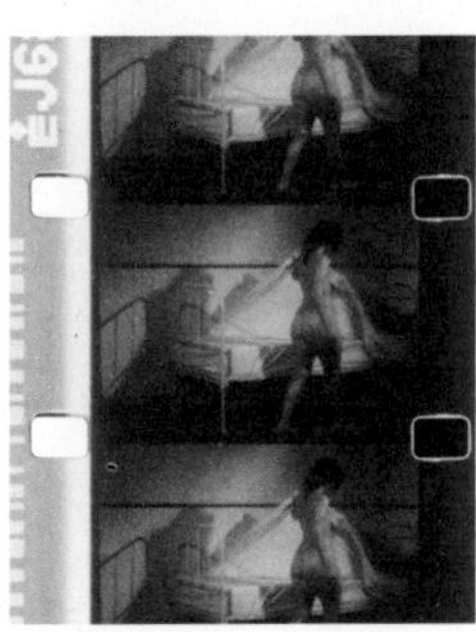

→ P. 102
Getting into bed, 2011
16 mm film, colour, no sound, 2'47"
Produced by Frac Île-de-France/
Le Plateau, Paris

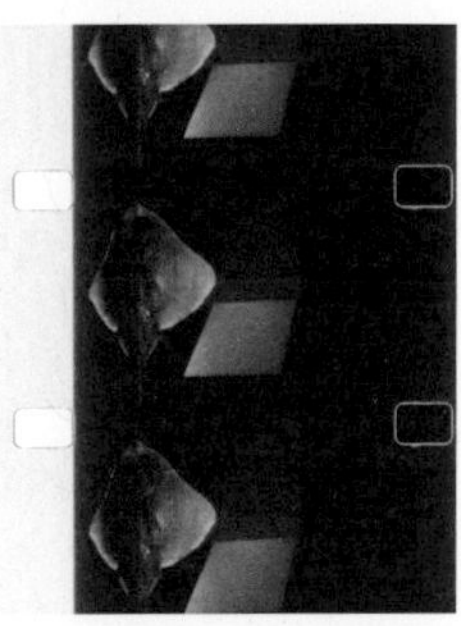

→ P. 103
Dream of a ray fish, 2011
16 mm film, colour, no sound, 2'48"

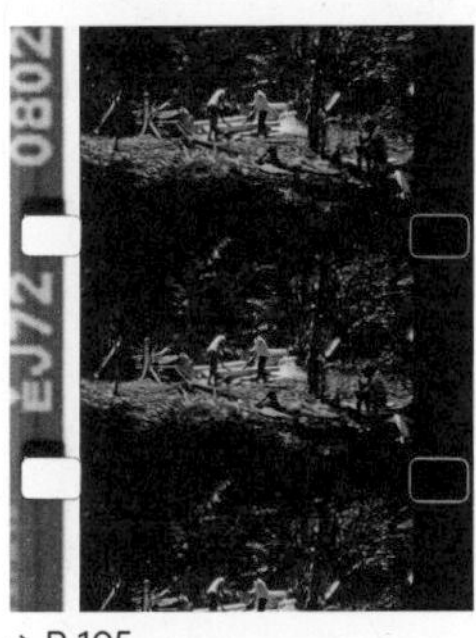

→ P. 105
Falling trees, 2014
16 mm film, colour, no sound, 8'55"
Produced by Fondazione
HangarBicocca, Milan

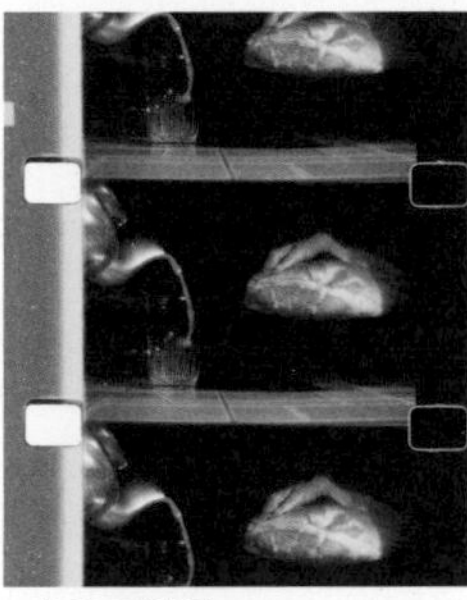

→ P. 106 / 107
Bread, tea and bao game, 2011
16 mm film, colour, no sound, 2'27"
Produced by Frac Île-de-France/
Le Plateau, Paris, in collaboration
with Lamu Palm Oil Factory, Kenya

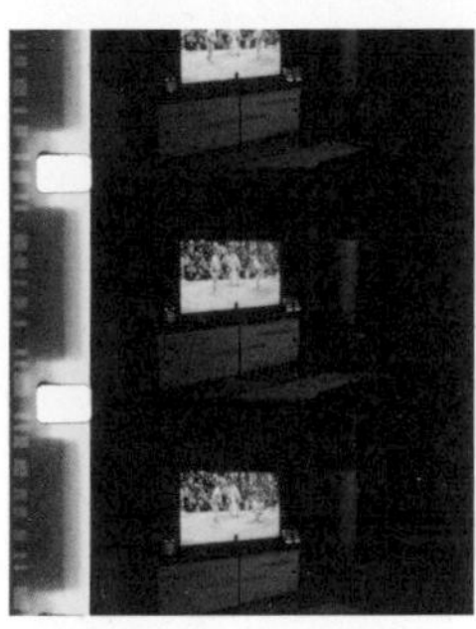

→ P. 110
Sumo, 2016
16 mm film, colour, no sound, 2'40"
Co-produced by Aargauer Kunsthaus
and SEMA, Seoul Media Art Biennale

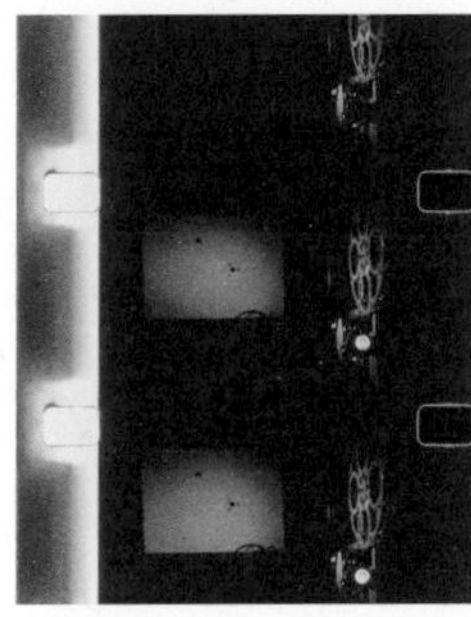

→ P. 111
Projector (camera test), 2016
16 mm film, colour, no sound, 3'00"
Co-produced by Aargauer Kunsthaus
and SEMA, Seoul Media Art Biennale

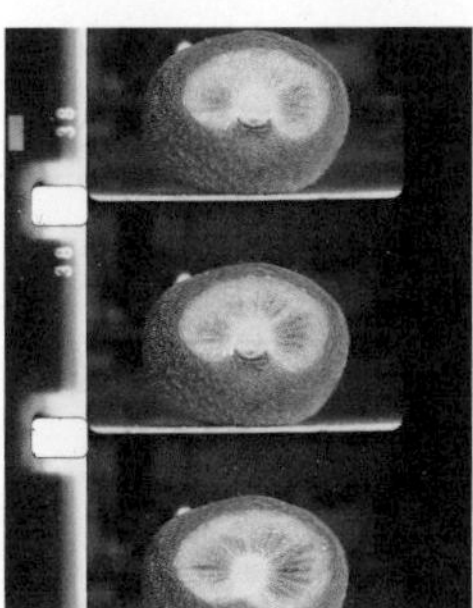

→ P. 112–115
Chopping fruits and vegetables, 2016
16 mm film, colour, no sound, 1'30"
Co-produced by Aargauer Kunsthaus
and SEMA, Seoul Media Art Biennale

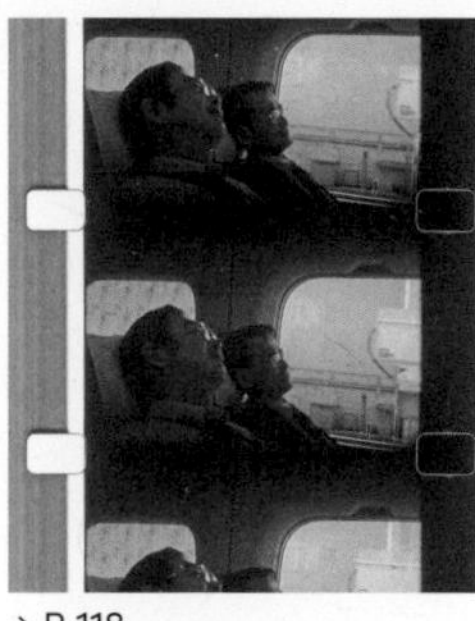

→ P.118
Sleeping in a bullet train, 2015
16 mm film, colour, no sound, 8'02"
Commissioned by REDCAT, Los
Angeles; thanks to: Kadist Art
Foundation and Taguchi Art
Collection

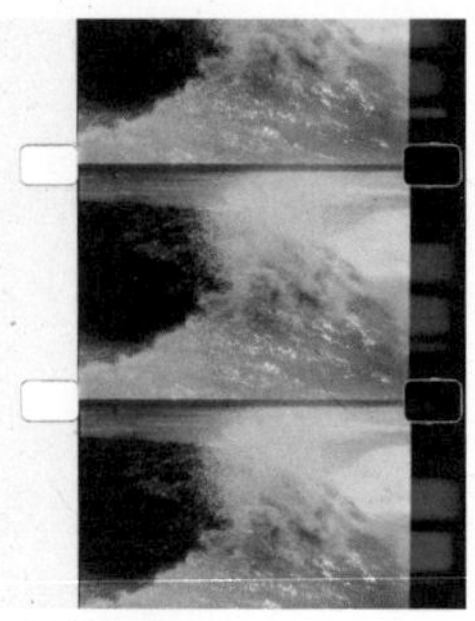

→ P.119
Wave, 2011
16 mm film, colour, no sound, 2'43"
Co-Produced by São Tomé and
Príncipe Biennale and Frac Île-de-
France/Le Plateau, Paris

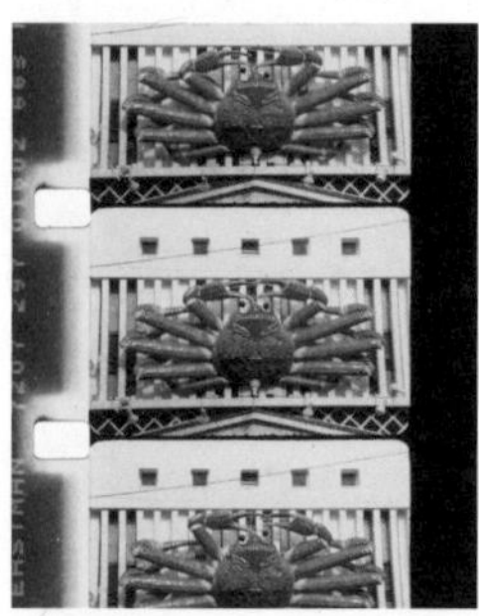

→ P.121
Crab, 2016
16 mm film, colour, no sound, 1'30"
Co-produced by Aargauer Kunsthaus
and SEMA, Seoul Media Art Biennale

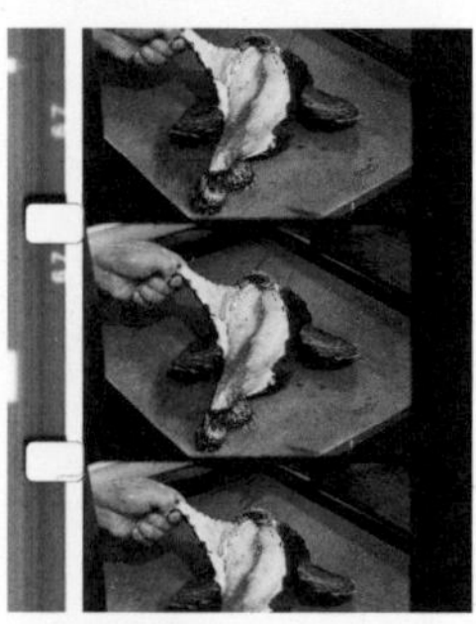

→ P.122 / 123
Stonefish and round table, 2015
16 mm film, colour, no sound, 8'28"
Commissioned by REDCAT, Los
Angeles; thanks to: Kadist Art
Foundation and Taguchi Art
Collection

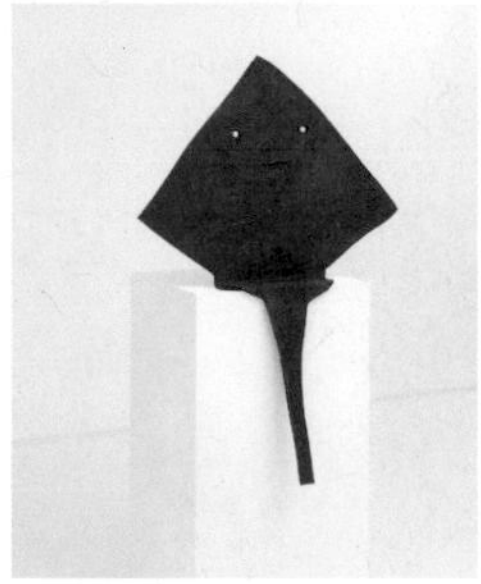

→ P.125
Sitting ray fish, 2013
Patinated bronze, 110 × 76 × 22 cm
Private Collection, Düsseldorf

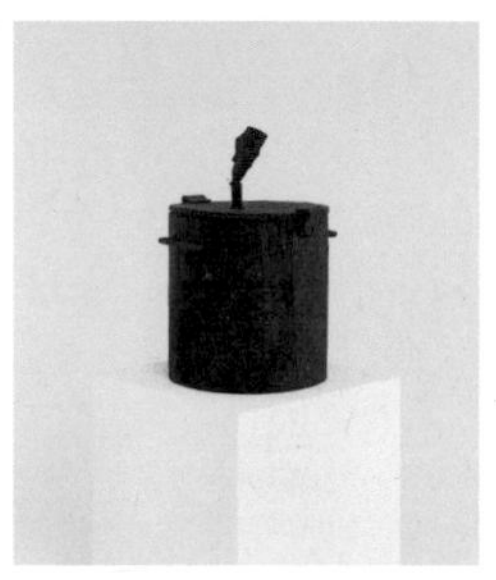

→ P.128
Pressure cooker, 2013
Patinated bronze, 46 × 35 × 32 cm

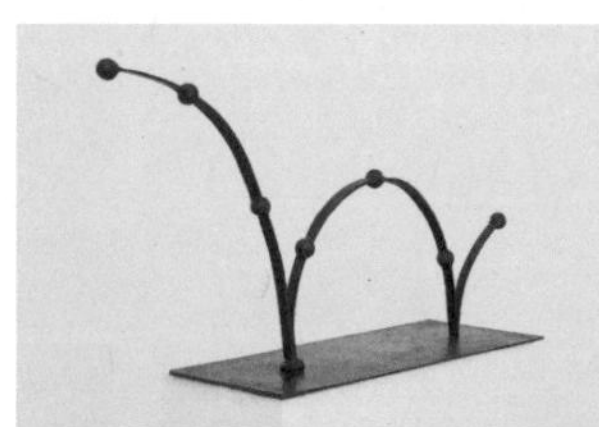

→ P.128
Ping pong, 2013
Patinated bronze, 86 × 155 × 44 cm

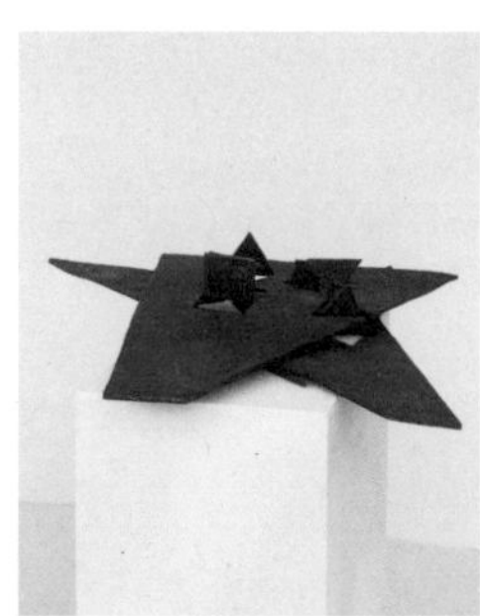

→ P.130
Triangles and squares, 2013
Patinated bronze, 20 × 105 × 105 cm
Private Collection, Düsseldorf

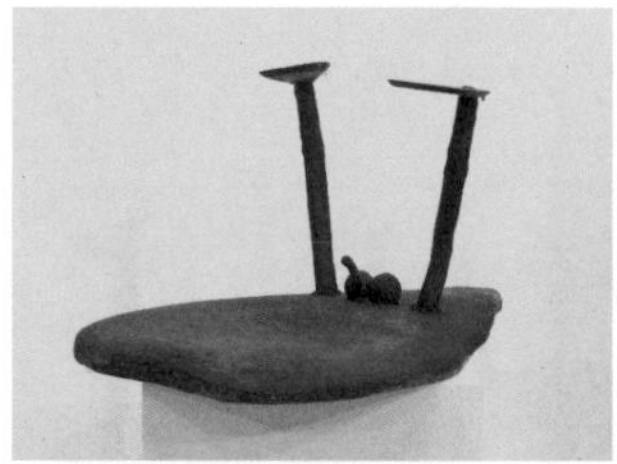

→ P.131
Male duck, 2013
Patinated bronze, 30 × 35 × 55 cm

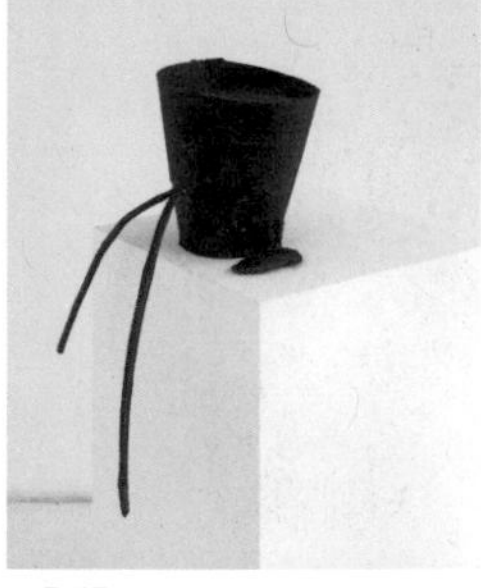

→ P.131
Leaking clepsydra, 2013
Patinated bronze, 57 × 28 × 38 cm

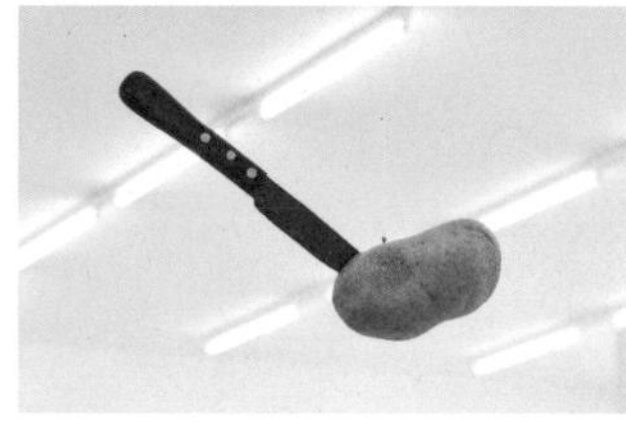

→ P.132
Meteoric knife, 2008
Forged meteorite, wood, potato,
20 × 30 × 5 cm

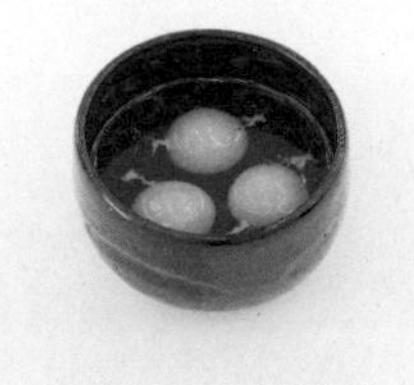

→ P.132
3 egg yolks in a raku bowl, 2016
Painted polyvinyl chloride,
8 × 11 × 11 cm

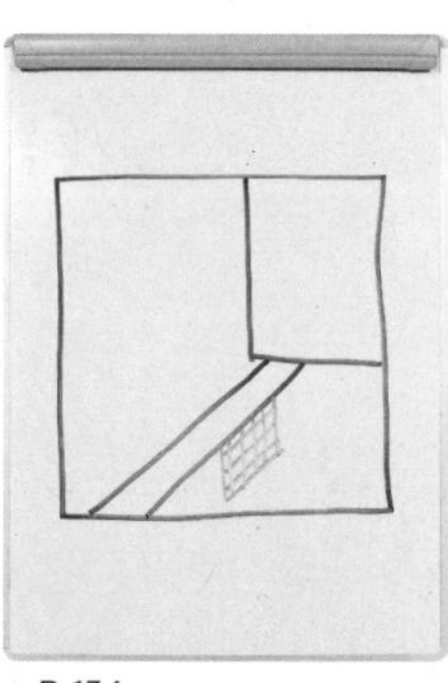

→ P.134
Kitchen cloth hanging out to dry,
2016
Chromogenic colour print,
110 × 76 cm

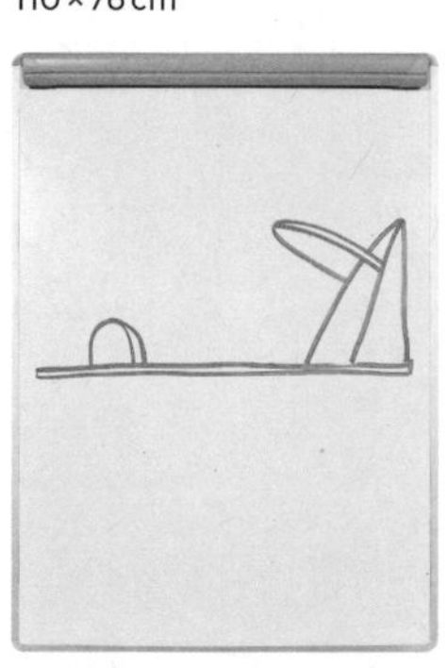

→ P.134
Sandal, 2016
Chromogenic colour print, 110 × 76 cm

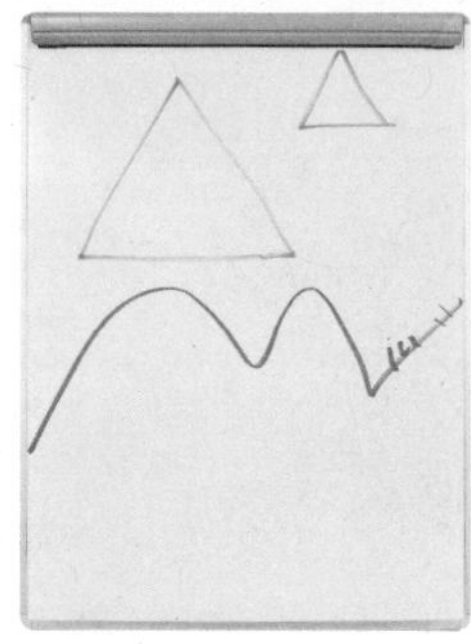

→ P.135
Camel in Egypt, 2016
Chromogenic colour print,
110 × 76 cm

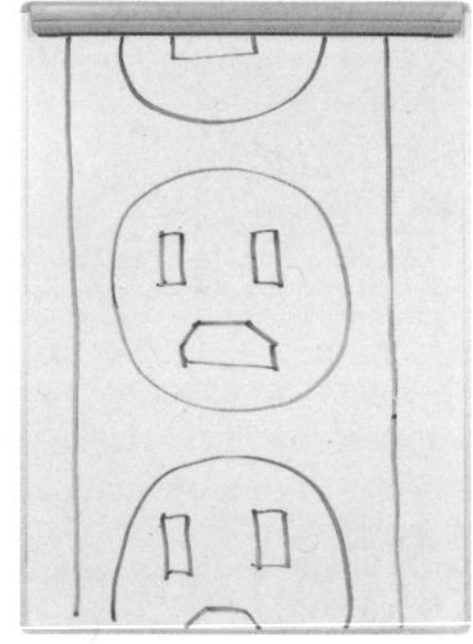

→ P.135
Universal plug, 2016
Chromogenic colour print,
110 × 76 cm

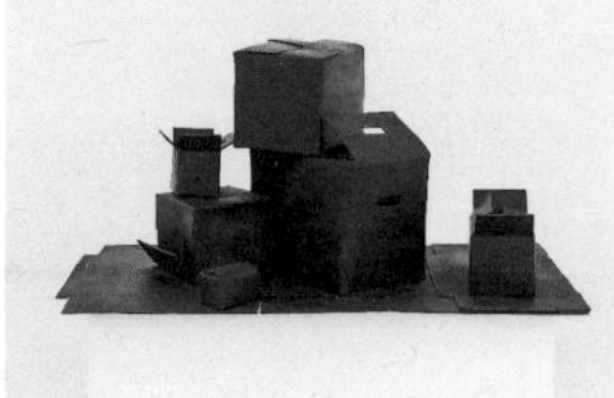

→ P.139
Box outside boxes, 2015
Patinated bronze, 76 × 164.5 × 85 cm
Private Collection

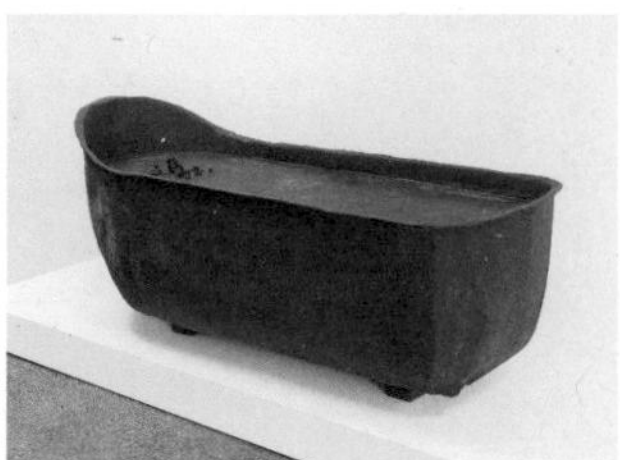

→ P.139
Bathtub, 2015
Patinated bronze, 70 × 172 × 70 cm

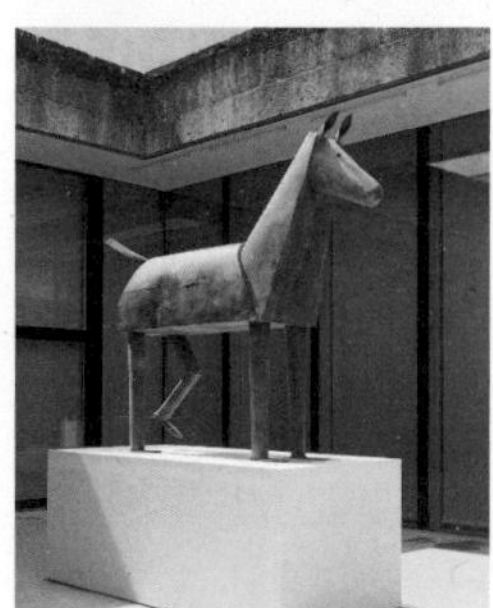

→ P.141
Horse, 2015
Patinated bronze, 170 × 235 × 65 cm

　　　List of works in the publication

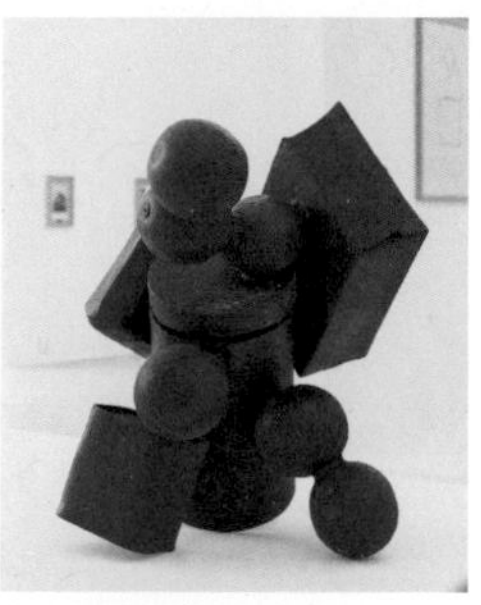

→ P. 143
Orange cake, 2016
Patinated bronze, 59 × 55 × 55 cm

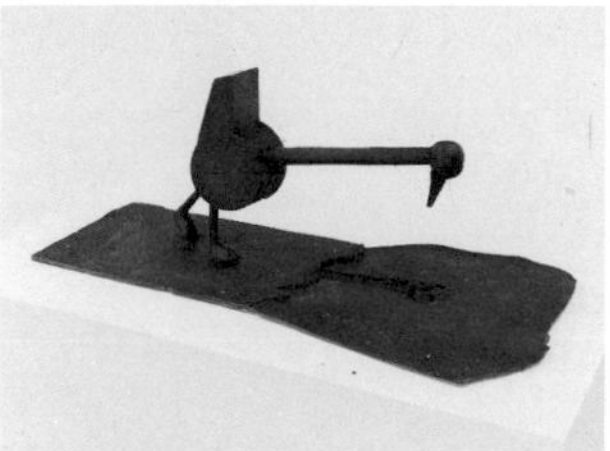

→ P. 143
Narcissist duck, 2015
Patinated bronze, 48 × 128 × 70 cm
Collection Köser, Krefeld

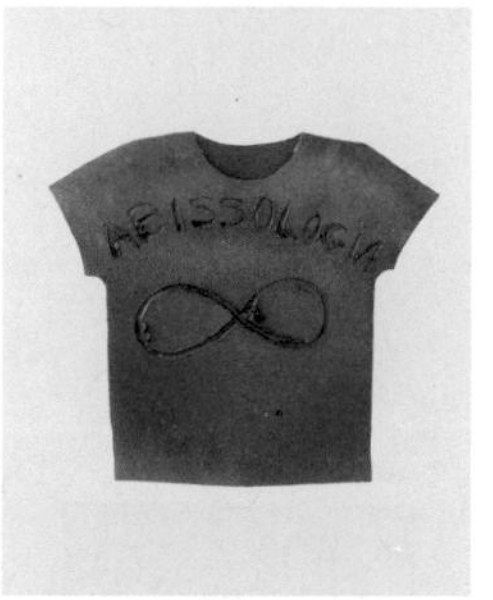

→ P. 144
Abissological T-shirt, 2015
Patinated bronze, 67 × 74.5 × 12 cm

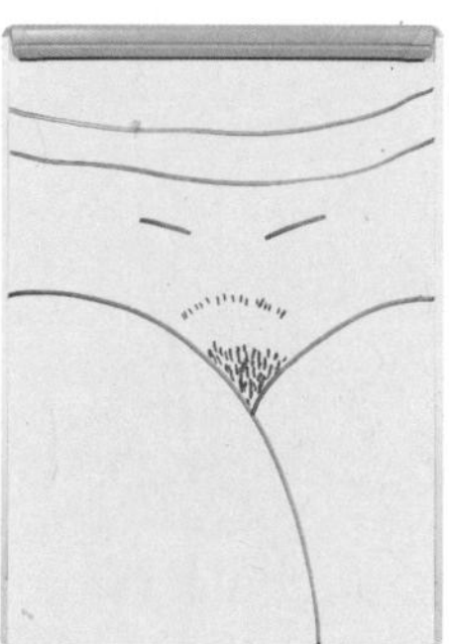

→ P. 145
Sleeping Eskimo, 2016
Chromogenic colour print,
110 × 76 cm

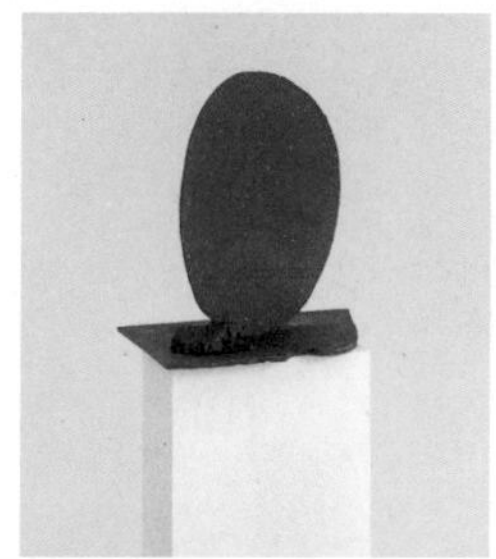

→ P. 146
Stuck wheel, 2013
Patinated bronze, 54 × 64 × 52 cm
Private Collection, Düsseldorf

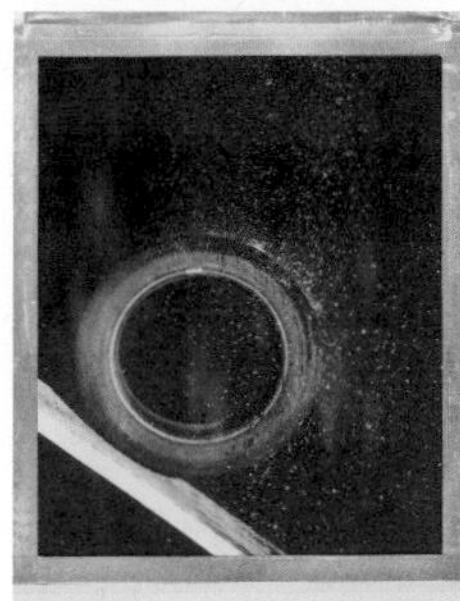

→ P. 147
Rain tire, 2016
Impossible color Polaroid film
for 8 × 10 large format camera,
36 × 21.5 cm

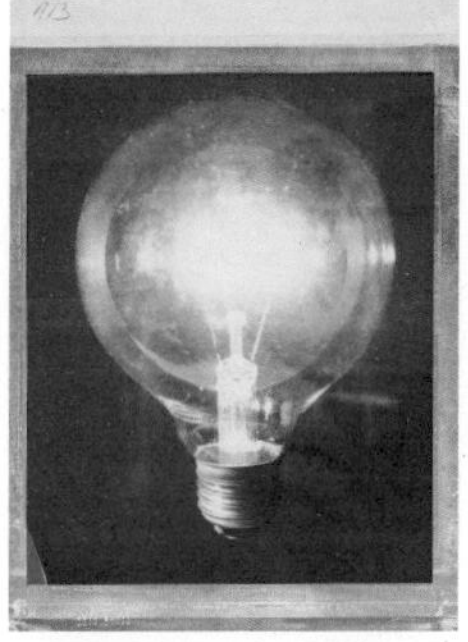

→ P. 148
Lightbulb, 2016
Impossible color Polaroid film
for 8 × 10 large format camera,
36 × 21.5 cm

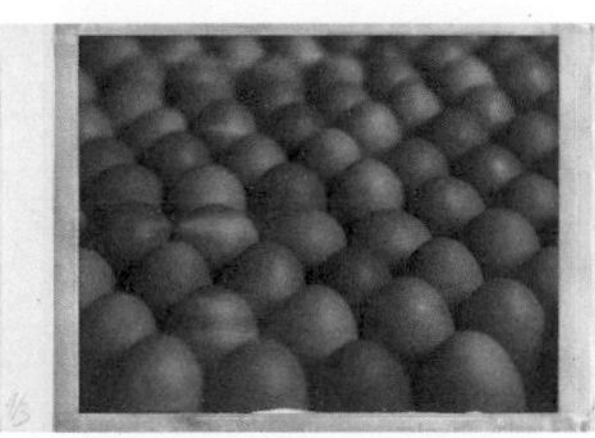

→ P. 149
Rotten eggs, 2016
Impossible color Polaroid film
for 8 × 10 large format camera,
21.5 × 36 cm

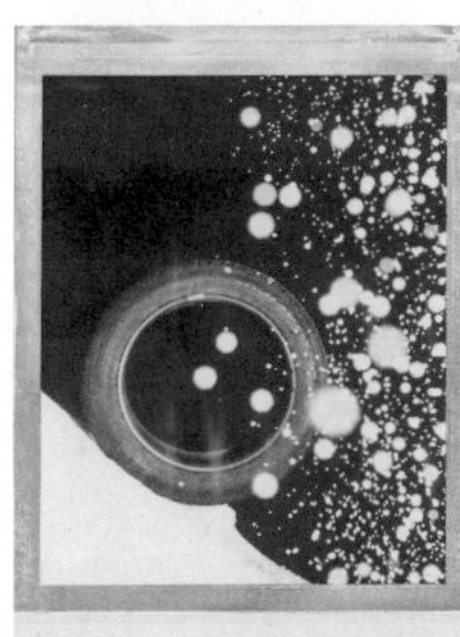

→ P. 150
Winter tire, 2016
Impossible color Polaroid film
for 8 × 10 large format camera,
36 × 21.5 cm

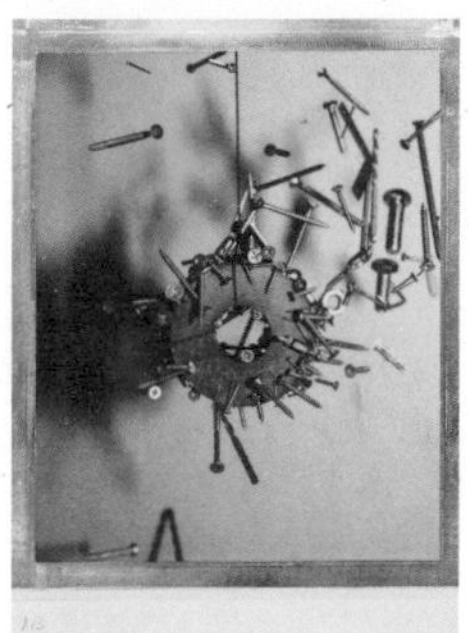

→ P. 150
*Donut shaped magnets,
nuts and bolts, screws and nails,
and stuff*, 2016
Impossible color Polaroid film
for 8 × 10 large format camera,
36 × 21.5 cm

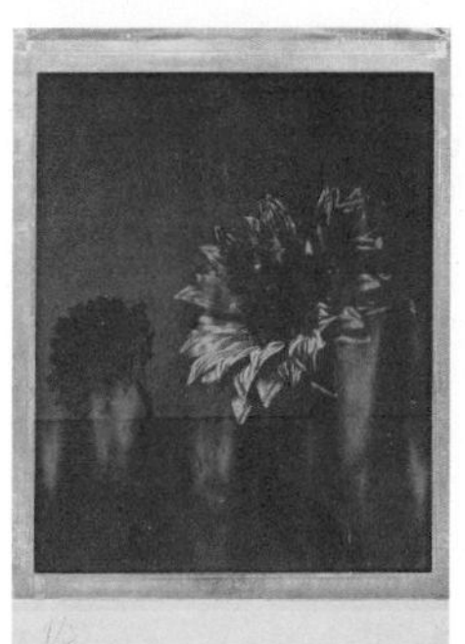

→ P. 151
Moonlight sunflower, 2016
Impossible color Polaroid film
for 8 × 10 large format camera,
36 × 21.5 cm

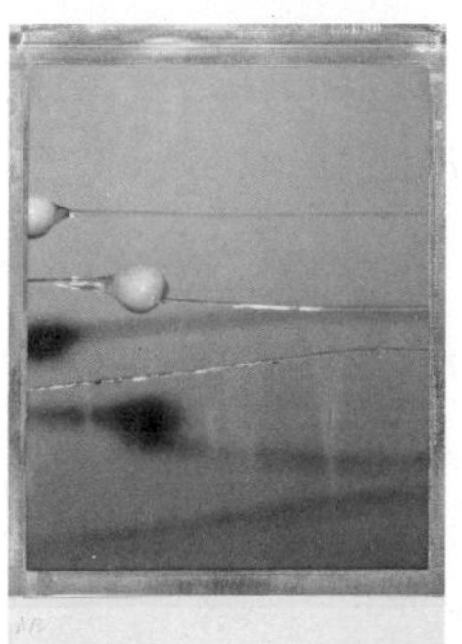

→ P. 151
Flying egg yolk, 2016
Impossible color Polaroid film
for 8 × 10 large format camera,
36 × 21.5 cm

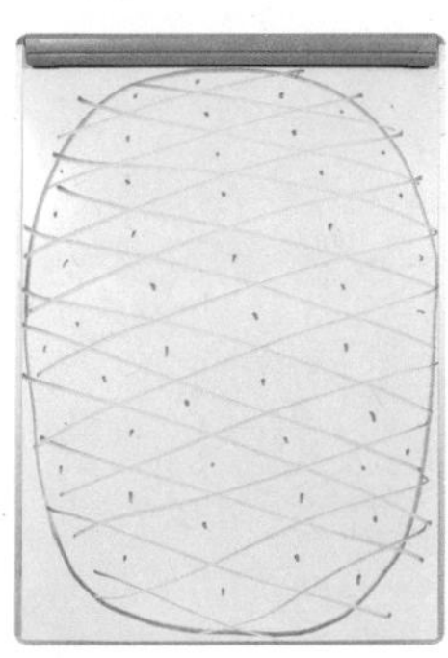

→ P. 154
Pineapple, 2016
Chromogenic colour print,
110 × 76 cm

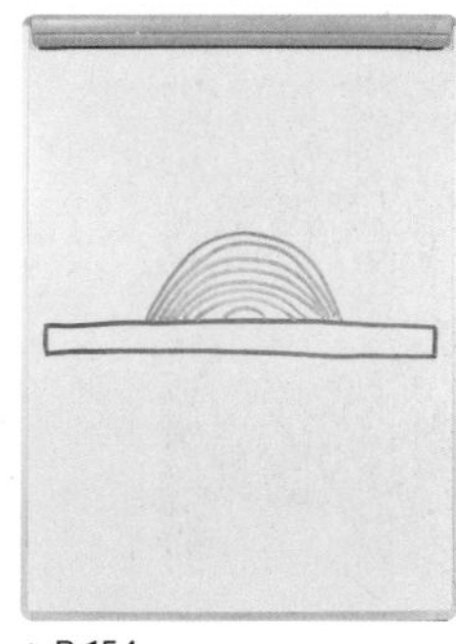

→ P. 154
Onion, 2016
Chromogenic colour print,
110 × 76 cm

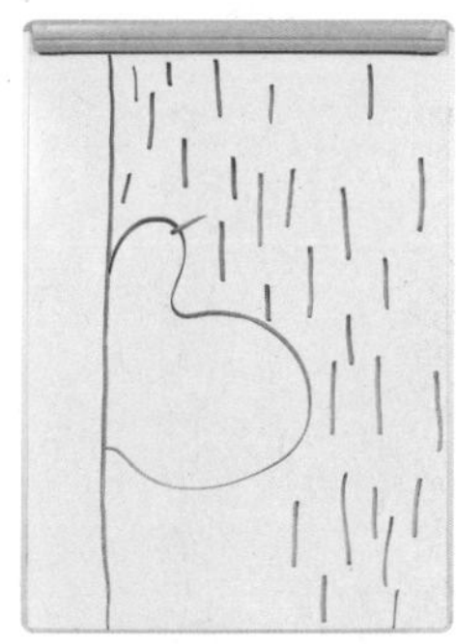

→ P. 155
*Snail climbing a tree in
the rain*, 2016
Chromogenic colour print, 110 × 76 cm

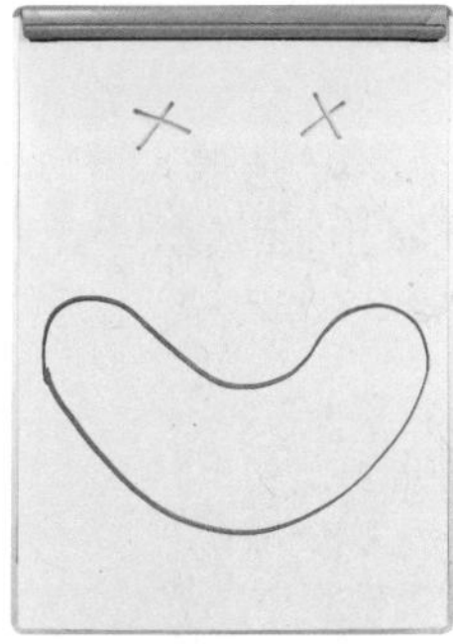

→ P. 155
Clown, 2016
Chromogenic colour print,
110 × 76 cm

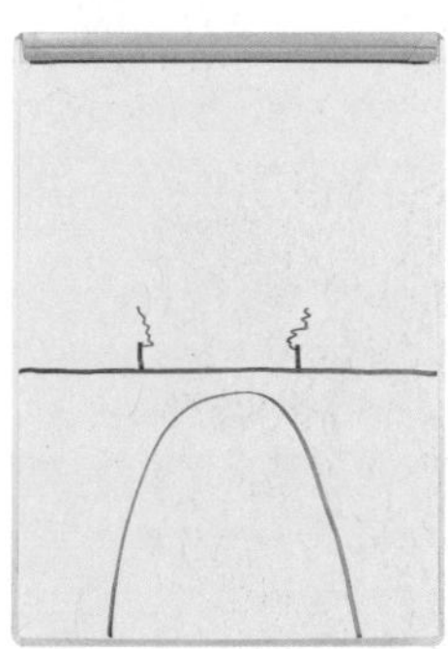

→ P. 156
*Two guys smoking cigarettes
on a bridge*, 2016
Chromogenic colour print,
110 × 76 cm

João Maria Gusmão & Pedro Paiva

The Lisbon based-Portuguese artists João Maria Gusmão (1979) and Pedro Paiva (1977) have collaborated together since 2001. Their practice explores a wide range of mediums, including photography, sculpture, writing, installation and most notably 16 mm film. They have also worked together on several editorial projects and in artist books.

In 2006, they participated in the 27th São Paulo Biennale, the following year in the 6th Mercosul Biennale, in Porto Alegre and in 2008, in the Manifesta 7 that took place in Italy. In 2009 they represented Portugal in the 53rd Venice Biennale and in 2013, they participated in the main show of the 55th Venice Biennale, *The Encyclopedic Palace*, curated by Massimiliano Gioni.

Solo Exhibitions

2016
*Kapsel 05: João Maria Gusmão & Pedro Paiva.
Peacock*, Haus der Kunst, Munich, Germany
The Sleeping Eskimo, Aargauer Kunsthaus, Aarau,
Switzerland (cat.)

2015
Habla con la mano, Galería Juana de Aizpuru, Madrid
Papagaio, Kw Berlin, Berlin, Germany
The Missing Hippopotamus, Könlnischer
Kunstverein, Cologne, Germany
One month without filming, REDCAT, LA, USA (cat.)
Papagaio, Camden Arts Centre, London, UK

2014
Papagaio, HangarBicocca, Milan, Italy

2013
Onça Geométrica, Galleria Zero, Milan, Italy
O Problema de Molyneux, Galeria Fortes Vilaça,
São Paulo, Brazil
Third man argument, Sies + Höke Gallery,
Düsseldorf, Germany
Maçã e Darwin, Macaco De Newton, Galeria
Fonseca Macedo, Ponta Delgada, Portugal

2012
Voltair's Armpit, Objectif Exhibitions,
Antwerp, Belgium
Trilemma: Over a Ghostly Conception,
Fri Art – Centre d'art de Fribourg / Kunsthalle
Freiburg, Switzerland
Those animals that, at a distance, resemble flies,
Kunsthaus Glarus, Switzerland
*Since you have eaten the horse, you can travel to
Rome by donkey: on dwarf philosophy*,
Kunsternernes Hus, Oslo, Norway
10 000 coisas, Galeria ZDB, Lisbon, Portugal

2011
*There's nothing more to tell because this is small,
as is every fecundation*, Museo Marino Marini,
Florence, Italy
*"… as in all circumstances of life, and especially
those that, not being anything in themselves, will
become everything in the results"*, Fondazione
Brodbeck, Catania, Italy
Alien Theory, Frac Île-de-France,
Le Plateau, Paris, France
Tem gwef tem gwef dr rr rr, Kunsthalle
Düsseldorf, Dusseldorf, Germany
*"Desinit in Piscem", More Precisely Ending in
Fishtail*, IMO Projects, Copenhagen, Denmark
A Brief History of Slowness and Vertigo, Galeria
Graça Brandão, Lisbon, Portugal

2010
Hand Smaller Than Hand, Galerie Kamm,
Berlin, Germany
*The foot removes the sock which takes off the
shoe which leaves the footprint …*,
Sies + Höke Gallery, Düsseldorf, Germany
João Maria Gusmão + Pedro Paiva, Index, The
Swedish Contemporary Art Foundation, Index,
Stockholm, Sweden
*On the Movement of the Fried Egg and Other
Astronomical Bodies*, Ikon Gallery,
Birmingham, England (cat.)
Analogy, the description of the world,
Galleria Zero, Milan, Italy

2009
*Experiments and Observations on Different kinds
of Air.*, Official Portuguese Representation of 53rd
Venice Biennale, Venice, Italy (cat.)
About the presence of things, Kunstverein
Hannover, Hanover, Germany (cat.)
Magnetic Resonance On Abissologic Experiments,
Mercer Union – Centre For Contemporary Visual
Art, Toronto, Canada

2008
Meteorítica, Galeria Fortes Vilaça, São Paulo, Brazil
Meteorítica, Galeria Graça Brandão, Lisbon, Portugal
Articulações, Allgarve, Minas de Salgema,
Loulé, Portugal (cat.)
Hydraulics of Solids, Adam Art Gallery, Victoria
University of Wellington, New Zealand (cat.)
Passengers 1.7, CCA Wattis Institute for
Contemporary Arts, San Francisco, USA (cat.)
Horizonte de Acontecimientos,
Matadero Madrid, Spain
Abissologia, Cordoaria Nacional / Galeria ZDB,
Lisbon, Portugal

2007
Crevasse, Laboratório 987, Museu de Arte
Contemporáneo de Castilla y León, Spain

2006
Eflúvio Magnético (Síntese), Teatro Municipal
da Guarda, Portugal
Eflúvio Magnético (2ª. Parte), Galeria ZDB,
Lisbon, Portugal

2005
Intrusão: The Red Square, Museu do Chiado,
Museu Nacional de Arte Contemporânea, Lisbon,
Portugal (cat.)

2004
Matéria Imparticulada, Galeria Graça Brandão,
Porto, Portugal
Eflúvio Magnético: O Nome do Fenómeno, Galeria
ZDB, Lisbon, Portugal

2003
O Ouro dos Idiotas, Projecto InTransit,
Artes em Partes, Porto, Portugal

2002
Air Liquide, Galeria Ara, Lisbon, Portugal (cat.)

Selected Group Exhibitions

2016
Celluloid, EYE film museum, Amsterdam (upcoming)
Mediacity 2016, SeMa Biennale, Seoul (upcoming)
Capital: Debt – Territory – Utopia, Nationalgalerie
im Hamburger Bahnhof, Museum für Gegenwart,
Berlin (upcoming)
*Francisco Tropa / João Maria Gusmão & Pedro
Paiva*, Chiado 8 Arte Contemporanea, Lisbon
The Shadow Never Lies, 21st Century Minsheng
Art Museum, Shanghai
O Enigma – Arte Portuguesa na Coleção Berardo,
Coleção Berardo, Lisbon, Portugal
C as in Curry S as in Seen, Mariondecanniere Art
Space, Antwerp

2015
Plagiar o Futuro, HANGAR, Artistic Research
Center, Lisbon
*EPPUR SI MUOVE Art and technology, a shared
sphere*, Mudam Luxembourg, Luxembourg
CRU – Comida, Transformação e Arte, CCBB,
Brasília, Brazil
Au Sud D'Aujourd'hui, Fondation Calouste
Gulbenkian Paris, Paris, France
Twist the Real, Plataforma Revólver, Lisbon, Portugal
In Favour of a Total Eclipse, Volcano Extravaganza
2015, Fiorucci Art Trust, Stromboli, Italy
Imagine Reality, RAY 2015 Fotografieprojekte
Frankfurt, MMK Frankfurt, Germany
*Deseos y necesidades. Nuevas incorporaciones
a la Colección MACBA*, MACBA Barcelona, Spain
Überschönheit, Salzburger Kunstverein,
Salzburg, Germany
*Prologue to a fiction of a space that does not yet
exist*, ODD, Bucharest, Romania
AKAKOR, Galeria Baró, São Paulo, Brazil
DEVOUR!, Freien Museum Berlin, Berlin, Germany

*Fobolia. Opere dalla Collezione Sandretto Re
Rebaudengo*, Torino, Italy
After Dark, Mamco, Geneva, Switzerland
Beautiful Monsters, Gladstone Gallery,
New York, USA
Bare Wunder, Sies + Höke, Dusseldorf, Germany
*Devour! Social Cannibalism, Political Redefinition
And Architecture*, SAVVY Contemporary Berlin,
Germany

2014
Kunisaki Art Festival, Kunisaki, Japan
Anthropocène Monument, Les Abattoirs,
Toulouse, France
*Alimentário _ Arte e patrimônio alimentar
brasileiro*, MAM, Museu de Arte Moderna
Rio de Janeiro, Brasil
The Disappearance of the fireflies, Collection
Lambert, Avignon
On the Road, Santiago de Compostela, Spain (cat.)
Art Unlimited, Art Basel, Basel, Switzerland
Inelcom Collection, Madrid, Spain
Nouvelles de la Kula, Centre d'Art Contemporain
de Saint-Fons, France
Propaganda fur die Wirklichkeit, Museum
Morsbroich, Leverkusen, Germany
Prata Da Casa, Galeria Graça Brandão, Lisbon,
Portugal

2013
Film as Sculpture, WIELS, Contemporary Art
Centre, Brussels, Belgium
The Encyclopedic Palace, 55th Venice Biennale
– International Art Exhibition, Venice, Italy
Future Generation Art Prize @ Venice, Ukrainian
Collateral Event on the 55th Venice Biennale
(La Biennale di Venezia), Venice, Italy (cat.)
Rhythm in it, Aargauer Kunsthaus,
Aarau, Switzerland
Nouvelles Impressions de Raymond Roussel,
Palais de Tokyo, Paris, France
It Is Only A State Of Mind., NGBK_ Neue
Gesellschaft für Bildende Kunst, Berlin, Germany
1966–79, IAC, Institut d'art contemporain,
Villeurbanne, France
Zweiter Streich, Fürstenberg Zeitgenössisch,
Donaueschingen, Germany
Archeologie, 40mcube, Rennes, France
FILM, Solar – Galeria de Arte Cinemática, Vila do
Conde, Portugal
Superpower: Africa In Science Fiction, Arnolfini,
Bristol, England
When Attitudes Became Form Become Attitudes,
Museum of Contemporay Art Detroit, Detroit, USA

2012
The Castle in the Air. Séance of Imagination,
Centre of Culture ZAMEK, Poznan, Poland
Dieu Est Un Fumeur De Havanes, MUDAM – Musée
d'Art Moderne Grand-Duc Jean, Luxembourg
Emerge Selections 2012, Museum of Contemporary
Art Chicago (MCA), Chicago, USA
S. F. [Art, science & fiction], MAC's – Grand Hornu,
Belgium
*21 Artists Shortlisted for the Future Generation Art
Prize 2012*, PinchukArtCentre, Kiev, Ukraine
Tem calma o teu país está a desaparecer, Galeria
ZDB, Lisbon, Portugal
In the Holocene, MIT List Visual Arts Center,
Cambridge, Massachusetts, USA
When Attitudes Became Form Become Attitudes,
CCA Wattis Institute, USA
Ghosts in Machine, New Museum, NYC
Superpower: Africa in Science Fiction, Arnolfi
Gallery, Bristol, UK
Collecting Collections and Concepts, Fábrica Asa,
Guimarães, Portugal
Arte Portuguesa do Século XX 1960–2010,
MNAC – Museu do Chiado, Lisbon, Portugal
*VI Bienal de Arte e Cultura de São Tomé e
Príncipe*, São Tomé, *São Tomé e Principe*
*VI Bienal de Arte e Cultura de São Tomé e
Príncipe, Museu da Cidade*, Lisbon, Portugal

2011
Octopus 11: The Matter of Air, Gertrude
contemporary art spaces, Melbourne, Australia
Experimental Station, Laboral – Centro de Arte y
Creación Industrial, Gijón, Spain
Kunst und Philosophie, n.b.k. Neuer Berliner
Kunstverein, Berlin, Germany
The Art of Narration changes with Time, Sprueth
Magers, Berlin, Germany
Experimental Station, CA2M, Madrid, Spain (cat.)
*Exposição permanente do Museu Colecção
Berardo (1960–2010)*, Museu Colecção Berardo,
Lisbon, Portugal
Staging the Archive, MACE – Museu de Arte
Contemporânea de Elvas, Elva, Portugal
THE LAST FIRST DECADE, Ellipse Foundation,
Alcoitão, Portugal (cat.)
*VI Bienal de Arte e Cultura de São Tomé e
Príncipe*, São Tomé, São Tomé e Principe

2010
Responsive Subject, MUZee, Ostende, Belgium
10 000 Lives, the 8th Gwangju Biennale, Korea (cat.)
Leopards in the Temple, SculptureCenter, NY, USA
Magic Show, Grundy Art Gallery, Blackpool (cat.)
Magic Show, Tullie House Museum and
Art Gallery, Carlisle (cat.)
Magic Show, Chapter, Cardiff (cat.)
Magic Show, Pump House Gallery, London (cat.)
The Inhabitants, Vilma Gold Gallery, London, UK
FAX, Torrance Art Museum, Torrance, California, USA
FAX, Para/Site Art Space, Hong Kong
FAX, Burnaby Art Gallery, Burnaby, Canada
FAX, Museo de Arte Carrillo Gil, Mexico City, Mexico
FAX, Dowd Gallery, State University of New York,
College at Cortland, Cortland, New York, USA

2009
FAX, Contemporary Museum Baltimore, Maryland
[2009], Plug In ICA, Winnipeg, Manitoba,
Canada (cat.)
FAX, The Drawing Center, New York, NY, USA
FAX, Plug In ICA, Winnipeg, Manitoba, Canada
Magic Show, The Hayward Gallery Touring Show,
Southbank Center; Quad Derby; Grundy art Gallery,
Blackpool; Tullie House, Carlisle; Chapter Arts,
Cardiff; Pump House Gallery, London, UK (cat.)
Monument for Transformation, City Gallery
Prague, Czech Republic (cat.)
Corpo, Densidade e Limites, Museu de Arte
Contemporânea de Elvas, Portugal
Options & Futures, Fundação PLMJ, Lisbon, Portugal
Serralves 2009 – The Collection, 1st Part, Museu
Serralves – Museu de Arte Contemporânea, Porto,
Portugal

2008
Feitorias, Museu de Arte Contemporânea do
Funchal, Portugal (cat.)
*Manifesta 7 – European Biennial of Contemporary
Art*, Rovereto, Italy (cat.)
Rendez-vous Nowhere, Centro Cultural
Montehermoso, Vitoria-Gasteiz, Spain
Part of the Process 3, Galleria Zero, Milan, Italy
*Múltiplas Direcções, arte portuguesa de 1850 até
à actualidade*, Museu do Chiado – Museu Nacional
de Arte Contemporânea, Lisbon, Portugal
*Parangolé: Fragmentos desde los 90 en Brasil,
Portugal y España*, Patio Herreriano – Museo de
Arte Contemporáneo Español, Valladolid, Spain (cat.)
O Presente: Uma Dimensão Infinita, Museu
Colecção Berardo, Lisbon, Portugal (cat.)
L'art contemporain en Europe, Domaine Pommery,
Reims, France (cat.)
Fables Du Doute / Tales Of Disbelief, La Galerie –
entre d'art contemporain, Noisy le Sec, Paris, France

2007
Portugal Agora – À propos des lieux d'origine, Musée
d'Art Moderne Grand-Duc Jean, Luxemburg (cat.)
Colecção António Cachola: Algumas Paisagens,
Museu de Arte Contemporânea de Elvas,
Portugal (cat.)
Tiempo Al Tiempo / Taking Time, Museo de Arte
Contemporánea de Vigo, Spain (cat.)
Passengers, CCA Wattis Institute for
Contemporary Arts, San Francisco, USA
VI Bienal de Mercosul, Porto Alegre, Brazil (cat.)
Sobreposições, Museu do Chiado – Museu
Nacional de Arte Contemporânea, Lisbon, Portugal
IX Prémio União Latina, Culturgest, Lisbon,
Portugal (cat.)
Edit! Fotografia e filme na Colecção Ellipse, Centro
de Artes Visuais, Coimbra, Portugal (cat.)
Intro, Espace photographique Contretype,
Brussels, Belgium (cat.)
I Trienal de Luanda, Luanda, Angola

2006
XXVII Bienal de São Paulo, São Paulo, Brazil (cat.)
Laberinto de Museos, Instituto Cervantes,
Beijing, China (cat.)
Open House, Ellipse Foundation, Centro Cultural
de Cascais, Portugal (cat.)
Empirismos, Museu da Imagem e do Som,
São Paulo / Espaço Cultural Contemporâneo,
Brasília, Brazil (cat.)
*25 Frames por Segundo: Vídeos da Colecção
Fundação PLMJ*, Cinema São Jorge, Lisbon,
Portugal (cat.)
*Retratos e Figuras na colecção do Museu do
Chiado*, Museu do Chiado – Museu Nacional de Arte
Contemporânea, Lisbon, Portugal
Constelações Afectivas II – Partes, e II, Galeria
Graça Brandão, Lisbon, Portugal
Options & Futures #2, Galeria Arte Contempo,
Lisbon, Portugal

2005
Mar Atlântico – Portuguese Video Art, FVNM
Screening Room 1307, Chicago, USA
Toxic, o discurso do excesso, Fundição de Oeiras,
Portugal
Empirismos / LisboaPhoto, Palácio da Ajuda,
Lisbon, Portugal (cat.)
Del Zero al 2005 – Perspectivas del Arte en Portugal,
Fundación Marcelino Botín, Santander, Spain (cat.)
XIII Bienal de Cerveira, Bienal de Arte de Cerveira,
Vila Nova de Cerveira, Portugal

2004
Prémio EDP Novos Artistas, Centro Cultural
de Belém, Lisbon Portugal (cat.)
*Rencontre internationale de lieux de culture
indépendants*, Bizart, Shanghai, China
Video Zone 2, The Centre for Contemporary Art,
Tel Aviv, Israel
Re-Produtores de Sentido, SESC Rio, Rio de
Janeiro, Brazil
Quartel – Arte, Trabalho e Revolução,
PêSSEGOpráSEMANA, Porto, Portugal
Cidade Iluminada, Galeria ZDB, Lisbon, Portugal

2003
How Human: Life in the Post-Genome Era,
International Center of Photography, Nova York, USA
Veneer / Folheado, Catalyst Arts, Belfast, United
Kingdom (cat.)
Os Meus Cromos da Arte Contemporânea, Bienal
de Foz Côa, Moncorvo, Portugal

2002
DeParamnésia (parte 3), Tercenas do Marquês /
Galeria ZDB, Lisbon, Portugal
DeParamnésia (parte 2), Tercenas do Marquês /
Galeria ZDB, Lisbon, Portugal
DeParamnésia (parte 1), Tercenas do Marquês /
Galeria ZDB, Lisbon, Portugal

2001
InMemory, Galeria ZDB, Lisbon, Portugal (cat.)

Editorial projects

2015
Teoria Extraterrestre, Published by Mousse
Publishing, a collaboration between Hangar
Bicocca, Museu Marino Marinni,
Frac Île-de-France, Le Plateau and MADRE Naples

2014
Monkey Trip. Gonçalo Pena, Published by Mousse
Publishing and International Society of Abissology

2012
*Abissology: for a transitory science of the
indiscernible*, Published by Zé dos Bois and
International Society of Abissology

2010
*On the Movement of the Fried Egg and Other
Astronomical Bodies*, Published by Ikon Gallery,
Birmingham, England.

2008
Abissology: Horizon of Events , Published by
Ayuntamiento de Madrid. Matadero Madrid.
PhotoEspaña. La Fábrica Editorial. Zé dos Bois.

2006
Eflúvio Magnético vol2, Published by João Maria
Gusmão e Pedro Paiva, Lisbon, Portugal. Texts by:
João Maria Gusmão, Pedro Paiva and others

2005
Eflúvio Magnético vol1, Published by João Maria
Gusmão e Pedro Paiva, Lisbon, Portugal. Texts by:
João Maria Gusmão, Pedro Paiva and others

Represented in the following International
Museums (selection)

Tate Modern, London
Mudam, Luxemburg
Musac, Leon
GAM, Bergamo
Cam – Fundação Calouste Gulbenkian, Lisbon
CCB, Lisbon
Serralves Foundations, Porto
MNAC, Lisbon
Frac, Île-de-France
Centre National des Arts Plastiques, Paris
Museo Nacional Centro de Arte Reina Sofia, Madrid
MACBA, Barcelona
Inhotim, Minas Gerais, Brazil
Centre Pompidou, Paris

Anselm Franke

is Head of the Visual Arts department at the Haus der Kulturen der Welt in Berlin, where he was part of the curatorial team of the *Anthropocene Project* and organised exhibitions such as *Animism* (2012), and together with Diedrich Diederichsen *The Whole Earth* (2013), *Forensis* together with Eyal Weizman (2014) and *Ape Culture* together with Hila Peleg (2015). He was chief curator of the Taipei Biennale 2012 and the Shanghai Biennale 2014. He completed his PhD at Goldsmith College in London in 2015.

João Ribas

is Senior Curator and Deputy Director of the Serralves Museum of Contemporary Art in Porto. He was previously Curator of the MIT List Visual Arts Center and of The Drawing Center, New York. Ribas is the winner of four consecutive AICA Exhibition Awards (2008–11) and of an Emily Hall Tremaine Exhibition Award (2010) and his writing has been featured in numerous catalogs and publications such as Artforum, Mousse, Afterall, Artnews, Frieze, and ArtReview among others. His recent publication, *In the Holocene*, is published by Sternberg Press (2015).

Madeleine Schuppli

is Director of the Aargauer Kunsthaus. She studied art history at the Universities of Geneva, Hamburg, and Zurich and has a Master of Advanced Studies (MAS) in cultural management from University Basel. From 1996–2000, she was a curator at Kunsthalle Basel; from 2000–07, she was director of the Kunstmuseum Thun. Since the end of 2007, she has been director of the Aargauer Kunsthaus, Aarau. She is editor and author of numerous publications, and her exhibitions include such artists as Pierre Bismuth, Christoph Büchel, Maurizio Cattelan, Vidya Gastaldon, Mark Grotjahn, Mona Hatoum, Thomas Hirschhorn, Christian Marclay, Kris Martin, Mai-Thu Perret, Mark Wallinger, Fiona Tan, and Ugo Rondinone.

This catalogue is published on the occasion of the exhibitions by João Maria Gusmão & Pedro Paiva:

The Missing Hippopotamus
at Kölnischer Kunstverein, Cologne
29 August – 25 November 2015
Curator: Moritz Wesseler
Assistant Curator: Patrick C. Haas

The Sleeping Eskimo
at Aargauer Kunsthaus, Aarau
30 April – 7 August 2016
Curator: Madeleine Schuppli
Assistant Curator: Katrin Weilenmann

Aargauer Kunsthaus

Director
Madeleine Schuppli

Deputy Director
Thomas Schmutz

Assistant Curators
Yasmin Afschar, Karoliina Elmer,
Katrin Weilenmann

Research Assistant
Julia Schallberger

Administration
Verena Reisinger (head), Lisa Engi

Finances, human resources
Christine Gisler (head), Jacqueline Hüppi

Communication, press, marketing
Filomena Colecchia, Saskia Werdmüller

Registrar
Brigitta Vogler-Zimmerli

Conservation
Marcus Jacob
Freelancer: Martin Gasser, Barbara Köninger

Exhibition installation / museum technicians
Andy Giger (head), Matthias Berger
Freelance team: Bili Gossweiler, Tom Heinzer,
Pascal Jeker, Stefan Lenz, Brigitte Plüss, Markus
Scherer, Anita Schwank, Lukas Steiner, Timo Ullmann

Building services
Arnold Glatthard

Art education
Christin Bugarski (head), Silja Burch (deputy
head), Robin Byland (intern), Andrina Keller
(intern)
Freelance team (school workshops, barrier-free
and public events): Evelyne Albrecht, Lisa Engi,
Kristen Erdmann, Corinne Hasler, Cynthia
Luginbühl, Corina Schaltegger, Christian Schuler,
Ursina Spescha, Nathalie Strub

Doris Huber (guided tours and events)
Freelance team (art historical guided tours):
Silja Burch, Annette Bürgi, Brigitte Haas,
Astrid Näff

Interns
Nora Togni (collection)
Nicolas Wirth (Swiss Pop Art)

Welcome desk
Daniela Stäuble (head), Jeanette Hofmann,
Ursula Hostettler, Barbara Müller

Museum attendants
Fabia Burkhard, Susanne Emmenegger, Christine
Eng-Meyer, Brigitte Freudiger, Joel Haefeli, Gianni
Leonetti, Doris Leu, Ruth Lichtsteiner, Lida
Maijdzadeh, Barbara Müller, Susan Müller, Carmen
Reichmuth, Cristina Schärli, Gisela Wesseling

Bookshop
Helen Moser

Aargauer Kunsthaus
Postfach
CH–5001 Aarau
T +41 (0)62 835 23 30
www.aargauerkunsthaus.ch

Kölnischer Kunstverein

Director and Curator
Moritz Wesseler

Managing Director
Marianne Walter

Assistant Curator
Patrick C. Haas

Assistant to the Managing Director
Lina Rehs

Technician
Uwe Becker

Board of Directors
Dr. Thomas Waldschmidt (Chairman), Heike van
den Valentyn (Deputy Chairman), Ulrike Remde
(Treasurer), Prof. Dr. Rainer Jacobs (Secretary),
Johannes Becker, Nicola Bscher, Daniel Buchholz,
Christian DuMont Schütte, Andreas Hecker,
Lars Heller, Franz König, Alexander Köser

Kölnischer Kunstverein
Hahnenstraße 6
D-50667 Köln
T +49 (0) 221 217021
www.koelnischerkunstverein.de

Publication

Editors
Madeleine Schuppli, Aargauer Kunsthaus,
and Moritz Wesseler, Kölnischer Kunstverein

Editorial office
Katrin Weilenmann (lead), Yasmin Afschar

Texts
Anselm Franke, João Maria Gusmão, João Ribas,
Madeleine Schuppli

Translations
Svenja Bromberg (João Ribas, Erscheinen,
rechnen, blinzeln, entdecken)
Sylee Gore (Madeleine Schuppli/Moritz Wesseler,
Acknowledgements; M. Schuppli, The Sleeping
Eskimo; Anselm Franke, An Unfathomable Cosmos)
Lewis Gropp (João Maria Gusmão, Ein Monat ohne
filmen; Das verschwundene Nilpferd),
Eva Oddo and Jethro Soutar (João Maria Gusmão,
The Missing Hippopotamus)
Jethro Soutar (João Maria Gusmão, A month
without filming)

Copyediting
Jan Valk (German), Aaron Shoichet (English)

Graphic design
B&R / Noah Bonsma, Dimitri Reist

Typeface
GT Cinetype

Paper
Recystar 115 g/m2
Magno Star Highwhite 135 g/m2

Production
Lösch MedienManufaktur, Waiblingen, Germany

Photo credits
Images of the artists' works (except film stills and photographs) that appear in this book were photographed by David Aebi, pp. 21, 28–29, 32–35, 45, 46, 48–49, 51, 52, 60, 62, 64, 66–67, 72, 101, 108–109, 116–117, 126–127, 132, 136–138, 141, 143, 151–152; Achim Kukulies, pp. 41, 44, 51, 64, 125, 128, 130, 131, 143, 146; Eduardo Ortega, pp. 50, 52, 61, 128; Simon Vogel, pp. 45, 46, 58–60, 62–63, 68–69, 129, 139, 144.

Cover, front
João Maria Gusmão & Pedro Paiva
Winter tire, 2016
Impossible color Polaroid film for 8 × 10 large format camera, 36 × 21.5 cm
Courtesy of the artists and Galeria Fortes Vilaça, São Paulo; Galeria Graça Brandão, Lisbon; Sies + Höke, Düsseldorf; ZERO, Milano

Cover, back
João Maria Gusmão & Pedro Paiva
Camera test (vanishing cabbage), 2016
Impossible color Polaroid film for 8 × 10 large format camera, 36 × 21.5 cm
Edition Aargauischer Kunstverein

Published by:
Verlag der Buchhandlung Walther König, Köln
Ehrenstr. 4
D-50672 Köln

Bibliographic information published by the Deutsche Nationalbibliothek. The Deutsche Nationalbibliothek lists this publication in the Deutsche Nationalbibliografie; detailed bibliographic data are available in the Internet at http://dnb.d-nb.de.

Printed in Germany

Distribution

Germany & Europe
Buchhandlung Walther König, Köln
Ehrenstr. 4,
D-50672 Köln
Tel. +49 (0) 221 / 20 59 6-53
Fax +49 (0) 221 / 20 59 6-60
verlag@buchhandlung-walther-koenig.de

UK & Ireland
Cornerhouse Publications
HOME
2 Tony Wilson Place
UK-Manchester M15 4FN
Fon +44 (0) 161 2123466
Fax +44 (0) 161 236 9079
publications@cornerhouse.org

USA & Canada
D.A.P., Distributed Art Publishers
55 Sixth Avenue/2nd Floor
USA-New York, NY 10013
Fon +1 (0) 212 627 1999
Fax +1 (0) 212 627 9484
eleshowitz@dapinc.com

ISBN 978-3-86335-987-4

João Maria Gusmão and Pedro Paiva would like to thank:
Francisca Bagulho, Mattia Denisse, Mizuki Endo, Song Gi Kim

The Aargauer Kunsthaus and Kölnischer Kunstverein would like to thank the authors Anselm Franke and João Ribas and the following galleries and lenders: Galeria Fortes Vilaça, São Paulo; Galeria Graça Brandão, Lisbon; Collection Köser, Krefeld; Sies + Höke, Düsseldorf; ZERO, Milano, and other private lenders.

For their generous support of the catalogue and the exhibition, the Aargauer Kunsthaus, would like to thank

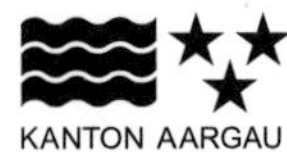

*Aargauischer Kunstverein**

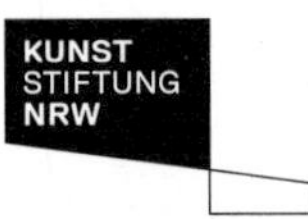

Kanton Aargau

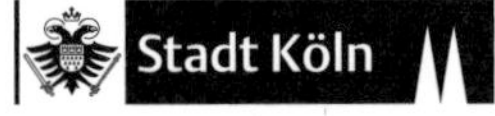

Zysset Messebau AG, Olten

Kölnischer Kunstverein is kindly supported by: